高等职业教育教材

饭店厨房的设计和运作

张建军　陈正荣　编著

中国轻工业出版社

图书在版编目（CIP）数据

饭店厨房的设计和运作/张建军，陈正荣编著. —北京：中国轻工业出版社，2024.1

高等职业教育教材

ISBN 978－7－5019－5217－5

Ⅰ. 饭… Ⅱ. ①张… ②陈… Ⅲ. ①饭店－厨房－设计－高等学校：技术学校－教材 ②饭店－厨房－管理－高等学校：技术学校－教材 Ⅳ. ①TS972.26②TS972.3

中国版本图书馆 CIP 数据核字（2005）第 153810 号

责任编辑：史祖福　　责任终审：滕炎福　　封面设计：宋琳媛
版式设计：马金路　　责任校对：郎静瀛　　责任监印：张　可

出版发行：中国轻工业出版社（北京鲁谷东街 5 号，邮编：100040）
印　　刷：三河市万龙印装有限公司
经　　销：各地新华书店
版　　次：2024 年 1 月第 1 版第 10 次印刷
开　　本：787×1092　1/16　印张：16.5
字　　数：380 千字
书　　号：ISBN 978-7-5019-5217-5　定价：34.00 元
邮购电话：010－85119873
发行电话：010－85119832　010－85119912
网　　址：http://www.chlip.com.cn
Email：club@chlip.com.cn

240231J2C110ZBQ

前　言

国内每年高经济增长率不仅使普通百姓家庭年人均收入不断增加（据统计，全国城镇居民家庭人均可支配收入已由1980年的477元提高到2003年的8472元），而且还带动了集团及家庭消费不断增加。在这种背景下，人们旅游、外出、商贸等活动日益频繁，致使外出就餐的几率大大提升。当社会结构的改变影响到人们日常的生活时，人们不得不去适应新的生活环境，最终把回家吃饭的感觉融入气氛融洽的餐厅中。鉴于此，餐饮业应抓住机遇，努力提升自己，加强管理，提高服务和产品质量，来迎接市场给予的挑战。抓好餐饮，首先要从厨房抓起。由于过去传统的厨房经营模式与理念已远不能适应现代餐饮业发展的要求，因此建立一种新的厨房管理体系，培养新的饭店厨房管理人才成为当务之急。本书正是基于这个目的编写而成。

《饭店厨房的设计和运作》是建立在餐饮管理基础之上的一门课程，它需要许多门类的相关学科支持，如经济学、工程建筑学、心理学、法律，另外还有管理学、饭店管理、餐饮管理、厨房管理、烹调工艺学、烹饪卫生与安全等等。

全书共分五大部分。第一部分是第一章（概述），主要阐述厨房管理的基本知识与理念；第二部分是第二、三、四、五章，主要阐述厨房运作前的计划工作，比如厨房的设计与布局、厨房设备用具的筹划、厨房组织结构的设置及厨房菜单的计划；第三部分是第六、七、八章，主要阐述厨房的生产实施，它包括厨房原材料管理、厨房生产运作管理和厨房安全与卫生管理；第四部分是第九、十章，主要阐述厨房生产进行时的控制方法，主要有厨房成本的控制和厨房人员的控制两方面；第五部分是第十一章，主要阐述厨房产品的推广问题。通过概述、计划、生产、控制和推广这五个部分内容的阐述，可以让学生对建立一个厨房系统的框架及实质，有比较清晰的认识。由于全书结合作者工作的经历与实践，加之翔实的资料与内容，并配以图、表、真实案例来说明问题，所以具有实效性和易读性，便于学生领会和掌握。另第十一章由陈正荣编写。

本书在编写过程中，得到了同行人士周爱东、陈剑、夏启权、曾彩林多方面的支持，在此谨向他们表示深切的谢意。在稿件完成后，本书得到了崔桂友院长的推荐及帮助，得到了李维冰副教授的指点及季鸿崑教授认真、严格的审阅，并提出了宝贵的意见，在此一并表示衷心感谢。最后还要对中国轻工业出版社给予的支持表示诚挚的感谢。

本书得到扬州大学出版基金资助，特此声明。这里也对为申请出版基金提供帮助的扬州大学旅游烹饪学院领导及中国轻工业出版社的领导和编辑表示感谢。

由于作者水平有限，难免会有遗漏或不足之处，恳请广大读者和同行不吝赐教。

编　者

目　录

第一章 厨房管理概述

［学习目的］ 掌握厨房管理的基本概念及现代厨房的运作理念，了解厨房的特性及与其他部门的相互关系。

［主要内容］ 厨房管理的概念、厨房管理的职能、厨房的种类及生产难点、厨房生产的流程。

厨房设计与运作是餐饮管理中不容忽视的重要内容，厨房设计与运作的失败必然导致餐饮管理的失败。美国纽约州餐饮协会（New York State Restaurant Association）的资料显示，“约有75%之餐厅在开业5年内不是易手就是关门大吉”。饭店的关闭，除了一些不可抗拒的天灾如洪水、疾病、火灾等，最主要的失败原因是：①周转资金不足；②可竞争产品缺乏；③管理制度贫乏。其中管理制度贫乏是多数餐饮企业关门歇业的根源。因此，在饭店经营中，加强餐饮管理，尤其是对厨房生产的管理非常必要。

第一节 厨房管理的概念

传统的厨房闷热、潮湿、肮脏，厨师工作的条件极差，一直被人们厌恶，这种厨房的管理是低下和原始的。随着经济的发展和科学技术水平的提高，厨师的工作环境发生了巨大的改变，越来越多的厨房有了现代化的设备，同时日益更新的市场需求，要求员工的工作理念更新换代。这些改变会使厨房形成新的管理体系。

一、厨房管理的含义

厨房管理是餐饮经营管理的一部分，过去餐饮经营管理比较强调餐厅的经营，对厨房管理谈之甚少。近几年随着市场竞争日益激烈，餐饮店在经营中要抢占市场，只有狠抓菜肴质量，并辅以优良的服务，才能立于不败之地，可见厨房生产管理的重要性。为了便于探讨和研究厨房管理的内涵，我们首先要了解管理的概念。

（一）管理的概念

管理作为一种人类的基本活动，是社会从原始走向文明的伴生物，它始终是人类社会实践活动的结晶。在泰罗（F. W. Taylor）的科学管理理论出现以前，管理还只是一种经验性的活动。到了19世纪末20世纪初，随着现代科学技术和社会化大生产的发展，管理才逐步成为主要由专业人员担任的工作，开始从经验型向科学型转变，从此管理便成为提高劳动生产率的重要要素而格外受到人们的重视。

现代管理一定要以人为本，要发挥人的能动作用。通常人们越是努力，管理就越显得重要。有时当工作进展顺利，每个人都在为达到组织目标尽心尽力时，管理似乎显得没有多大必要。但一旦出现了问题，适当的管理立即就变得十分必要。打一个通俗的比喻，管理好的餐饮企业如同砖头砌的墙，如果中间有哪一块不合适，只要把那块砖头拿下来再补进去一块就可以了，这堵墙依旧坚固。管理差或没有管理的餐饮企业，就如同是用石头垒起的墙，如果中间哪块石头不好，是很难把那块石头取下来的，要是取下来，结果就一定是那堵墙坍塌。

根据管理学界对管理活动的认识，我们可以认为：管理是通过行使各种职能来协调资源，高效率地实现组织目标的过程。这里讲的资源包括有人员、原料、方法（规章制度、标准菜单、操作规程等）、机器（设备）、资金和市场（宾客）。其中人力资源不同于物质资源，它最为重要，具有非静态性。因为人有情感，有时会表示出某种需要和欲望，而机器和原料不会。所以饭店的人力资源，即手下员工，需要上司的关心和爱护，如果认识到这点，对饭店完成既定的目标很有帮助。

（二）厨房管理的概念

厨房管理是指厨房管理者行使管理的各项职能，对厨房的资源（人员、原料、设备、资金、程序、能源等）进行合理的组织，最终高效率地实现企业经营目标的过程。真正有效的厨房管理，必然是使厨房运行合理化和高效化。合理化是指合理组织厨房中的人力、物力、财力，明确每个员工的职责，安排好需要进行的各项生产和操作；高效化是指通过合理地配备和组织人员，来提高劳动生产率，努力达到饭店最终的社会效益和经济效益。前者是手段，后者是目标，只有使两者做到高度的统一，才能实现饭店有效管理的既定目标。

厨房是生产、加工食品的场所。在计划经济时代，经营者更多的注意点集中在菜肴、点心的制作上，强调个体操作者的技能和水平，而缺少对厨房资源的合理组织和安排。在选择厨房的负责人时，大多以技能和名气的高低作为重要参考，忽视管理者的理论知识和协调能力。由于多数餐饮企业员工间是以“师与徒”的关系来维系的，一旦管理不善就容易造成厨房“帮派”争斗，加之管理者缺少对低层员工的尊重，使员工工作效率低下，士气低落。尽管注重名菜、名点的开发和推广使许多名店、老店相继声名显赫，取得了很大的社会效益，但随着市场经济的到来，部分老店落后的管理模式不能给饭店带来更多的经济效益，纷纷退出历史的舞台。取而代之的是一些具有现代化管理模式的酒店、饭店及社会餐饮企业，它们之所以能够抢占餐饮市场，除了使用先进的管理方法外，强调以人为本的管理理念是关键。

在实践中，我们常常可以看到同样一种管理模式的厨房，会出现截然不同的管理效果。对此，许多人疑惑不解，这是为什么呢？如果只从表面上看，诸如厨房的规模、设备、生产的产品、制订的制度等不会察觉有不同之处，而从深层次剖析就会发现，如员工的思想、情感、士气、作风及领导风格等内在因素有所不同。为此，企业的经营一定要具备 21 世纪现代厨房管理的思想：

① 由务实性管理趋向于虚实结合管理。厨房已经制定的制度、纪律、组织结构、生产程序等管理固然重要，但厨房人员的士气、员工素质、团队精神、领导作用等方面管理同样变得更加重要。

② 由以物为中心趋向于以人为中心，再趋向于系统管理。由于餐饮行业是一种劳动密集型的行业，所以较之其他行业，厨房中对人的管理更为重要。

③ 由以生产管理为重点趋向于以经营管理为重点，再趋向于以资本管理、知识管理、信息管理为重点。满足需求、创造需求、一切使顾客满意已成为厨房管理的重点。现代厨房中单靠几个菜点打天下的日子一去不复返了，餐饮产品需要“吆喝”，需要整合营销，需要带有更多的附加值，去满足顾客的消费需求。

二、厨房管理的职能

管理活动通常可以看成是一个过程。管理过程是由若干前后相连的环节构成，这些环节就是管理人员行使的各种职能。管理的某些职能有着共性，它们是联结在一起的，有时需要共同的努力才能完成。由于管理的功能不同，所以管理的职能也不尽相同，一般有决策、计划、组织、指挥、协调、控制、人事、激励、沟通、领导、创新等多种。

厨房生产和运作管理具有自身的特殊性，区别于食品生产管理。只有合理地运用管理的职能对厨房的人力资源进行管理，才能有效地完成厨房的生产目标。

厨房生产和运作管理的基本职能主要有计划、组织、激励、协调和控制等几方面。

（一）计划

计划是指为实现组织预订的目标，对未来行动进行规划和安排的过程。在厨房管理中，首先应该考虑到计划的制定，因为它决定厨房要完成何种目标，通常包括短期、中期和长期计划。一般认为，长期计划确定厨房生产今后的发展方向，计划期可以 10 年以上；中期计划主要是确定厨房生产具体的目标和战略，计划期是 5 年左右；短期计划主要是确定厨房生产在近期内要完成的任务。不论管理者水平高低，其实计划都是容易制定的。比如，长期计划可以是厨房设计中厨房面积的规模大小、配备设备的种类及先进程度等；中期计划可以是几年内固定的零点菜单的安排、5 年内月食品销售预算等等；短期计划可以是某一营业旺季厨房人员配备情况、预测当天的销售等等。

厨房计划制定后，通常需要一定的策略和手段来完成它，常用的思考问题的方法是“3W2H”，如表 1-1 所示。

而对于一项好的计划，可以制定一定的目标来进行实施，如表 1-2 所示。

从表 1-2 中可以看出，每一项条目的第一个英文字母拼写起来就是 SMART（精明的

表 1-1 **3W2H工作法**

需要完成什么事情?	What to do?
什么时候开始做?	When to do?
由谁去主理?	Who to do?
怎样去做?	How to do it?
怎样我可以知道工作合格地完成?	How will I know it's done properly?

表 1-2 **目标实施法**

定下可行性的目标	Setting realistic goals
在规定的时间内完成要求的工作	S=Specific(in time)
用标准量度工作完成的质量及数量	M=Measurable(in quality, in quantity)
承诺及接纳	A=Agreed and accepted
工作计划的可行性及挑战性	R=Realistic/Challenging
对工作的实施进行跟进	T=Traceable

意思)。这说明设立目标的时间、量度、接收、挑战性和可实现性是一种聪明之举。在管理实践中，每一项计划和目标都是容易制定的，只要稍有管理知识的人都可以做到，但为什么管理出来的效果是两样呢?实际上在管理中大多数管理者注重了计划的制定，而忽略了长期有效的跟进工作，使计划执行失效。在实际工作中，厨房的操作繁冗复杂，容易滋生厨房员工的惰性，如果厨房管理者不能以长期有效的制度制约，纵容惰性思想如瘟疫般在员工中散播，必然造成厨房管理工作的失效。

(二) 组织

"组织"一词在古代是指将丝麻编结起来而制成的布帛，含"编织"之意。通俗的理解就是由各种各样的人通过分工协作来完成企业既定目标的一种结构。

在实际的组织管理过程中，都会存在着正式组织和非正式组织两种形式。我们把完成组织所规定的特定工作而产生的官方组织结构称为正式组织，而把既没有正式结构，也不是由组织确定的联盟，目的为了满足人们交往需要而在工作环境中自然形成的组织称为非正式组织。一般说来，非正式组织形成的原因主要有以下几个方面：一是某种利益或观点上一致；二是具有共同的价值观和兴趣爱好；三是有类似的经历或背景。鉴于此，非正式组织很容易形成如下的特点：有较强的内聚力和行为一致性；有自己公认的领袖人物；有一整套见效快的不成文的奖惩制度和手段；有成员间较快的信息交流，具有明显的感情色彩；有较强的自卫性和排外性。

非正式关系对组织有效地行使职能有很重要的作用。在管理中一定要注意它对正式组织两方面的影响，一方面当正式组织对外部和内部的重要事物反应迟缓时，可以通过非正式组织来解决这些新问题；另一方面当非正式组织对正式组织产生危害时，比如放慢了工作的速度，管理人员就应该注意适度地协调，避免与之对立。当然，从长远考虑，正式组织中的管理人员应该注重人本管理的原则，重视手下员工，激励手下员工，形成管理部门的团队协作精神，从而弱化部分非正式组织对正式组织的危害作用。

根据组织管理的要求，管理者要设计相应的组织结构，建立各种工作岗位和活动间的相互关系。这其中确定组织层次和管理幅度（也称管理跨度）最为重要。所谓组织层次就是要确定组织中每一个部门的职位等级数，所谓管理幅度就是某一特定的管理人员可直接管辖的下属人员的数额。如果在一个部门中的员工人数一定的前提下，一个管理人员能直接管理的下属人数越多，那么该部门内的组织层次就越少，所需要的管理人员也越少；反之亦然。管理层次与管理幅度的这种互动关系决定了两种基本的组织结构形态：一种是扁平式的组织结构形态，一种是锥形的组织结构形态。图 1-1 显示了两种组织层次与幅度的差别性。

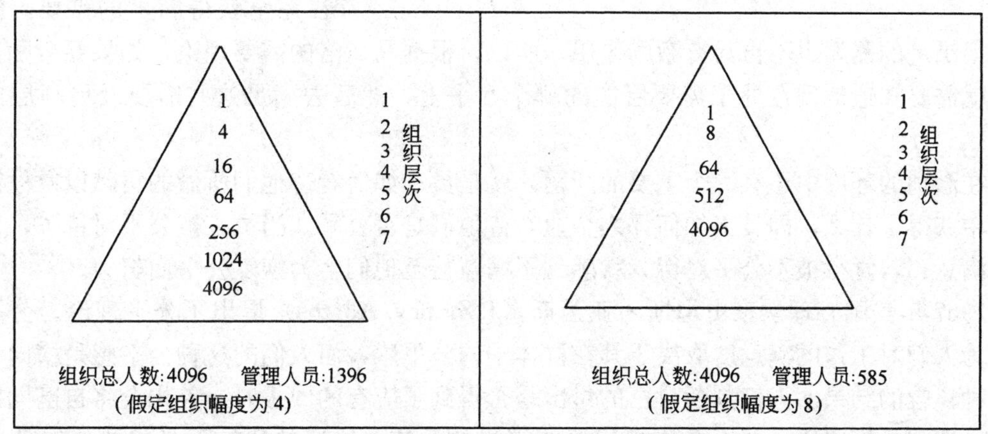

图 1-1　组织幅度与组织层次比较图

（三）激励

激励一般是指有机体在追求某些目标时的主观愿望程度。需要是产生激励的前提条件，没有需要，激励无从谈起。但并非所有的需要都能产生激励。比如某人非常富有，现在用奖金去激励他干粗活，效果肯定是不好的。由此，根据马斯洛（Abraham Maslow）的需要层次理论，可以将人存在的需要分成 5 个层次：

（1）生理需要　包括饥饿、干渴、居住、性和其他身体需要。

（2）安全需要　保护自己免受生理和心理伤害的需要。

（3）归属需要　包括爱、归属、接纳和友谊。

（4）尊重需要　包括内部尊重需要（如自尊、自重和成就感）和外部尊重需要（如地位、被认可和受关注）。

（5）自我实现需要　一种追求个人能力极限的内驱力，包括成长、发挥自己的潜能和自我实现，如图 1-2 所示。

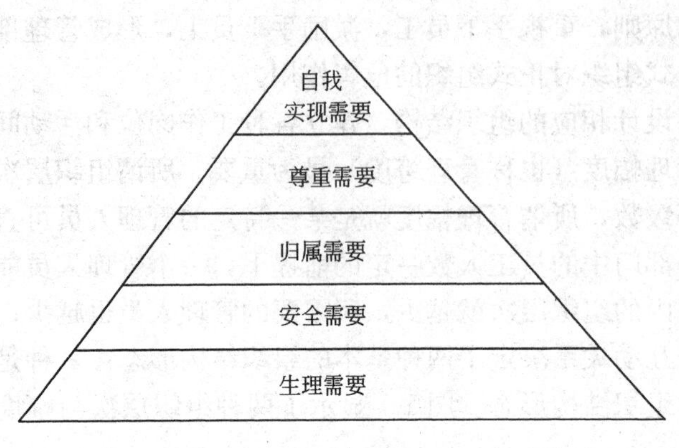

图 1-2 马斯洛需要层次图

在这 5 种需要中，生理需要和安全需要是较低层次的需要，而尊重需要和自我实现需要则是较高层次的需要。较低层次的需要从外部使人得到满足（比如报酬、房子）。较高层次的需要从内部使人得到满足。当某种层次的需要基本得到满足后，人们就开始较高层次的需要。从激励的观点来看，这种理论认为，虽然不存在完全获得满足的需要，但那些获得满足的需要也不再具有激励作用。所以，根据马斯洛的需要理论，如果要激励某个人，就需要知道他现在处于需要层次的哪个水平上，然后去满足这些需要及更高层次的需要。

在激励的环境中还有一个重要的问题，就是员工如何看待他们所做的贡献以及他们从企业中获得了什么，即员工如何评判企业对待他们是否公平。当员工被公平对待了，他们感觉满意；若觉得被不公平对待，就感到不满，甚至他们会为恢复公平而努力。

1967 年美国心理学家史坦斯·亚当斯（J. Stancy. Adams）提出了公平理论。公平理论认为人们对工作的满意度取决于其在群体中的公平感，而人们的这种公平感是横向和纵向两种比较的结果。人们判断自己的付出是否得到了应有的回报时，首先会将自己同别人比较，这就是横向比，并对此作出积极或消极的反应。这时的比较不是报酬绝对值的比较，而是一种相对值的比较。如果以 Q_P 代表自己对所获报酬的感觉，I_P 代表自己对所投入量的感觉，Q_X 代表自己对别人所获报酬的感觉，I_X 代表自己对他人投入量的感觉，则公平理论可以以公式 $Q_P/I_P=Q_X/I_X$ 表示。如果比较的结果是 $Q_P/I_P>Q_X/I_X$，则说明这个人得到了过高的报酬或付出的努力较少。这时，他一般不会要求减少报酬，而很可能自觉地增加投入量。但不久他就会因重新过高估计自己的投入而对高报酬心安理得，于是投入量又恢复如初。如果比较的结果是 $Q_P/I_P<Q_X/I_X$，则说明此人对组织的激励措施感到不平。此时他可能会要求提高报酬，或自动减少投入量来达到心理上的平衡。而当 $Q_P/I_P=Q_X/I_X$ 时，员工会保持较好的稳定性。

员工在工作的过程中，可能把自己与朋友、邻居、同事或其他组织的成员相比较，也可以与自己的过去工作经验相比较。员工采取哪种参照对比方式，不仅受员工所掌握的有关参照人员的信息影响，而且受到参照人的吸引力的影响。通常情况下，任期短的员工可能不太了解组织中其他人的信息，所以他们依赖自己的工作经历；而任期长的员工更多的是拿同事作比较。作为厨房的管理者需要了解和体察员工的这种心态，在制定激励制度时，应考虑到这方面的因素，如发现确实存在不公平，应及时加以调整；如只是个体知觉上的偏差，则应及时加以说明和引导。

（四）协调与沟通

所谓协调是指人们为了追求共同的目的而形成的一致的行动。在现实工作中，企业内部有冲突是不可避免的，带有普遍性的。冲突的本身就是由于利益、地位、态度、性格、工作作风的不同而引起的，加之发生在内部，所以冲突双方不具有敌对性，但如果不及时解决会给企业带来不利的影响。

在管理中，厨房的管理者还应该注意各种协调应在早期进行，不要等到问题成堆时再进行处理。另外学会使用协调的工具——沟通。所谓沟通就是指组织内部人与人之间的信息交流，它是组织协调的工具。沟通的核心内容是信息交流，通过信息交流，使组织成员之间交换信息。

在组织中，沟通的种类有以下几种，即上行沟通、平行沟通、下行沟通和斜向沟通。上行沟通是指下级人员逐级向上反映，让上级主管了解下情的沟通。下行沟通是指通过组织层次，将企业的目标、计划、打算、方针、政策、要求和规章制度逐级向下传达的沟通。平行沟通是指组织内同一阶层之间的沟通。斜向沟通是指组织内不同层次之间的沟通，见图 1-3。

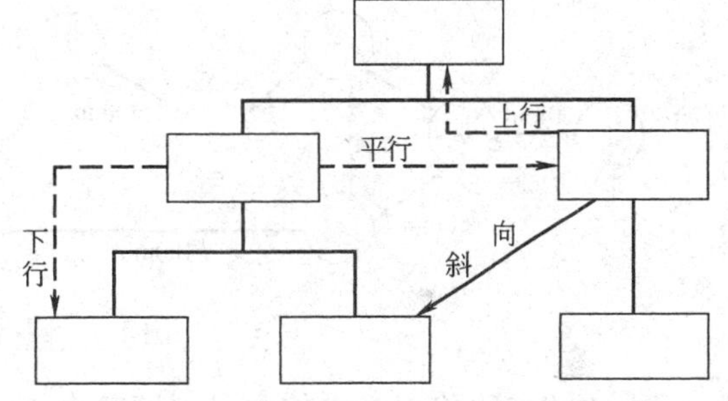

图 1-3　组织的正式沟通渠道

（五）控制

控制是对目前的工作进行监督和检查，并纠正工作中所发生的偏差。这实际就是将预期效果与实际效果进行比较，使之产生尽可能小的偏差。一般意义上的控制是一种对生产、财务和质量方面的控制。作为管理者需要知道自己要做什么（What）工作，什么时候（When）完成工作，谁（Who）负责这项工作和怎样（How）做好工作等。为了完成工作的目标就必须要提高组织的效率和效益。所谓效率就是以最大化的管理和最少的资源来达到目标，所谓效益就是达到目标的程度。通常在厨房管理中，就是要对资源进行控制，使之达到最大的效益和最高的效率。为此，我们可以预先确定一些标准来进行控制，通过感官和反馈系统来反映实际工作中发生了什么，比较实际与标准，找出差距。在厨房管理中，通常可以设立资金使用、人员状况、设备和原材料的标准，具体如表 1-3 所示。

一旦实际情况背离了标准，就需要管理者进行及时的调整，使之符合标准。可以说计划有时是控制的重要一环。

当然，在管理工作中，管理者必须清楚工作的重点所在，这样才能有的放矢。为了表述管理中的重点，通常使用的网络计划的控制方法，就是 PERT（Program Evaluation

表 1-3　资源确定的标准

资源	确定的标准
资金的使用	预算
人员状况	工作描述和工作时间表
设备	$\frac{\text{实际使用用时间}}{\text{总开机时间}}\times 100=$使用率
原材料	标准菜单

and Review Technique，计划评审法）和 CPM（Critical Path Method，关键线路法）两种方法。它们是通过网络图的形式，反映和表达计划的安排，并据此选择最优方案，组织、协调和控制工作的进度和费用，以便达到预订的目标，是提高管理水平和经济效益的有效方法。其原理是用科学方法对工作进程和各种方案作出定量分析，把一个工作项目分解成各项作业，以结点和箭线代表工作项目和活动，组成网络图，如图 1-4 所示。

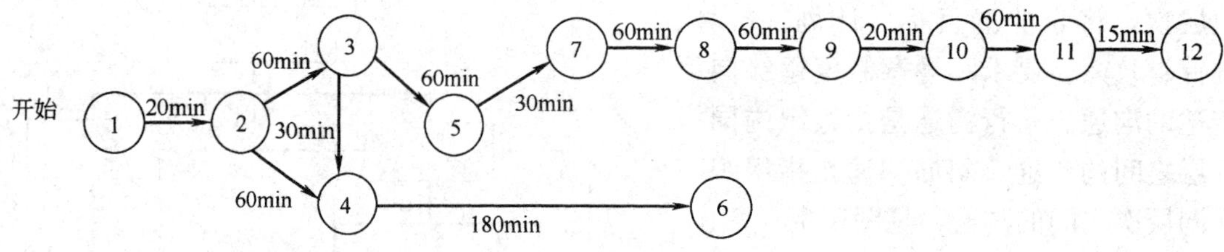

图 1-4　网络计划图

图中的结点○代表工作的项目，即整个工作中若干个可以明确划分的工作点。箭线代表两个工作项目之间的活动，即实际工作。箭线上的数字表示该项工作所需的时间。从图上可以看出，这项工作共有 1234、1246、1235 三条线路。把各条线路中各段箭线上的时间加起来，就是该线路总的工作时间。经计算 1234→290min、1246→260min、1235→385min，其中 1235 所需时间最长，就是影响整个工作进度的关键线路。这样一来，管理者可以很容易地调整整个工作中的人力、物力，找出最优方案以便用最短的时间、最少的成本和人力，得到最大的效果。

这两种方法的不同之处在于，PERT（计划评审法）着眼于完成工作的期限，其网络图侧重在工作项目方面；而 CPM（关键线路法）着眼于降低成本，其网络图侧重在工作活动方面。这两种方法的共同优点是：①使管理工作条理分明，并易于抓住重点。由于标出关键线路的工作活动（往往只占工作活动的 10%），管理人员只需重点注意这条线路上的工作活动，从而使管理工作大大地简化。②可以缩短工作的时间，节约成本。由于有计划地把人力、物力调整到关键工作活动上去，可以使工作的时间缩短。据统计，一般可以缩短 20%～25%的时间，并相应地节约时间。③便于在情况发生变化时对计划进行调整。

调整计划的工作量仅为传统方法的 10%左右。④便于电脑处理数据，大大提高了管理工作的效率。

综上所述，实际中的管理者并不是单独或连贯地行使管理的各项职能，往往管理者运用的管理职能，比如监察各个阶段的计划、解决问题和激励员工等都是在同一时间内发生的，许多职能是相互联结在一起的，需要共同努力才能完成。

三、厨房的管理理念

其实影响厨房管理成败的相当大的一部分原因是厨房的管理者。现代厨房的管理者的管理职责通常有两种，一是通过他人去完成工作（管理职能，Managament），另一是亲力亲为去完成工作（实务操作，Operational）。只有两者有机地结合，才能搞好管理工作。由于多数厨房管理者只具备其中之一的能力或两者比例关系分配不当，所以造成管理失败在所难免。在大、中型厨房中，职能部门对厨房的管理者的职责要求较小型厨房要高，因此，合理地分配管理与实务操作技能的关系非常重要，如图 1-5 所示。

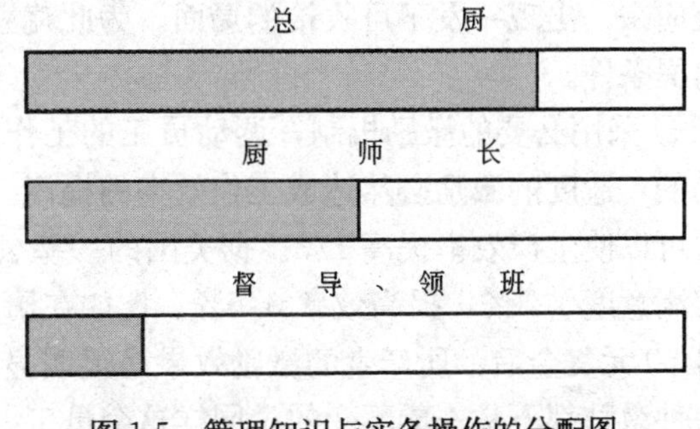

图 1-5　管理知识与实务操作的分配图

代表管理知识　代表实务操作

当然，对于小型厨房由于管理的层次较小，被管理的人员较少，管理者一般要面面俱到，掌握各方面的操作技能，成为一种全能型的管理者。由于小型厨房的管理要求不高，所以管理者能力即使不行，同样可以取得一定的成效。为此，这类特殊情况不列为本书探讨范畴。

现代厨房的管理者除了掌握正确的管理方法，指导属下员工进行生产操作外，更多的应该从自身开始去亲力亲为地完成各项工作，有时需要具备更多的管理理念和手段。

（一）防止管理的失败

厨房的管理者应该学会各种管理的技巧，以防管理的失败：

① 多花些时间去改进自己，增强员工的进取心和创新精神，建立团队意识，稳定员工队伍。美国曾经有家酒店对主管人才流失的现象做了一番调查研究，结果发现，员工离职的主要原因有两点：一是工作时间太长，二是进修磨练的机会太少。其实，厨房管理者定期地对菜肴进行翻新和改进，举办一些美食节活动，通过引进和输送的方式对员工进行必要的培训，即可以降低员工的流失率，也可以提高员工进取的热情。

② 充分了解自己的工作，不要过分地贬低自己或高估自己。贬低自己首先就是缺乏自信，这已经注定管理的失败；而不切实际地高估自己在餐饮活动中也容易导致失败。如

果对自己经营的品种没有正确的认识，缺少合理的定位，很容易迷失方向。比如星级酒店在龙虾上市的季节，一味地跟风在菜肴中增加大盘的龙虾（湖龙虾），而不在制作方法和文化品位上做文章，与中、低档酒店去竞争，结果是失败的。

③ 增强自身专业知识和技能培养，要善于学习，多总结经验。如果管理者的知识结构以及学习能力较差，会使他既不能发现生产中存在的问题，也不能应对管理中出现的各种问题，致使管理工作失败。比如，餐厅的管理者没有配备专职撤菜人员，在生意红火时，值台服务人员离岗撤菜，厅房没人服务，使一些刁蛮的顾客有机可乘，投诉菜肴中有毛发、苍蝇等等，假如前台人员将责任推卸给厨房，此时就需要厨房管理者能发现问题所在。实际工作中，有些时候完全是客人原因，这时不恰当地处罚下属员工就会引起员工情绪上的波动。

④ 保持与下属关系的和谐。厨房中的管理者如果相信老的管理经验，工作中更多地以斥责作为主要的工作手段，强加自己的观点，听不进异己的意见，刚愎自用，不去建立良性的沟通渠道，造成员工敢怒不敢言，这样一旦问题的“导火索”点燃就会爆发出连锁的反应来，出现一发不可收拾的局面。为此建立和谐的员工关系是保证厨房生产正常进行的前提条件。

⑤ 采用必要的激励机制，调动员工的工作情绪。在厨房中的员工，其实是非常需要鼓励的，适度的激励必然造成工作效率的提高。前苏联学者通过研究发现，一种好的激励方法可以使生产效率提高 1/3。据美国的一些公司统计，员工满意度提高 5%，就可提升顾客满意度 1.3%，提高效率 0.5%。比如在厨房工作中，当有员工第一次因表现突出而获得 50 元奖金后，所产生的激励效果是很明显的，其工作的热情也被调动起来。当然任何一种激励都不是一成不变的，同样这个员工，如果他经过努力工作而连续几次拿同等量的奖金后，其效果就没有第一次那么明显了。为此，在实际工作中，物质激励与精神激励并举是一种有效的方式。

（二）良好的工作标准

厨房的管理者一定要制定良好的工作标准，一般良好的工作标准是上下级一致同意的、行得通的、可以量度的、贯彻不变的标准。应该避免含糊不清的工作标准，不要把够了、足够、尽快、合理、可取等模糊字眼挂在嘴上，要有一些成文的标准来去评估和度量。管理者应该注意克服工作中的一些不良习惯，如表 1-4 所示。

时下有一种比较流行的做法，就是厨房“五常法”，即常组织、常整顿、常清洁、常规范、常自律。这种做法原本来自于日本，简称“5S”法（Seiri 意为整理，Seition 意为整顿，Seiso 意为清扫，Seiketsu 意为清洁，Shitsuke 意为修养），后被香港人何广明教授整理成“五常法”推广开来。厨房的“五常法”就是东西分开处理（常组织）、原料定量定置（常整顿）、场地及时清洁（常清洁）、制度常立常守（常规范）、员工维护制度（常自律）。目前，国内多数酒店推广这种做法管理效果明显。

表 1-4 **两种工作习惯的表达**

被 动 表 达	主 动 表 达
随便	指出自己所需要的
无所谓	我的想法和你差不多，不过……
你说好了	我建议
我也是这样想	听他们说……，但我的想法是……
我看不用了吧！	

（三）管理者的态度

厨房管理者应当注重树立自己优良的管理作风。通常优良的管理作风有以下几点：

① 称赞好的工作表现。管理者不应该吝啬自己的夸赞之词，鼓励员工、激励员工。

② 订下一贯的工作标准。任何一个管理者都应该雷厉风行，对自己的言行负责。

③ 对自己的下属要有深切的认识。只有这样才能更有效地安排工作，发挥每个员工的特长和优势。

④ 用诚恳的态度聆听下属的忠告、投诉。这是厨房管理者能保持与员工有良好沟通的前提。

⑤ 告诉下属员工现在工作的进度。让每个员工都能知道自己努力的程度，更好地提高他们工作的积极性。

⑥ 清楚指示工作程序。建立一定的工作程序，可以保证厨房生产的有序性，合理安排员工工作及配置适当的人手。

⑦ 纠正低劣的工作表现。厨房管理者要及时地纠正员工工作中的错误，保证厨房产品的质量。

⑧ 培养、造就人才。厨房管理者应该具有培养、选拔人才的能力和气度，为厨房生产的长远发展考虑。切不可妒忌他人超越自己。

第二节 厨房的特性

厨房简单地讲是加工、制作菜肴和点心的场所，它提供饭店所经营的一切需后场加工、制作的食品。由于现代饭店所经营的项目较多，要求的经营模式也较多，有时食品的加工会移到餐厅进行，如日式厨师为顾客面对面地烧烤，自助餐、宴会中厨师现场烹调等等，使厨房的概念变得模糊，因此，本书所讲的厨房应该是在后场加工的，而非前场。一般来说，现代厨房应该具备一些要素：专业的生产人员、必需的操作空间和场地、必需的设施、设备、烹饪的原料及能源。这样一来，每一个要素不同都使厨房的形式和种类不同。

一、厨房的种类

（一）从厨房的规模来分

1. 大型厨房

大型厨房是指生产规模大，能提供众多宾客同时用餐的生产厨房。它要求生产设备齐全，场地面积宽敞，生产人员多，岗位设置全，分工具体，生产能力强，能提供各式菜肴。

通常经营面积在 3000m^2 或餐位数在 800 个以上的餐饮酒楼，它的厨房会有一定的匹配额，这类厨房面积超大、炉灶众多可以称为大型厨房。美国 RG 公司和东方美食杂志社曾在 2002 年度联合进行“中国十大餐饮航空母舰”的调查活动，根据调查问卷所反映的营业面积、餐位数量等情况，粗略地勾画了当时航母型企业的排名，分别是北京云龙金阁、天津瀚金佰、武汉三五醇酒店、济南姜仔鸭、广州东江艺都、青岛海梦园、杭州张生记、南京向阳渔港、上海红仔鸡、天津家和海鲜巨无霸。其中南京向阳渔港的紫金店则达到 3.8 万平方米，为亚洲第二大餐厅。

2. 中型厨房

中型厨房是指生产规模较大，能提供较多宾客同时就餐的生产厨房。它要求场地面积适中，具备一般的生产设备，生产人员较多，岗位设置基本齐全，分工较具体，提供正常的特色菜式。如目前大部分社会餐馆厨房，其供应的餐位数多在 300～600 个之间。

中型厨房应该说是餐饮企业中各种厨房的基础，行业中所需要的最基本的设备、最必要的岗位，都能在这里体现出来，所谓“麻雀虽小，五脏俱全”。其实，除了部分大型厨房具有超大的面积外，有部分大型的厨房应该是若干个中型厨房的组合体。比如新加坡会展中心的酒店（Suntec Singapore），经营面积超大，设有 6 个厨房，每个厨房有厨师长，最后都划归行政总厨管理；太原的“海世界海鲜广场”营业面积 15000m^2，实际厨房 3 个。这其中每个厨房都行使中型厨房的功能，结合起来形成一个大型的厨房。

3. 小型厨房

小型厨房是指生产规模较小，提供少量宾客同时就餐的生产厨房。一般场地面积不大，具有主要的生产设备，生产人员少，岗位设置不全，分工不具体，提供的菜式零散。如社会上经营特色风味菜的小型餐馆，其供应的餐位数多在 80～150 个之间。

小型厨房和中型厨房唯一的区别应该在于岗位设置，即厨房人员所从事的工种是否重叠。小型厨房由于面积所限，加之投资较小，需要厨师充当多重角色。比如蒸笼岗（粤菜称上杂）厨师兼做排菜（粤菜称打荷），砧板厨师兼做炉灶等等。

4. 微型厨房

微型厨房是指只提供简单食品制作，场地小、生产人员少的生产厨房。如歌舞厅、茶吧、酒吧、咖啡屋等提供水果服务的厨房和社会上连锁经营性饼屋的厨房。

（二）从厨房生产的菜式来分

1. 中式厨房

中式厨房主要经营中式菜肴、点心，厨房以中式菜肴经营来设计，厨具设备以中式菜要求配置，人员应是会制作中式菜肴的技术厨师。传统的中式厨房应该有两种流派，一种是以香港为主流的粤式流派，厨房器具、设备布局及岗位设置等几方面与其他地区的厨房不同；另一种是除粤菜以外的其他风味的厨房流派。目前随着粤菜在全国的普及，各种风味流派的厨房逐渐被粤菜厨房同化，加之原有的厨房体系，逐步形成各风味流派具有自身特色的中式厨房。除粤式厨房外，中式厨房中还可以依风味来分淮扬式、川式、鲁式厨房。

2. 西式厨房

西式厨房主要经营西式菜肴、点心，厨房以西式菜肴经营来设计，厨具设备以西式菜要求配置，人员应是会制作西式菜肴的技术厨师。在西式厨房中还可以依风味来分法式、美式、俄式等厨房。

3. 日式厨房

日式厨房主要经营日式菜肴、点心，厨房以日式菜肴经营来设计，厨具设备以日式菜要求配置，人员应是会制作日式菜肴的技术厨师。日式菜肴与中式和西式菜肴有着截然不同的风味，因此，厨房要求上和炊餐具使用上也不同。

4. 清真厨房

清真厨房主要经营清真菜肴、点心，厨房以清真菜肴经营来设计，厨具设备以清真菜要求配置，人员应是会制作清真菜肴的技术厨师。清真菜肴与中式、日式和西式菜肴有着截然不同的风味，有着许多的禁忌，因此，厨房要求上和炊餐具使用上也不同。

5. 其他厨房

其他厨房如提供东南亚菜的厨房、提供素菜的素菜厨房。

（三）从厨房生产的功能来分

1. 加工厨房

加工厨房是专职加工烹饪原料的初加工、切割、干货涨发的生产厨房。有的酒店将其称为主厨房，这种厨房可以承担食品原料的初加工和切配的任务，还可以承担着某些面点和菜肴的制作和烹调工作，所以也称“中心厨房”，能为许多“卫星厨房”提供各种半成品的原料。近几年，随着餐饮企业的扩张，许多连锁餐饮企业都建立了中心厨房，其目的是完成各连锁店的原料加工及配送任务。

2. 冷菜厨房

冷菜厨房是专职加工冷菜的生产厨房。大型酒店会备有专门的冷菜厨房，而一般的厨房中只设冷菜加工区。

3. 面点厨房

面点厨房是专职加工面点的生产厨房。

4. 零点厨房

零点厨房主要负责零散客人的用餐，有时也负责部分宴会菜肴的制作。

5. 宴会厨房

宴会厨房主要负责各种商务、庆典宴会、团队及会议客人的菜肴制作。

6. 其他厨房

其他厨房如粤式的烧腊厨房、韩、日式烧烤厨房及厨房中专营燕、鲍、翅的厨房。

（四）从厨房经营的特色来分

1. 海鲜厨房

海鲜厨房是专营海鲜加工制作的专门厨房，具有海鲜制作的一些特点。

2. 粥面厨房

粥面厨房是专营粥、面等菜肴、点心的专门厨房，一般不经营其他菜肴，因此，厨具设备有着自身特殊的要求。

3. 快餐厨房

快餐厨房是专营快餐食品的专门厨房，它要求所提供的菜肴、点心售出要快，因此，其厨具设备有着特殊的要求。

4. 糕饼厨房

糕饼厨房是专营糕饼、西点的专门厨房。

5. 其他厨房

其他厨房如火锅店的厨房，冷餐为主的冷餐厨房。

二、厨房生产的难点及对策

厨房是餐饮经营的生产中心，是饭店唯一的生产实物产品的部门，负责将各类烹饪原料加工、制作，形成多种多样款式的菜肴和点心，服务于顾客，为饭店创造利润。厨房生产出来的产品有别于其他无形的产品（比如服务），具有自身的特点，诸如产品数量的不易确定性、产品服务对象的个体性、产品标准的不统一性、产品成本的波动性及产品消费的即时性。尤其是在整个厨房生产中，从采购、加工、烹制到最后的菜肴装盘，加工人员手工操作占主导，带有较多的人为因素，厨房生产的产品质量难以保持在一种相对稳定的范围内。可见，厨房生产加工并非轻而易举。

（一）厨房生产的难点

1. 难以满足顾客的多样化需求

厨房产品所服务的主要对象是顾客，顾客的到来给饭店带来了利润，厨房生产的目的是为了满足顾客的消费需求，一切为顾客着想，这已是现代饭店经营中不可动摇的 4C

（顾客 Customer、成本 Cost、便利 Convenience 和沟通 Communication）营销理念。每个顾客由于个人的喜好和饮食习惯而要求菜肴品种符合自己的口味，有的甚至要求饭店的菜肴档次要与就餐环境、服务水准、装潢的档次等诸多方面相匹配，这使得厨房生产的产品须满足多样化顾客的饮食需求。形成顾客需求的多样化因素很多，主要为以下几方面：

（1）地域环境的因素　生长环境的不同往往形成人们对食物不同的要求，西方人对烧烤、油炸类食物感兴趣，让一个中国人短期内常吃西餐他可能会觉得吃不惯。中国有句俗话“南甜北咸，西辣东酸”，是指不同地区的人对口味的大致要求，四川、湖南人都比较喜欢辣味的菜肴，但四川人更嗜好麻中带辣；扬州、苏州人都喜欢红烧菜中放糖，但扬州人放糖讲究为菜肴提鲜。地形、气候等地理环境不同，使人们形成了不同的饮食习惯。

（2）个人喜好的因素　每一位顾客在长期的饮食生活中，形成了个人的饮食爱好。或留恋母亲烧菜的味道，或思念特殊生活环境下形成的饮食口味，使他们对一种或一类食物情有独钟，形成了自己对食物的好恶，一旦这种饮食习惯养成，多数情况下是难以改变的。正如宋林洪《山家清供》所云“食无定味，适口者珍”。

（3）生理状况的因素　不同年龄和不同生理状态下的人们对食物的选择有着不同的要求，比如老人和儿童牙口不好，对食物中口感老硬的就会敬而远之；大病初愈的人就希望食物更开胃一些，肾脏不好的人们害怕咸味食物，有“三高”的人忌讳油多的荤食等等。

顾客饮食消费的多样化给厨房生产提出要求，也带来了生产的困难。首先对厨房生产的主体——厨师，提出了要求，他们是否具备较高的技术水平、较多的专业知识，和较强的应变能力，面对有宗教信仰的顾客、有生理差异的顾客（老人与儿童）、有特殊嗜好的顾客，如何提供相应的服务来满足多样顾客的多种需求；其次每一家经营餐饮的企业，它不可能为了满足顾客的要求而放弃自己的利益，使经营的场地无限制地扩大、生产的设备无限制地增加、原材料无限制地取得，这种局面必然造成部分顾客的不满，从而引发不良的投诉，这给企业经营带来了困难和麻烦；再次生产的产品受自身条件的约束，不具有广泛的适应性，难以满足顾客多样的需求。

2. 难以保证产品量的相对稳定

厨房产品量是指厨房员工加工生产产品的总量，它包括采购数量、初加工数量、切配数量和烹制出品数量。厨房的生产由于是被动的，这必然使厨房产品量处在一个不确定的状态。造成厨房产品量波动的原因主要是受就餐人数的不确定性、餐饮产品消费的即时性影响。

（1）就餐人数的不确定性　一定时间内前来餐厅用餐的各种客人的多少，饭店谓之客情。来就餐的客人多，产品的售卖的量就多，来就餐的客人少，产品的售卖的量就少。由于客情状况是受天气、吉日、节日和饭店的知名度影响，只要其中一个变量发生变化，客情状况就会受到影响，继而改变厨房产品的数量。影响客情状况的因素很多，主要为：一是经济状况的影响。在经济不发达的年代，人们收入低，餐馆少，更多的人选择在家中就餐，这使得餐馆饭店的客情状况保持在一个相对低的水平上，客源市场缺少了老百姓做强大的后盾。现在经济发展了，人们的经济状况在逐步改善，越来越多的人们走出了家门，外出就餐的人数在增加，餐饮市场不断扩大。二是消费导向的影响。餐饮市场越来越大，参与进来的经营者越来越多，市场不断地细分，满足不同消费群体的餐饮形式应运而生，不同餐饮形式的经营者拿出各自的促销手段，通过广告、公共关系等营销来引导消费者，吸引、挖掘自己的客源。

经济的发达和消费导向的变化能够促使餐饮市场的客源量大大增加，而客源量的增加促进了饭店间的竞争加剧化，这种竞争最终带来了厨房生产中原料采购数量、初加工数量、切配数量和烹制产品数量的不稳定性。这种不稳定性还波及到厨房生产的其他几个方面，一无法预知客源，造成原材料的积压或短缺，使当日的成本出现较大的波动；二无法安排人员，可能会造成厨房人员的超负荷或低负荷工作，影响每月工作量的核定，对奖励与处罚制度形成阻碍。

（2）产品消费的即时性 厨房生产的菜点不同于其他产品的生产，从生产出产品到给消费者食用，是在短时间内完成的，产品具有一定的即时性，这包含两层含义：一是产品一定要在短时间内消费掉，否则风味尽失。基于这点考虑，产品不具有长时间的被储存和保鲜的功能，这完全有别于食品生产中产品具有的保藏期和保质期。二是产品的消费大多是一次性的，不具有重复性，这不同于客房的消费和饮料的消费，比如客房中床上用品可以反复多次的使用，饮料未喝完可以带走继续消费，这种消费增加了消费的空间。当然，现行的打包服务即“吃不了兜着走”，使一次性消费得到了延伸，但在保证其品种的质量上和在享受的消费快感上很大程度上受到了制约，因此从整体上看菜肴成品的时限性还是明显的。

鉴于上述因素的影响，厨房应该在生产前储备大量必备的原材料，以保证正常的生产运作。但是，现代厨房生产要求产品原料应保持一定的新鲜度和风味，这既是一种潮流，又是形成顾客盈门的先决条件，如此一来对日进日出的厨房生产来说难度就增大了，一方面生产产品的量具有不稳定性，无法避免原料准备多造成的积压和原料准备少造成的缺货，另一方面产品原料不具备长时间储存的可能性，无法调整顾客要求的原料风味质量和存储时间之间的关系。这两个非常现实的矛盾，一直困扰着厨房生产的管理者。

3. 难以保证菜肴制作的标准化

尽管目前大多数饭店的设备条件都达到了很高的要求，但就整个生产流程而言，国内外饭店厨房的烹饪手工操作还是占据着主导地位，也就是说机械设备只是帮助厨师完成了整个工作的某一部分，尽管提高了厨师的劳动效率，但还未真正地占领厨房。虽然，西方有人发明了由电脑控制整个加热的烹调机，只要将准备好的原料生坯放入，调节程序即可烹制出菜肴，方便又实用。但就选料上还有局限性，进入饭店厨房有一定的距离，目前只停留在为家庭服务上。当然，目前生意红火的洋快餐业，尽管在厨房生产中达到了半机械化加工，但就其在选择菜肴的范围和菜肴的风味上与饭店、酒楼厨房不可相提并论，为此它不可能代表整个餐饮，厨房生产的手工性依然凸现，占有主导地位。

正因为餐饮业是一个劳动密集型、手工操作性强的行业，它的产品质量不可避免地在色、香、味、形、质等多方面产生波动性。尽管手工性的操作能够展示自身的技艺，比如现在流行的印度抛饼、兰州拉面等等，满足人们猎奇、求异的心理。但是一来手工操作的随意性强，生产量小，满足不了现代化厨房操作的要求；二来手工操作差异性较大，师傅的手法和经验不同，容易造成产品质量的千差万别；三来劳动强度大，使厨房员工的劳动效率大大降低。手工操作这几方面的缺陷对日益红火的大众餐饮和日益增长的就餐率显然不能够满足，尤其对厨房生产走向现代化产生了极大的阻碍作用。

4. 难以稳定多变的生产成本

厨房生产中的原材料、用具物料、调味料和易耗品等构成了生产成本的主体，在原料、调料的申购、验收、存储、领用、加工及物料用具的消耗、破损等环节中，都应层层把关，这每一项的疏漏都会造成生产成本的变化，更何况厨房生产的每个环节之间还会有循环、重复的现象，使生产成本的控制难度加大。当然，生产成本除受上述因素影响外，还受季节、市场价格的变化而波动，因此，在控制时一定要注意。

5. 难以保证信息反馈渠道的畅通

由于厨房生产的特殊性，使得信息的取得多是零散的、失真的。这是因为：第一厨房与前台产销难见面，厨房得到的第一手资料少。在高档的酒店、饭店中，一道菜肴要经过厨师、传菜部（传菜员）、值台服务员等几道环节才到客人手中，信息的传递要通过服务员、领班、经理（有时到总经理处）才到厨房，经过多人的传递，反馈的信息可能会出现失真甚至错误。在一般的饭店中，虽然厨师可以间接或直接地与客人见面，但对于菜肴好坏的信息第一接受人多是值台服务员，厨师往往得到的是间接的或是带有“加工”的信息，有时甚至还得不到。第二就餐客人的身份和饮食习惯不同，他们对菜肴质量好坏所提供的信息有时是零散的，有时是错误的，有时是带有个人感情色彩的，甚至还有偏见等等，使厨房得到的信息的真实性打折扣，不利于厨房工作的改进和提高。第三有些信息是散发到外地去的，它是影响到酒店声誉好坏的信息，这部分难以收集。当然，如果有条件的话，饭店可通过各种手段尽快地收集上来，及时地做出满意的答复，因为这部分客人会影响饭店在外的声誉。

（二）解决难点的对策

以上的分析表明了厨房生产的困难。面对这些困难我们应该正确对待，积极寻找对策。多年来人们从实践中总结出的经验和解决困难的方法、对策，对厨房生产是具有指导意义的。

简言之，有以下几个方面：

① 针对顾客多样化需求带来的难题，厨房生产的对策是：首先要学会分清顾客主次。

强调以主人或主宾的口味为主导，在厨房生产的产品中体现出来。同时建立顾客的客史档案，尤其是贵宾（Very Important Person，VIP）客人的档案，注明顾客的要求和喜好，做到有的放矢，对症下药。目前餐饮行业所接待的贵宾客人多为成功人士或企业家，他们大多在20世纪五六十年代出生，那时的生活状况和水准尽管不高，甚至低下，但从小习惯了母亲做菜的风味，对于“母亲味”，他们还是非常留恋和向往，其影响根深蒂固，所以饭店推出家常菜、地方土菜就很有市场；其次加强与顾客的交流、沟通。将过去厨房下菜单的工作程序，改变为前台或预订部下菜单，充分利用服务人员与顾客面对面的机会，增加交流和沟通，熟记顾客的需求，避免厨房下单的盲目性；再次改变餐饮经营的手段，增加顾客自主选择菜肴的权利。比如展示菜肴，以菜肴超市的形式出现，有鲜活原料的展示，也有菜肴实际分量的展示；展示菜单，添加菜肴说明，增加菜肴图片，做到顾客眼见为实，心中有数；展示厨房，使用明挡操作，进行现场演示，诸如“印度抛饼”及日本铁板烧式的“桌边秀”操作表演等等，让顾客一目了然。

② 针对产品量稳定性的问题，厨房生产中应从以下几点入手，一鼓励顾客提前预订，可以出台相应的奖励机制，与就餐活动进行捆绑。比如在×名之前的预订，可以优惠或得到×酒的奖励，将顾客举手之劳的预订活动与顾客的利益挂钩，使顾客得到实惠。从生产经营来看，饭店的预订越多，厨房生产量的控制就越好，浪费就越少。长此以往，厨房生产产品的量可以保持在一个相对稳定的基础之上，从而尽可能做到“零”储存，保证原料的新鲜度。二稳定常来顾客的消费，通过一定的手段加强与熟客的联系，比如过年过节的问候和礼品发送等等，加强饭店与顾客的联系，使饭店能成为顾客的温馨家园。三增加厨房包装化半成品原料的存储，因为包装化半成品原料，既具有储存的特性，有保藏期、保质期，又处于毛料和成品之间，离成品只一步之遥，可以减少突来顾客引发的菜肴上桌缓慢的不利因素。可以预见，未来厨房生产中使用包装化半成品的可能性会大大提高。因为既要菜肴出品质量好，又要出菜的速度加快，还要应付突如其来的零散客源，包装化半成品可以起到一箭双雕的功效。比如目前行业中流行的“黄鱼鲞”这道菜，只需开袋清蒸，时间很短。由于黄鱼经过特殊的处理，鱼肉品质爽滑而鲜嫩，避免了以往所有繁琐的加工，使加工操作方便实用。为此尽可能地加大半成品原料的开发和研制，可以保证餐饮产品生产量在不确定前提下质量的相对稳定。

③ 针对菜肴制作标准化的问题，应加快厨房生产中菜肴制作的机械化程度，改进手工操作的弊端，努力提高劳动效率。为此首先应该多选用机械化程度较高的机械设备及操作工具，缩短产品的加工时间和降低员工的劳动强度；其次设立合理的菜肴烹调标准，统一规格和成菜要求，更多地使用计量工具，保证原料的数量和比例在合理的位置，减少人为手工操作带来的随意性。比如对菜肴数量控制时使用秤，菜肴烹调调味时使用有计量的调羹，量化调味汁等等；再次合理的岗位划分，细化岗位分工，使每位员工成为某一操作的专家，形成专职员工。比如烧烤人员、干货涨发人员、打荷人员等等。只有这样，在每

个环节上设立严格的标准，再利用现代化的手段进行烹饪操作，减少手工操作的随意性，才能保证菜肴质量的稳定性，最终体现烹饪的科学性。

④ 针对生产成本的多变性的问题，应该要求管理者在生产中保持原材料的综合利用，减少浪费，使原料发挥最大的效能。具体做法有，一是建立监督、检验机制。要求每一个环节对下一个环节负责，采购的原料质量有问题，使用部门有权不接受；使用部门不合理使用原料及其他设备，相关部门有权投诉。二是建立每日核查单据，每旬盘点制度。使用部门应该每日核查前一日的营业报表、收货单据及出库单据，计算出前一日的成本，作为当天的成本控制的指导；在可能的前提下，每旬做一次盘点，了解原料的售出和存留情况，避免不必要的浪费出现。由于有章可循，即使有浪费出现，也能迅速地找到根源。三是加强跟踪管理，现场办公，及时杜绝和制止浪费。四是加强员工素质培养，将餐饮成本调控的程度与员工的切身利益挂钩。

⑤ 针对信息反馈难的问题，应该看得出，信息反馈一直是困扰着厨房生产的大事。因为适当的信息反馈是提高、改进菜肴质量的前提。现在多数饭店为了改变现状采取了众多的方法，一使用现代化的通信设备，比如对讲机，将顾客的第一信息传递给厨房，减少服务人员无谓的跑动和传递信息的失真。二让大厨入餐厅与客人交流，得到第一手的资料和信息。三发放调查表，将一部分易书面表述的信息收集上来。四对提出合理化建议的顾客予以奖励。

综上所述，厨房生产的困难和复杂性是有目共睹的，切实分析厨房生产的难点，及时找出相应的对策是摆在每一个厨房管理者面前的重要任务。只有这样才能对厨房的生产与经营提供有力的帮助。当然在不同的情况下，针对厨房生产人们会有不同的对策和解决办法，这需要厨房管理者灵活掌握。

三、厨房与其他部门的联系

无论饭店大小，厨房都不是一个孤立的部门。在星级饭店中，它与营销部、采购部、餐厅、宴会部、管事部、工程部有着一定的联系，只有各部门通力合作和大力支持，厨房中各项工作才能很好地实施，才能让客人满意。

（一）与营销部的联系

营销部是饭店对外宣传的窗口。在营销过程中，它往往掌握着饭店厨房的一手信息，并可以将新老客户对食品质量的反馈信息传达给厨房，可以说厨房与营销部是相互关联的。一方面营销部要将团队、公司的预订单提前下发到餐厅和厨房，使厨房做好接待准备，否则必将造成饭店接待中的混乱。另一方面厨房所搞的美食推广活动，都需要营销部的策划、设计和推销，这部分内容将在后面的章节介绍。

（二）与采购部的联系

星级饭店的厨房原料的供给，由采购部统一审批采购，因而厨房要与采购部保持一定的联系，及时反馈原料的质量和需申购的原料。由于星级饭店的厨房要求原料的质量要优质，对于新原料采购部还需货比三家，确定合理的价格后，再得到有关部门批准才能购货，同时饭店原料的采购有一部分是由专门的供应商提供，供应商采办原料又需要一个提前量，所以厨房申购原料的时间也要提前。对于大宗价高、没有询价或不是每天直供的原料或物料，厨房负责人应该下采购单（Purchase Requisition，PR），经采购部、财务部到总办批准，再由采购部下订购单（Purchase Order，PO）报经批准执行采购。一般厨房日进日出的原材料是厨师长下厨房市场采购单，经总厨签字批准，报给采购部，就可以执行采购。

作为采购部要在一星期前将食品的报价交给总厨签字，同时像蔬菜、水果、鲜肉类、水产类、鲜禽类每周报价一次，冻肉类、冻禽类、调料类、干货类、罐装食品每月报价一次。

（三）与财务部的联系

虽然厨房与财务部没有直接的联系，但与财务部下属的收货部和仓库有着一定的联系，在星级饭店，厨房每天的收货是要厨师长在收货部文员和财务部的成控员的共同协作下完成的。同时厨房人员领货要与仓库保管共同进行。另外饭店每 10 天或每月底的食品盘点，是要厨师长、仓库保管员和成控员共同完成的。

在厨房的领料过程中，一般要填写领料单，经部门主管签字批准，才能去仓库领货。通常物料和食品领料单要分开填写。

（四）与餐厅部的联系

餐厅与厨房的关系可谓唇齿相依、互为补充。如果厨房能够生产出质量上乘的菜肴，餐厅服务就会轻而易举；如果餐厅服务热情周到，厨房生产也就会减轻压力。相反有好的菜肴，却没好的服务和有好的服务，却没好的菜肴，都不会得到宾客的认可。因此，餐厅和厨房应该保持一种默契的关系，前台在服务中要推销菜肴，要反馈顾客对菜肴的意见，并用语言和服务去弥补菜肴中的一些问题；而后场厨房要理解服务中的辛苦，全身心地将菜肴加工好，提高菜肴质量，以减少宾客的投诉。

在宾客点菜时，点菜服务员将菜肴写在点菜单上（Order 单），交给传菜部（Pantry），再由传菜部交给厨房。出菜时厨房中打荷（粤菜的称法，就是厨房中递送菜肴，指挥菜肴走向的岗位，传统的风味菜厨房中没有这个岗位的称呼）的厨师将菜交给传菜部，传菜部人员划单后，传给台号桌的服务员，这样一个上菜程序就完成了。由此可以看出，餐饮生产中，餐厅和厨房的工作是互补的，是不能孤立的。

（五）与宴会部的联系

宴会部是餐饮部中比较重要的一个部门，大型宴会的举办既可以为饭店造声势，又可以检验宴会厨房和宴会服务的质量，它的成败是饭店经营的重中之重，为此，宴会厨房与宴会部保持良好的协作关系是至关重要的。作为厨房①每天要提供货源情况，列出清单；

②经常向宴会部提供创新菜肴；③经常为宴会部做有关菜肴知识的培训；④及时了解宾客对菜肴的反馈意见。

（六）与管事部的联系

管事部是餐饮部中的一个部门，它主要负责厨房炊、餐具的洗涤、消毒和厨房卫生的清洁工作。当遇到大型自助餐、宴会，厨房需要大量或高档的餐具时，应提早通知管事部做好餐具的申领、洗涤和消毒工作。在日常的工作中，一要积极配合管事部搞好厨房的环境卫生。二要保管好使用的炊、餐具，如有破损应及时地报给管事部处理，以做破损报批。三要将需要申购的餐具提前报给管事部，以便餐具能及时到位。

（七）与工程部的联系

厨房的正常生产离不开工程部的支持。厨房设备在运转过程中，必然会出现各种意想不到的故障。比如厨房冰箱出了问题，如不及时修理，将会造成冰箱内食物的腐败变质，一旦原料变质，不仅影响餐饮成本，而且影响饭店的声誉。因此，厨房应与工程部保持密切的联系，一方面邀请工程部技术人员就设备使用的安全知识和简易的操作方法，对全体厨房人员给予一定的培训；另一方面加强厨房员工与工程部的协调配合，并强调设备使用的规则。

（八）与其他厨房的联系

星级饭店中，一般都有多个厨房，每个厨房都有自己的功能。在厨房生产中，应该加强厨房与厨房之间的联系，使饭店的运作更协调和统一。比如中厨房生意较好，使用的牛肉卖完了，而西厨房生意一般，还有富余的牛肉原料，这时中厨房就可以下调拨单进行调拨，由于厨房的各个部门是单独核算成本，因此调拨单就是将来成本核算的依据；而西厨房搞的自助餐大多需要中厨加工的一部分的中式热菜，这时需要西厨开出内部调拨单。另外有的饭店厨房粗加工与菜肴配置是分开的，配菜人员根据每天的需要量向内部加工部门开出申订单等等。

第三节　厨房生产的流程

各种类型的厨房的生产流程总体是一致的，只不过在细节上各有不同，下面是饭店厨房生产的流程。

厨房的生产是从原料的采购开始的。首先要经过原料的验收，将各种类型的原料分别进行处理，一般分成两个部分，一个进入仓管，由保管员将需入库的原料分别放入干藏和冷藏库房。另一个直接进入厨房，需要加工的原料进入加工区，加工区可以有肉食、蔬菜和海鲜加工区三种（现代的厨房有时将海鲜加工单独辟开）。不需要加工的原料可以进入冷藏冰箱。经加工后的原料分别进入烹调区、冷菜区和面点制作区，最后完成经出菜区进入餐厅，其附属的餐具和垃圾分别回到厨房的不同区域，完成一次生产的过程。如图 1-6

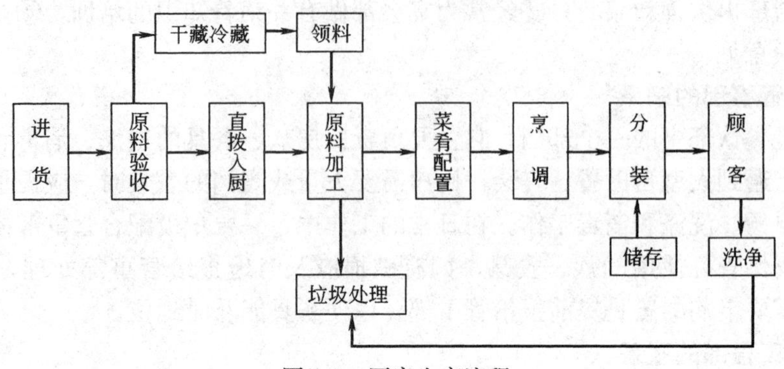

图 1-6 厨房生产流程

所示。

由于连锁经营的厨房从经营上与饭店厨房有着本质的区别，其加工场所与烹调场所是分开的，所有的产品是由中心厨房统一配送的。它的流程是：配送中心发货→烹调区→冷藏、保温区→餐厅，一般餐具是一次性的，所以餐具和垃圾不再进入厨房，在餐厅就可以处理。应该说中心厨房统一配送的形式是未来厨房供货的方向，因为食品生产的标准化是厨房生产中所欠缺的，统一配送首先可以解决原料标准化的问题；其次节省人力、物力，提高劳动效率；再次保证菜肴出菜的速度；最后保证厨房的卫生和清洁。现代大型的饭店，经营的风味较多，厨房的形式各异，设立中心厨房是非常必要的。

本章小结

全面理解本章的内容，对掌握厨房运作及管理有很大的帮助。管理就是要讲求餐饮企业的效率和效益，目的就是要通过效率创造效益，使企业拥有更多的盈余。其中效率的含义就是用最少量的资源来达到目的，而效益是企业达到目的的程度。明白了管理的这根主线，厨房的管理者就可以充分地运用管理的职能去控制财、物资源，处理人际关系，加之现代管理的理念的影响，可以使厨房的生产与运作更上一个台阶。

厨房生产出来的产品有别于其他无形的产品（比如服务），具有自身的特点，诸如产品数量的不易确定性、产品服务对象的个体性、产品标准的不统一性、产品成本的波动性及产品消费的即时性。这些特点会给厨房生产制造麻烦，厨房管理者的经验和阅历往往是解决这些困难的关键，本章所提供的对策可供参考。

厨房生产的流程一直都是厨房管理者必须清楚了解的内容，对其中每个环节的控制是至关重要的。

尽管厨房生产是一个强调技能操作、注重经验积累的运作体系，但本章还是要通过管理基本理论的阐述，加强理论知识的灌输，运用理论的指导作用，使学生从理论中得到更多给实践以帮助的原则，进而提高学生的管理意识，增强他们的管理水平。

习　题

1. 谈谈你对管理概念的理解。

2. 谈谈你对正式组织和非正式组织的理解，举例说明。

3. 运用亚当斯的公平理论来谈谈薪酬的高低对人们积极性的影响。

4. 如果遇到下面这种情况你如何处理？

小陈和小吴是厨房砧板上的两位厨师，其中小陈是砧板领班，小吴是二砧。一次，小陈为上浆的事情和小吴发生了争执，由于上浆使用的淀粉没有了，小吴使用了小苏打，小陈认为应该与他沟通一下，再去申购，不能擅自使用不合标准的原料，而小吴认为小苏打没有关系，况且是应急之用。小陈认为小吴不服从他的领导……由小及大，冲突发生。

5. 简述厨房生产的难点及对策。

6. 分析题：

我第一次被"轰"了下来

那是 2001 年 10 月份的事了，因为是旅游旺季，所以来餐馆的人特别多（厨师长不在）。我忙完手上的活，帮着打荷的往外走菜。这时炒菜师傅说："快过来帮我把鱼炸了。"看着他那满脸的严肃劲儿，我激动地上去了，"鱼炸好了！"、"菜焯好了"，"是"，"焯好了，倒出来吧！"他说，正在这时，经理进来了。"下来！"一声大叫。我十分不情愿地下来了，胆战心惊地随经理进了办公室。"罚你 300 元，有什么意见么？"这时炒菜的师傅帮我解释，可他全然不听。我沉重地走了出来，倒不是为了钱，而是……（摘自《东方美食》75 期）

（1）看了以上案例，你认为这位经理处理的方法是否妥当？

（2）假如你是一个管理者会怎么做？

第二章 厨房的设计与布局

[学习目的] 了解厨房设计的一般原则，掌握厨房设备布局的基本规律，熟知厨房各区域布局的关系及其未来厨房布局的趋势。

[主要内容] 厨房设计与布局的基本原则，厨房设计的主要内容及布局的一般方法。

厨房的设计与布局是厨房管理中的重要环节，可以不夸张地说，没有合理的厨房设计和相应的厨房设备，任何厨房管理都会有很大的障碍。美国假日旅馆集团创始人凯蒙·威尔逊曾经说过，没有满意的员工就没有满意的顾客，没有使员工满意的工作场所，也就没有使顾客满意的享受环境。作为现代厨房来讲，营造一个明亮、设备（软件和硬件）先进、布局合理的工作场所是提高工作效率、加强厨房管理的前提，这也是未来厨房努力的方向。

第一节 厨房设计与布局的原则

厨房设计就是要确定厨房的风格、规模、结构、环境和相适应的使用设备，以保证厨房生产的顺利运行。厨房布局就是合理安排厨具的平面位置、空间位置，保证生产人员高效的工作流向。因此厨房的设计与布局就是根据厨房的规模、风格、生产流程及相关部门的作业关系，确定厨房内各区间的位置、设备及设施的分布。应该说合理的布局与设计，可以大大提高员工的劳动心情和劳动效率，使生产的产品质量得到一定的保证。当然，厨房设计与布局是依照饭店的规模、位置、档次和经营方针的不同而不同的，所以设计与布局时应遵循以下几点原则。

一、以饭店的经营方针为导向

任何一家饭店的厨房都不可能完全相同，除了建筑结构难以相同的原因外，更多的是基于饭店经营者不同的经营方针、经营目标，而导致厨房设计上的差异。加盟连锁式的餐饮厨房，要求提供标准的餐食和快节奏的进餐形式，所以需要餐厅大，以较快的餐桌周转率来提高餐厅的营业额，故厨房设计相对较小，加之中心厨房的配送，可以免去厨房的加工场地，使厨房只需保留烹调区、保温和冷藏区。当然，快餐店的卫生状况如何是吸引人的重要因素，大多数的快餐厨房都要求敞开式的、透明的，这就要求厨房设计时，选用的各种厨具、设备及装饰材料要便于清洁和打扫。星级饭店的厨房，要求有很强的承接各种宴席的能力，要求菜肴品质高、出品精美。故设计厨房时，第一，设置的风味类型较多。如西厨房、日式厨房、东南亚厨房、火锅厨房、饼房等等。第二，安排厨房的配套设施齐全。如扒炉、微波炉、煎炸炉、高压蒸柜、夹层锅等等。第三，配备厨房的人员齐全，分工较为细致。如上杂岗、烧腊岗、打荷岗、少司岗等等。这样在厨房的设计与布局时，就要考虑各种设备的合理布局及保证工作流程的高效和顺畅，避免货物与人员走动路线交叉。小型饭店和餐馆的厨房则要根据需要配置相应的人手和设备。比如火锅店，一般多用切配的厨师，几乎不需要炒菜的炉灶厨师；而靠海经营海鲜的小饭店，几乎是清一色的蒸柜，不需要炒灶。

当然，饭店的投资者在决定自己的经营方向之前，还必须了解厨房食品生产所涉及的各项费用和资金，主要有：①食品生产所消耗的食品原料费；②日常经营人工费；③日常餐饮经营其他费用；④厨房中食品生产设备与器具的费用；⑤食品生产的空间及建筑的投资。食品生产的空间和建筑物在开发期间需要较大的投资资金，在经营期分摊到折旧费和利息费用中去。通常食品生产的空间和建筑物的生命周期为30～40年。生产设备的生命周期平均为10年。厨房建筑与设备的投资额及利息除以使用年限乘每年的天数，得出平均每天的固定成本。了解每天所需的固定费用，饭店的投资者才能选定自己的经营方向和目标。比如，有的社会饭店在考察了市场需求后，决定自己的饭店不雇用点心师，原因有二：一是多数顾客在宴席中，对菜肴的兴趣比对点心的兴趣大，上桌的点心多数被浪费掉。二是雇用点心师及安排场地、设备生产点心投资费用加大，不如去购买超市生产的点心，反而花费很少的费用。

二、布局中考虑员工的劳动效率

员工的劳动效率一定要依赖厨房的合理设计和布局。通常厨房的生产要具有合理的流程线路，如果在布局和设计中没有选出最佳的厨房构图，而是用固定厨具设备打乱生产的流程，就会使工作的员工疲于奔命，这样在同等的劳动时间内，员工所创造出的价值就不会高。所以要提高员工的劳动效率，应从以下几点来考虑。

（一）生产线路的合理安排

生产线路的安排要遵循，①以工艺流程的走向为依据。要使生产操作方便，必须布局好厨房，形成流水作业，如任何一间厨房的生产都是从收货处—加工台—砧板台—配菜台—炉灶台—传菜台的流动过程。不能颠倒流程的次序，否则必将造成工作中的混乱状况。为了保证厨房工作的正确流向尽可能进行分区设计，如加工区、清洗区、备餐区等等，如图2-1所示。②选择最佳员工工作的流向。应该设计最方便、路程最短的工作线路，比如砧板与炉灶最好是直线距离，冷菜间的传菜窗口直接可以到达餐厅等等。还应该设计员工、货物各专用的进出通道，避免员工与货物、设备发生碰撞而引发危险，进而造成工作效率的低下。其中货品通道可以考虑避免穿过烹调作业区。③固定设备的位置来确

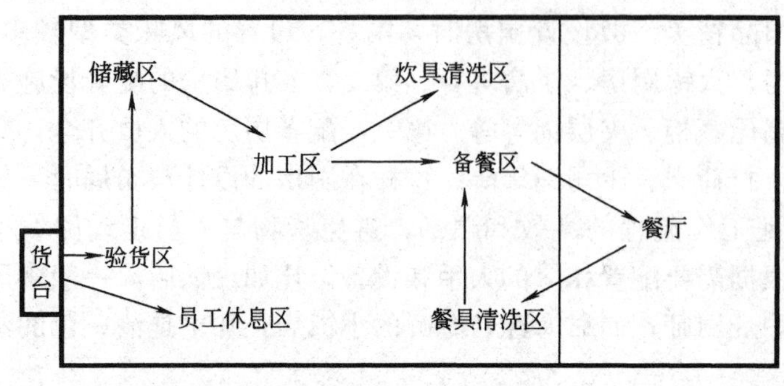

图 2-1 厨房生产流动线路

定工作流向。由于每间厨房的面积和空间是设计之前就确定的，所以任何一间厨房出菜的线路都要灵活设计，在厨房中设备是固定的，而人是可以走动的，因此确定设备的位置至关重要，人工作的流程线路必须随设备的确定而确定。当然设备确定的位置不同，会造成人员走动线路上的不同，设计不好就会影响员工的工作效率。

（二）考虑厨房设备的工作效率

厨房的设备可分四代：第一代土灶，使用土台子切配；第二代瓷砖灶、煤灶，使用木制案板切配；第三代不锈钢设备；第四代电脑控制的设备。从卫生、高效的角度来看，现代厨房至少应该使用第三代厨房设备。提高厨房设备的效率应该注意以下两方面：一考虑设备加工的先进性。自动控制、易于操作的烹饪设备，可以提高员工的劳动效率，降低劳动强度，增强产品的质量。例如用现代化的切肉机切肉只要 5min，而同样量的肉用人工切需要 15min。50kg 土豆以削皮器去皮只要 20min，用切蔬菜机切菜能比人工操作节省 4～6 倍时间，尽管加工型机器在原料数量不多时，表现出浪费或出料率不高，但在批量生产时它体现出高质量、高效率，这是手工不能替代的。二考虑设备布局的合理性。设备布局要考虑同类工作安排的一致性，不要将设备分而置之，否则员工会疲于奔命。比如洗碗机呈 L 形节省地方，蒸笼岗的蒸灶、矮仔灶、煲仔灶应靠在一起，面点的煎炸炉、烤箱要在一起等等。

（三）依人体的特点来布局厨房的空间

布局厨房的空间，一种是利用厨房的长宽来充分安排厨房的各种工作设备，从人体工程学角度考虑，要让员工能在最适宜的环境下工作，这是保证员工工作效率的一种途径。比如安排工作台之间的距离要适当，如果作为通道，两工作台之间的宽度应该不少于 1.2m，而员工工作中心最小的宽度应为 2.74～3.05m，对标准身高的员工来说，工作台高度应为 0.85m 为佳，见表 2-1，过高或过低的工作台只能带给员工更多的疲劳。从人体的特点来看，一个人站立时双手张开，手能伸张的范围大约在 0.48m，而轴体为中心在 0.71m 左右，所以一个人他所需要的作业面积是长 1.5m、宽 0.5m 的范围，如果要有倾斜动作，那么他所需要的作业面积是长 1.7m、宽 0.8m 的范围，充分认识这些数据，对于管理者安排厨房设备是很有帮助的，见表 2-2。另一种是充分利用厨房的空间，比如设计壁橱、吊杠来合理利用空间，以储藏、摆放物品。当然，壁橱、吊杠应当设计在员工可操作的范围以内。

表 2-1　**身高与工作台高度的关系表**

身　　高/cm	工作台高度/cm
145～160	65～75
160～165	80
165～180	80～85

表 2-2　**厨房通道最小宽度**

通 道 处 所	最 小 宽 度/mm
工作走道	
一人操作	700
二人背向操作	1500
通行走道	
二人平行通过	1200
一人和一辆推车并行通过	600 加推车宽
多用走道	
一人操作，背后过一人	1200
二人操作，中间过一人	1800
二人操作，中间过一辆推车	1200 加推车宽

在厨房的设计中，应该考虑厨房的空间要留有一定的发展余地。要根据厨房自身的特点，合理安排设备和投入资金。从厨房生产的长远规划和餐饮的发展趋势来看，是十分必要和应该的。

三、选择最佳保护食品的环境

现代厨房在设计和布局时要考虑到厨房的温度、湿度等许多方面的因素，尽管从表面上看这些因素不重要，事实上它对菜肴的质量有很大影响。这部分内容在厨房环境设计中会详细介绍。在厨房生产中，炉灶、冰箱、蒸柜、洗涤设备等散发出来的热量会影响到厨房的整个工作环境，使厨房的温度、湿度大大增加。如果食物不能处在一个良好的环境中，必将较快地腐败和变质，为此，厨房设计时要充分考虑添置中央空调，安排抽湿机、排风机等设备，降低不利的因素，保证食物在一个良好的环境下储存。如表 2-3。

当然，除了对厨房的环境温度、湿度进行调控以外，运用适量的储藏设备也十分必要，一般食品的储存多使用冰箱、冰柜。冰箱存储的方式有很多种，一种是冷库，专门保藏厨房缓用的动物性冻品，温度多在－18～－25℃；另一种是冷藏冰箱，专门保藏厨房需

表 2-3 工作区域的温控

区　　域	温　　度/℃
蔬菜、鱼肉清洗切剁作业区室温	20
烹饪调理作业区室温	20
煮饭配盒饭作业区室温	25
办公室、休息区室温	28
储藏库室温	20

要保鲜的动物性原材料，温度多在0～－10℃；第三种是保鲜冰箱，专门保藏厨房急用的鲜品原料及蔬菜、水果，温度多在4～－5℃。如表2-4。

表 2-4 储存新鲜水果和蔬菜的最佳温度和湿度

需在0℃和80%相对湿度储存的水果和蔬菜	
水果	苹果、桃、石榴、草莓、黑莓、橘子、橙、梅、枣、梨、李子
蔬菜	芦笋、生菜、甜菜、胡萝卜、蘑菇、玉米笋、卷心菜、青菜、豆角、大蒜、菠菜、豆芽、菜花、萝卜
需在10℃和80%～85%相对湿度储存的水果和蔬菜	
水果	鳄梨、芒果、菠萝、葡萄、瓜、柠檬、橄榄、酸橙、木瓜
蔬菜	青豆、洋葱、南瓜、山芋、黄瓜、辣椒、西红柿、茄子、土豆、西葫芦

四、确保厨房符合安全卫生的要求

厨房在规划布局时，一定要远离重工业区、有化工厂、有污染的地区，500m以内不能有粪场、垃圾场。若在居民区，30m半径内不得有有尘埃、毒气的作业场所。在厨房内部，从食品要求的角度出发，厨房要具备洗涤、消毒的水槽，要具备良好的下水，可移动的设备，不锈钢的易清洗的炉灶，灭蚊蝇设备、垃圾处理设备等，以保证污物、蚊蝇等容易造成细菌滋生的源头被尽早地清除，降低食品被污染的机会。其附属设施还要考虑到垃圾运送的通道。当然，在厨房设计中还要考虑防止一些金属及合金（锌、铜、铅、镉、锑）对食物的污染而引起的中毒。

如果从安全的角度考虑，厨房在设计时还应重视安全设施的建设，其中首先要考虑的安全因素就是防止火灾的出现，为此建筑材料选用上建议使用耐火力较高的材料，耐火力是建筑材料遭遇高热后不发酥下塌的支撑能力。一般钢柱在温度达到5500℃就会软化得像黄油一样。另外，预防火灾的报警、灭火器材必不可少，如火警的报警器、消防指示灯、烟控警报器、煤气警报器、喷水器、消防器材（消防毯、灭火器）都应该一应俱全，对与火灾有关的其他附属设施进行规划，比如消防通道。其次，要考虑诱发人身伤害的因素，比如地砖是否为耐磨、坚硬的防滑砖，是否有专用的刀具架，电器是否安全不漏电，油烟罩是否有安全的清油设备等等。

第二节　厨房的设计

厨房设计就是根据厨房的经营目标、生产规模和生产能力，确定厨房相应的面积、风格、设备布局的一种规划过程。严格地讲，饭店在总体规划时，厨房设计应该有专业人士来参与设计，厨房的装修与布局应该等专业人员认定后方可实施。否则，不佳的厨房设计会给以后的厨房生产带来诸多的不便。

一、规划厨房的位置与面积

（一）厨房位置的确定

厨房安排在饭店的什么位置是很重要的。一方面，因为厨房加工不同于食品加工，生产出的产品要尽可能在较短的时间内上桌，才能保证其风味。生产和消费几乎要在同一个时间段进行。所以生产的场所原则上不要远离餐厅。另一方面考虑到厨房有垃圾、油烟、噪声产生，厨房的位置还不能完全靠近餐厅。尽管这是个很矛盾的问题，但如果将餐饮生产的需要作为厨房位置确定的依据，这个问题是不难解决的。

归纳各种规模和形式的餐饮企业，可以发现厨房所处的实际位置一般有以下三种类型：一是设在底层。考虑到垃圾和货物运输的方便，以及能源输送的方便，大多数饭店选择这种安排。事实上厨房处在底层的多为有客房的高层酒店，除去能源和垃圾运送便利的因素外，对入住的客人和零散客人就餐都会提供相应的便利。这种类型的厨房多会选择与餐厅在一个层面上。二是设在上部。这种类型有两种情况，一种是针对高层的酒店。因为许多高层酒店处在非常优越的地理位置，要不浪费楼顶的资源，就是设立旋转餐厅或观光餐厅，相应的会有配套厨房。这种在高处的厨房，一般要减少垃圾的产生，只能避免在高层厨房进行初加工，所有的原料采用半成品，而为了安全，炉灶要尽可能使用电加热。另一种情况是针对楼层不高的社会酒楼。这部分社会酒楼（有的缺少一定的客用电梯）为了将更多的便利留给顾客，考虑到顾客少爬楼及油烟噪音的扰客因素，多将厨房设置在顶楼。这种类型的厨房一般会占据整个楼面，多与餐厅不在一个层面上，这就需要更多的专用传菜电梯和传菜通道。三是设在地下室，如果底层面积比较紧张，多数饭店会选择地下室作厨房，这类厨房弊端较多，一般原料和垃圾的运输都是通过电梯，效率不是很高。另外，使用煤气或液化气，危险系数会加大，只有具备良好的通风设备才能避免危害的存在。

所以一般厨房的位置安排，要遵循以下几种原则：

① 要保证与餐厅在一起，如果不能，要有专用通道保证上菜的及时和通畅。从形式上来看，厨房与餐厅连接可以有三种形式：一是厨房围绕餐厅；二是厨房置于餐厅中；三是厨房紧邻餐厅。

② 要保证进货口与厨房连接，如果不能，要有专用电梯保证货品的及时补充。

③ 要保证仓库与厨房的距离，要保证仓领的渠道通畅。

④ 要保证污水和垃圾排放和清理的方便性。要尽可能将厨房安排在低楼层，便于货物的运输和下水排放。

⑤ 要远离厕所，防止滋生蚊蝇。

⑥ 要离开客房一定的距离，防止气味、噪音干扰顾客。

（二）厨房面积的确定

厨房的面积通常要与餐厅的面积保持一定的比例关系，通过确定餐厅面积才能确定厨房的面积。确定合理的厨房面积是保证餐饮生产正常进行的前提条件。如果餐厅过大，厨房过小，会造成厨房生产的拥挤与低效率。反之，餐厅过小，厨房过大，饭店业主不能尽快地创造效益。当然，影响厨房面积大小的主要因素是以下几方面：一是厨具的现代化程度。厨房设备与用具越先进，越具有高效性，厨房的面积就可以相对地削减，比如快餐店、蛋糕房等厨房的面积比正常的社会饭店要小得多。二是经营的形式和种类。火锅店是一种专卖形式的餐饮店，经营的风格在于注重切配和调制底汤料，忽略小炒、煎炸类菜肴，可以缩小烹调区。而快餐店使用半成品原料较多，忽略加工，可以缩小加工区。在配比形式上，现代快餐店厨房与餐厅的比一般都保持在1∶(3～4)，而星级酒店的比例多为1∶(1～2)。三是加工生产的手段不同。中西餐由于加工生产的手段不同，所以在面积上有所区别，西餐的煎、炸、烤多为主导，炉具设备比较集中，多是共用型的，面积自然要小些。社会餐饮经营的多为大众化菜肴，加工比较简单，易于操作，所需的设备和人员比星级酒店要少，面积的需要也就不大。

那么，厨房的面积如何来确定呢？这里面没有一个具体的规定，大多是根据实际操作而总结出来的一种经验。根据经验确定厨房面积的方法一般可以归为三种：

① 以餐厅就餐人数为参数来确定，见表2-5。根据就餐人数来计算烹调的空间面积是不准确的，因为这种计算法是依照估算的顾客量来预测的一组数字。

表2-5　不同就餐人数所需厨房面积对照表

就餐人数/人	平均每位用餐者所需厨房面积/(m^2/人)	厨房面积总数/m^2
100	0.697	69.7
250	0.48	120
500	0.46	230
750	0.37	277.5
1500	0.309	463.5
2000	0.279	558

② 以餐位数来确定。见表2-6。餐位数其实也是一种虚数，设计中多数是根据最大负荷的餐位来计算，实际经营中，餐位数肯定是随着具体要求而变化，所以也存在不准

表 2-6 每类餐厅餐位数所对应厨房面积对照表

餐厅类型	餐位数	厨房面积/(m^2/每餐位)	厨房面积总数/m^2
自助餐厅	150	0.5～0.7	75～105
咖啡厅	50	0.4～0.6	20～30
正餐厅	500	0.5～0.8	250～400

确性。

③ 以餐厅和厨房比例来确定。在实际操作中，大部分情况下是使用相关比例来确定厨房面积的。以中餐的经营方式和设备条件来看，厨房面积一般是餐厅面积的 30%～50%。在珠江三角洲地区，大部分比例为 4∶6，即 4 成是厨房空间，6 成是餐厅空间。国外厨房面积一般占餐厅面积的 40%～60%。据日本统计，饭店餐厅面积在 500m^2 以内的，厨房面积是餐厅面积的 40%～50%，餐厅面积增大时，厨房面积比例逐渐下降。

国内厨房由于承担的加工任务重，制作工艺复杂，机械加工程度低，配套设施差，人手多，加之顾客对菜肴的要求高，创新菜肴多等因素，使得厨房面积较之其他类型的厨房面积要大，一般为 1∶(1～2)。表 2-7 是国内一些酒店的厨房面积比。

表 2-7 上海几家著名饭店餐厅、宴会厅、咖啡厅与厨房面积统计

旅馆名称	厨房面积/m^2	餐厅面积/m^2	宴会厅面积/m^2	咖啡厅面积/m^2	前三项合计面积/m^2	比率
上海宾馆	2022	1565	720	97	2382	1∶1.18
希尔顿酒店	3030	2088	1053	394	3535	1∶1.17
新锦江大酒店	2103	1507	1059	433	2999	1∶1.42
扬子江大酒店	1990	1915	535	240	2690	1∶1.35
太平洋大饭店	1390	1125	1482	372	2979	1∶2.14
贸海宾馆	1810	1020	1040	—	2060	1∶1.14
国际贵都大酒店	1716	1780	573	412	2765	1∶1.61

其实，餐饮部下设的部门不只是餐厅和厨房两个部门，厨房面积与餐厅的比例关系只是其中各种比例关系之一，还有许多部门在设计时不容忽视，比如隶属于管事部的洗涤组，隶属于前厅的传菜部（英文为 Pantry，粤菜称班地厘），隶属于财务部的仓库，还有其他的附属设施。这些部门多数是规划到厨房面积中，只有少数是单独规划。见表 2-8。

在厨房面积规划时，不能忽视仓库的布局问题。一般来说，饭店或酒店中必须有隶属于财务部门的仓库来存储饭店的日用物品，这其中包括厨房中使用的各种干货、冰鲜、罐装、调味品及相关物品。实际运行中，每天从仓库中领取各种物品，尤其是急需、常用的就显得效率很低。为此，在厨房中设计自备库房（相对于总仓库，有时也叫二级库房）十

表 2-8 餐饮部各部分面积比例表（餐饮部总面积为 100%）

各部门名称	百分比/%
餐厅	50
客用设施(洗手间、过道)	7.5
厨房	25
清洗	5.5
仓库	7
员工设施	3.5
办公室	1.5

分必要。具体的面积确定可依照下列的公式：仓库区域面积＝(餐厅面积＋$\frac{1}{6}$×酒吧和功能厅面积)×2×10%。根据经验，仓库区域面积应为餐饮总面积的 7%～10%。

另外，国外或我国某些餐饮业发达地区计算厨房面积的方法与国内有所区别，可以供我们参考，见表 2-9 及表 2-10。

表 2-9 我国台湾省所规定厨房面积比例表

餐厅净面积/m^2	厨房(含备餐室)面积/m^2
一般旅游饭店	
1500 以下	餐厅净面积×30%以上
1501～2000	餐厅净面积×25%＋75 以上
2001～2500	餐厅净面积×20%＋175 以上
国际旅游饭店	
1500 以下	餐厅净面积×33%以上
1501～2000	餐厅净面积×28%＋75 以上
2001～2500	餐厅净面积×23%＋175 以上
2501 以上	餐厅净面积×21%＋225 以上

二、规划厨房的生产区

任何一个厨房都有加工、烹调、冷藏和保鲜区，由于加工的目的不同，冷菜、热菜和点心都有自己的加工、烹调和冷藏区，其面积具体的比例关系可依照表 2-10。

从表中可以看出，炉灶区的比例占得最大，其次是加工区，说明烹饪生产原料的进与成品菜肴的出是非常重要的环节。

表 2-10 厨房生产区域面积比例表

烹调区域	所占百分比/%	烹调区域	所占百分比/%
炉灶区	32	冷菜区	8
点心区	15	烧烤区	10
加工区	23	办公室	2
配菜区	10		

（一）生产区

1. 加工区

一般负责各种原料的加工和清洗工作。有些饭店的加工区甚至可以进行干货涨发等高级的烹饪加工。加工区一定要保持原料通行的流畅。如果原料在加工前后不能畅行无阻，进入适合的工作区或存放处，食品的质量会受到损害，工作效率会下降。因此，加工区应尽可能地靠近验收区、烹调区、垃圾存放处。

2. 烹调区

这是烹调的中心区，负责热菜、点心、冷菜的烹调制作。进入烹调区的原料可以来自于三个地方，一是加工区，二是贮存区，三是直接采购通过验收区进入，见图 2-2。

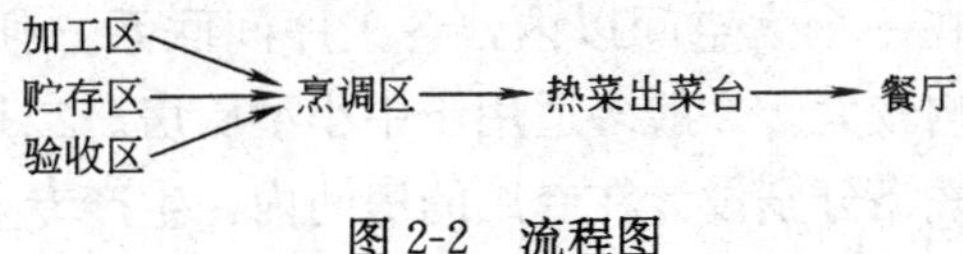

图 2-2 流程图

（二）贮存区

贮存区其实就是各级仓库和能存贮食物的冰箱、冰柜、冷库所占据的区域。贮存区作为厨房的原料保障是十分必要的。在一些大型的酒店和饭店中，设立大型的冷库就是要保障厨房一定的备货量，同时保证原料的新鲜和高质量。

（三）备餐区

为保持食品烹调后的质量，应尽量减少烹调后放置的时间。为此，划分一定的备餐区域来保证出菜的速度。这个备餐区相当于一个咽喉要道，要尽可能地与厨房的生产区和餐厅的服务区保持紧密的联系。只有这样，才能保证菜肴出品进出的顺畅。

（四）洗涤区

洗涤区是完成餐食后，洗涤碗碟的场所，它应该紧靠餐厅的后门及垃圾运输通道。要保证餐厅撤盘的快速和垃圾清运的方便。

（五）休息区

休息区是专门为员工更衣、洗澡甚至吸烟设立的场所。有些饭店的休息区不设在厨房，而放在地下室或员工餐厅里。应该说适度的休息可以提高员工的工作积极性，降低工作的疲劳程度，一些社会饭店不提供休息区的做法是不可取的。

三、规划厨房内部环境

厨房空间与环境设计实际上就是对厨房的工作环境及各种附属设施进行规划与安排的过程。

（一）厨房的空间

厨房的空间规划首先考虑的是高度，一般厨房的高度不宜过低，过低会使人产生压抑感，不利于通风透气，还导致厨房温度增高；当然，高度过高也不必要，这样会使建筑装修和管道、设备维护遇到更多的麻烦。依照厨房生产的经验，毛坯房的高度一般为3.8～4.3m，吊顶后厨房的净高度为3.2～3.8m，一般吊顶的材料多选用耐火的、可拆卸的、可移动的石棉或轻型不锈钢板材，易清洗、不粘油。遇到管道维修时，工程人员可以轻易地拆卸扣板进行维修。不过需要注意的是，在实际设计时有许多厨房也采用不吊顶的方式，只是将毛坯房经过一定的处理，比如将煤气管道暴露，通气管道包裹，屋顶上刷涂料防止灰尘等等，便于维修和通风，同时还省去一定的装修费用。

其次，厨房的空间隔断要得当与有效，有时厨房隔断区域规划得不好，将会影响工作的效率。在众多的厨房中，归纳起来有三种形式的隔断布置：一是统间式，是将厨房加工区、烹调区、洗涤区布置在一个大空间以内，各工序间联系方便。但线路易交叉，当排气、噪声产生时，互相影响较大。一般多适用于中小型厨房。二是分间式，是将加工、切割、烹调、冷菜、点心、洗涤分别设计在专用的房间内，生产专业化，可以独立进行。但间隔太多，场地利用率不高，员工工作效率低下，影响菜肴出品的速度。过去许多宾馆都采用这种方式。三是统分结合式，它吸收了上述两种形式的优点，统筹综合设计厨房，是现在较流行的一种设计方式。比如将冷菜间、点心间单独设计，使它们既相互独立，互不干扰，又与区域有着一定的联系。而将切配与荷台、炉灶有机地安排在一起，之间不设立隔断，以保证出菜线路的顺畅。

（二）厨房的门窗

厨房的门一般要考虑到进出的方便，依据不同的功用，设计成各种形式的门。比如在厨房和餐厅之间开设的门，可以设计成无把手的单向弹簧门，便于服务人员在无法使用手推门的前提下，用身体将门打开。而在厨房与外界相连的地方，最好使用自动闭门器，防止蚊蝇的进入。当然，在材质上多选择木制或其他防水材料的门，而非铝合金材料，因为铝合金材料易变形走样，在现今的小饭店厨房中多用，效果不佳。一般为防止木制门长期使用，易脏难清洗，建议在门把手位置或踢脚线位置装不锈钢片，以便于清理和打扫。针对厨房对外进货的门应该制作得宽大些，其宽度不应小于1.1m，高度不小于2.2m，而其他的分隔门，宽度不小于0.9m，目的是方便货物和服务车的进出。

在厨房的窗户安排上，既要便于通风，又要便于采光。为此，对窗户处理时，应设计一道纱窗。若厨房窗户不足以通风采光，可辅以电灯照明、空调换气。实际设计中，也有些厨房具有良好的通风、换气设备，而将厨房的窗户封死，防止员工习惯性地开窗，让蚊蝇进入厨房。

（三）厨房的墙壁、地面

厨房的墙体最好是选用空心砖砌成，因为空心砖有吸音和吸湿的效果。由于厨房每天都要清洁，会接触到水及水汽，故应对离地面 1.5m 以下的墙体进行防水处理。经防水处理后的墙体应贴上优质的瓷砖，且从上铺到下。在厨房的拐角和与地砖接触的地方采用弧角瓷砖贴铺，而非传统上的直角是为了便于清洗和清除死角。据报道未来纳米技术的运用会产生新一代的纳米瓷砖，可免粘油和水，能给厨房的装饰带来新的革命。

厨房的地面通常要求铺耐磨、耐重压、耐高温和耐腐蚀的地砖。在铺设地砖前，也要做好防水处理，并且注意地面的坡度，为了利于排水，其坡度应该保持在 1.5%～2.0%（每米的斜度在 0.15～0.2m）。地砖的选用上多采用耐磨、不具吸附性、易洗涤的防滑材料，在易受到食品溅液或油滴污染的区域则使用抗油材质的板材。目前厨房基本上淘汰过去以水磨地、马赛克作地面的方法，多选用无釉防滑地砖、耐热的塑料砖、环氧树脂砖和硬质丙烯酸砖。地砖的颜色应选择单色调的，没有对比花纹的，也不过于鲜艳的材料。

（四）厨房的照明

厨房的采光非常重要，光线不足，会使员工产生疲劳，因而影响到工作效率，使人产生厌烦情绪，这点往往被人们所忽略。一般情况下，厨房除了自然采光外，都必须要用照明器材来补光。在设计厨房的照明时既要考虑光照的强度，还要考虑光的颜色、照射方向及稳定性。厨房内一般照明度在 200lx 为佳，而食品加工烹调则需 400lx。

在厨房中的加工场所，要选用荧光灯作照明材料，其颜色应选冷黄色、暖白色和冷白色的色调，切忌使用夺目的荧光灯，因为它会夺走、改变食品的颜色。有些荧光灯不能传递所有的颜色特别是红色，会使食品失色或产生假色。在厨房的炉灶的烟罩中，要选用带罩防爆的有黄光的白炽灯，荧光灯一般不适用。选用这种灯照明，一来遇热汽油烟抗爆裂，二来使菜肴呈现了诱人的色彩，这与餐厅选用的光源是一致的。另外厨房的墙壁上可以装上一些应急灯进行断电时的照明，防止发生不测。

照明光源放置的位置一定要合理，不能使工作区产生阴影或作业区之间存在亮度差，如果有阴影和亮度差，会使眼睛产生疲劳。有时为了保证灯具照明的稳定，不出现跳跃，可以使用两个辅助灯来消除故障毛病，同时可以安装灯罩或隔网，灯池内安装反光板来柔和光线。一般厨房的灯具会安排多组，多组灯会使光源交叉，除去厨房中的阴影，使工作的环境明亮、清洁。需要提醒的是，安装灯具时光源最好不要安排在操作者头顶上方，主要是防止垂直照射产生阴影，影响厨师的操作。

（五）厨房的噪音

人正常能听到的最低声音是 1dB，而在 60dB 以上的噪声环境中人容易激动和暴躁，到了150dB达到了人耳痛的临界音强。一个噪音大的厨房的音强为70dB，而控制好的厨房噪音应该在20～30dB。厨房噪音主要来自鼓风机、排（抽）风机电机运转声音、搅拌机的搅动声音、高压蒸汽排气声音、送风管道的振动等声音，另外，用餐高峰期人员的嘈杂声、锅盘的碰撞声与主要噪音交汇在一起，长时间下来使人心烦意躁。为此缓解噪声十分必要，具体解决的途径有以下几种：一是降低声源的噪音辐射，比如给机器封闭或遮蔽或加消音器、防振器。二是控制噪音的传播途径，采用吸声材料或隔音材料。三是选择低噪音的设备，比如鼓风机可以选用中压低噪的风机，有条件的话，可在烹调空间以外设立空气压缩机，通过管道输送到炉台。四是让工作人员培养良好的工作习惯，不要故意敲打器物，人为制造噪音。五是厨房安装背景音乐缓解员工的疲劳。

（六）厨房的温度

温度是环境因素中最重要的一个，厨房内温度的控制应该随季节的不同而不同，这是因为人体的体温会随季节的不同做出调整所致。如果厨房的温度过高或冬天太冷都会影响工作效率。经调查，在温度低于10℃时，厨师的腿和胳膊会感到发僵，而高于29℃时，厨师的心跳会加快而迅速产生疲劳。现代厨房中，环境温度的不同不仅可以对厨房的员工造成影响，而且对于摆放在厨房中的各种生、熟食品也有一定的影响。比如夏天在有空调的厨房里，生产人员加工食品原料，可以将生产好的原材料摆放在厨房中，一般人们不会担心原料过久摆放影响原料的新鲜度，放心程度较高；而相反闷热、潮湿、无空调的厨房，生产时就要时刻留意被加工原料的新鲜程度，在这种情况下，许多厨房采用冷水浸泡或不断换水的方式处理未储存在冰箱内的原料。其实，在实际生产工作中，厨师不可能将所有加工与未加工的原材料统统放入冰箱，多数是为保持一种操作上的方便，而将原料摆放于厨房中，凭经验感知原料的新鲜程度，如此一来厨房环境温度受气温的影响出现的高低不等，致使原材料变质、腐败的几率大大增加，进而影响到生产的成本。因此，对现代厨房要求最好控制一定的环境温度，一般理想的温度如表2-11所示A级。

表2-11 **温度评价表** 单位：℃

等级 季节	A	B	C	D	E
夏	25	26～27 23～24	28～29 20～22	30～31 18～19	＞32 ＜17
春、秋	22～23	24～25 20～21	26～27 18～19	28 16～17	＞29 ＜15
冬	20	21～22 17～19	23 15～16	24 14	＞25 ＜13

除了厨房的本身环境温度外，厨房中一些诸如冰箱、蒸汽管道、热水管道、炉灶等都会在厨房生产时产生大量的热量。所以在对厨房环境进行改善的过程中，采用一定的降温

方法也是十分必要的。比如在加热设备上方安装抽风机或排油烟机；对蒸汽管道、热水管道进行隔热的处理；冰箱应安放在通风条件好的地方，以利于散热；实施通风降温等等。

（七）厨房的通风

厨房的通风可以有两种，一种是自然通风。一般中小型经济饭店多用，主要以房屋的门窗、屋顶的天窗作为通风换气的通道，利用室内外温差所引起的气流达到换气的目的。此种通风的方法要求门窗开放，所以在夏季会导致苍蝇、蚊虫的增多。二是机械通风系统。机械通风就是利用机械设备的工作进行送排风，达到厨房空气的置换，目前为多数饭店所采用。在厨房生产时，一旦机械通风开始工作，它可以使厨房的空气产生流动，进而形成压差，使餐厅的气流压力大于后台厨房的压力，这样一来，厨房燥热的气流及油烟不会流向用餐区，既调节了厨房污浊的空气，又防止了灰尘、蚊子、苍蝇的入侵。如果要增加餐厅更好的效果，厨房与餐厅之间要有一个过渡空间（也叫备餐间），在其间可以安装风幕帘，即有由上而下的强风形成的一个隔离风幕，以此来保持餐厅、厨房各自不同的环境空间。

机械通风的主要方法是送风和排风，送风包括全面送风和局部送风两种。全面送风是利用饭店的中央空调的送风管直接将处理的新风送至厨房。由于厨房炉灶岗位的特殊性，这种新风对炉灶的厨师来说是不可少的。一般有两种送风方式，一种是通过油烟罩上的可调节装置来使新风由上而下输送；另一种是从侧面通过送风口输送，使风吹向厨师的背后，这种风力的大小是可以调节的。局部送风主要是利用小型空调设备来进行送风，一般对不使用中央空调的饭店或某些要求较低温度的特殊岗位采用此方法，比如冷菜间。送风装置的设立是保证厨房工作人员高效率工作的前提，只有交换了厨房的污浊潮湿闷热的空气，才能保证员工的健康。

排风（也叫抽风）主要是利用排风设备排去厨房中污浊潮湿闷热的空气，保证厨房有一个良好的空气质量。一般排风主要是用油烟罩排气为主，在一些中小饭店油烟罩排气的效果不佳，多选用排气扇辅助排气。

附带说明的是在排烟罩的选择上，目前较为流行的是运水烟罩，它是利用加入去油污洗涤液的循环水来冲刷烟罩，使烟罩的油烟产生时就被循环水带走，不留下油污，防止长时间使用产生油垢，避免产生火灾的隐患。一般烟罩安装时保持的罩口应比灶台宽0.25m，罩口的风速应大于0.75m/s，排气管出口应附有自动挡板，以防昆虫的进入。

厨房经过通风设备的安装，一般可以使工作环境大大的改善。当然在调试的时候一定要有专业的标准，以发挥通风设备的最佳效能。实践证明，通风系统换气40～60次/h可以使厨房保持良好的通风环境。

（八）厨房的湿度

所谓湿度就是空气中含水量的多少。评价湿度的标准是以人体感觉为基础，湿度过高人易产生疲劳，感到胸闷，食物易发霉变质；湿度过低人则会感到皮肤干燥、嘴唇干裂，会引起鼻、咽喉等黏膜疼痛，甚至出血，原料会出现干瘪、脱水的现象。可见湿度过高或过低都会降低人们的工作效率。一般人体最适当的环境湿度是在55%～56%。不过，湿度会随着温度变动而不同。理想的环境温度在20～25℃，湿度为相对湿度65%；而在夏季，当气温为30℃时，湿度可以达到70%左右。表2-12是厨房湿度的评价表。

表2-12 湿度评价表

湿度 \ 等级	A	B	C	D	E
相对湿度/%	50～60	61～70 49～42	71～80 41～35	81～90 34～29	>91 <28

（九）厨房的排水

在厨房内部环境设计中，一上一下最重要，一上即通风，一下即排水，可见排水的处理在厨房生产中是处在一个非常关键的地位上的。

厨房的排水可以分为两种形式，一种国内常用的，明沟排水。排水沟设置为多条平行或垂直水沟，一般距墙壁3m，而与其相邻的另一条排水沟与之最好相距6m。虽然目前对厨房用水量没有一个准确的参考数值，但有一点是可以肯定的，厨房的排水量一般都以总水量的90%作为总数计算，并受环保部门的监督。所以排水设计时应要求排水沟的宽度在20cm以上，而深度至少15cm，水沟底部的倾斜度应在0.2%～0.4%，排水沟底部与沟面连接处要有0.5m半径的圆弧（如图2-3），材质为易洗、不渗水、光滑的材料，有条件的酒店可以使用不锈钢的槽道和栅栏板。下配金属网，网眼小于1cm，防止老鼠和爬虫的进入。同时排水沟尽量避免弯曲，要走直线。在一些条件好的高档酒店中，往往在排水沟口、洗涤池通往排水的关键处，安装垃圾粉碎机，防止杂物的堵塞。

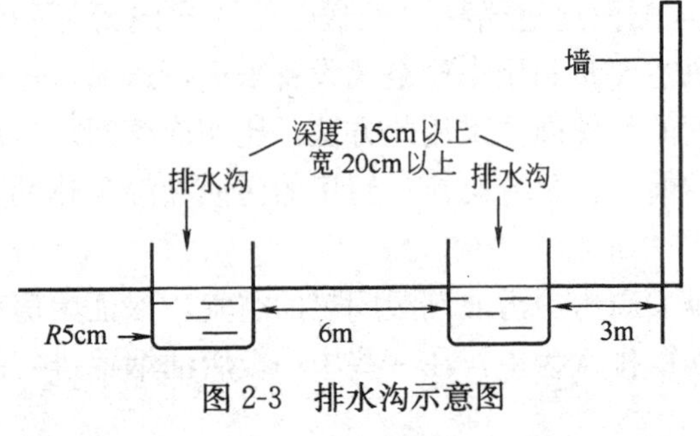

图2-3 排水沟示意图

另一种是暗沟，在国外的酒店厨房中多用。暗沟多与地漏相连，这对排水要求较高。地漏的直径不宜小于0.15m，径流面积不宜大于25m³，径流距离不宜大于10m。采用暗沟排水，厨房显得更为平整、光洁，易于设备的摆放，无需担心明沟带来的各种异味。一些饭店在设计暗沟时，还考虑了在暗沟的某些部位安装高压热水龙头，厨房人员每天只需开启1～2次水龙头就能将暗沟中的污物冲洗干净，防止杂物的堵塞。

（十）厨房的音乐

厨房设背景音乐不是所有的酒店都有的，但从效果上看，非常必要。一可以解除员工对噪音产生的疲劳，二可以缓解生理上的疲劳，提高劳动的效率。实验证明，音乐可以帮助职工提高工作效率4.7%～11.4%。当然，音乐除能遮盖噪音外，还可以为工作制造节奏感。比如在经营种类不同的餐饮企业中，其厨房音乐选择的内容是不同的，在快餐店中，为了提高员工的工作效率和餐厅的翻台率，可以适当地选择节奏比较快的音乐；而在宾馆饭店的厨房中，则最好选用轻音乐、钢琴、吹奏乐为主的音乐，不要选择歌曲，防止分神。音乐的演奏时间以12～20min为宜，一天最长不超过2.5h，音量控制在5～7dB之间。

第三节　厨房的布局

厨房的布局就是根据厨房的建设规模、经营模式、面积大小、生产流程及厨房各部门之间的相互关系，确定厨房内各部门位置和生产设备分布的一种规划实施工作。厨房的布局的好坏在很大程度上会影响厨房生产的工艺流程，产品的质量和生产效率。其实，现在还有许多饭店对厨房布局的重要性认识不够，往往将更多的精力投入到餐厅布局与设计上，对厨房布局和安排过于简单和草率，最终在生产经营中遭遇困难而难以补救，即使能够补救但工作效率会大大地降低。比如厨房仓库的位置、员工厕所的位置安排不合理等等。

一、厨房的整体布局

在实际工作中，由于规模、结构及经营的方式不同，厨房的布局不可能完全相同。尽管本书不能穷尽所有厨房的布局，但是，寻求厨房布局的合理性是经营者应该追求的目标，其有特点和规律可循。如果在确定厨房面积的前提下，能找出厨房生产的流程方向、厨房原材料的流向、厨房人员走动的方向等诸多因素的规律，做出预测和判断，就可以合理地安排厨房部门位置、设备位置。

（一）中餐饭店厨房的布局

在饭店厨房的整体布局时，应该要先考虑厨房生产区域的位置，其次是附属设施的位置，接着寻找生产区内部之间及生产区与附属设施之间的相互关系，理顺它们之间的关系才能完成一个厨房的整体布局工作。从目前行业具体运作形式来说，可以分成以下几种。

1. 港式厨房

港式厨房是粤式菜肴的代表，原则上它将厨房分成①烧腊区（主营粤式冷菜），此区域有烧烤炉，加工烤乳猪、烧鸭、叉烧等。港式厨房有时将烧腊区放在餐厅中，形成我们熟知的明档。②炉灶区，此区域包括炒菜、蒸菜和煲菜区，粤菜中将煲、蒸菜的岗位称做“上杂”岗。③砧板区，此区域包括水台区，就是现场宰杀（尤其是海鲜）和初加工原材料的地方。④面点区，此区域除了有面点操作必需的设备外，还有肠粉炉，专制肠粉——一种其他风味的餐厅很少经营的品种。这种区域的划分应该是和其他风味菜系有着明显的区别。

图 2-4 厨房布局图是一个生产区与附属设施布局比较完善的厨房，有 A 为生产区（港式厨房加工区与烹调区在一起，注意冷菜区没在其中，冷菜区多以明档的形式出现在餐厅之中），B 为贮存区，C 为仓管区，D 为洗涤区，E 为休息办公区。

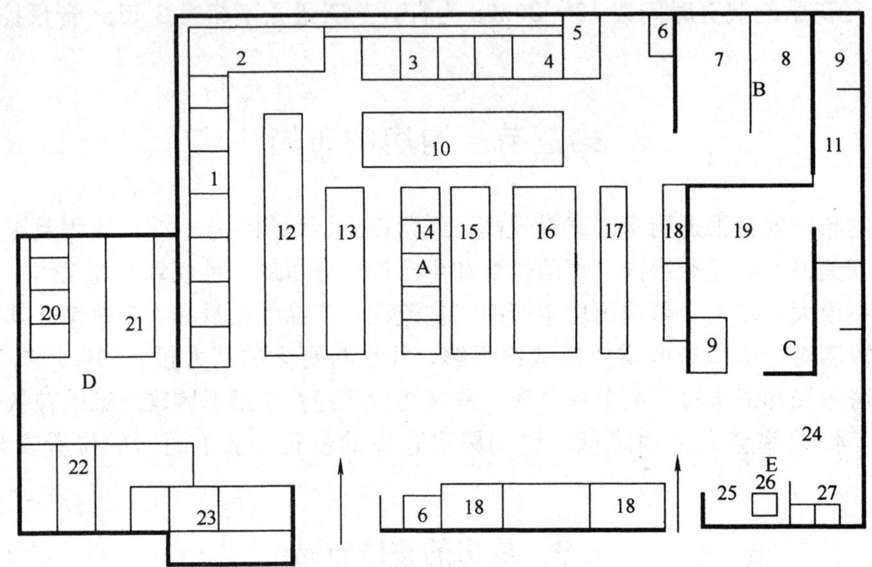

图 2-4 港式厨房布局示意图

1—炉灶位 2—蒸灶位 3—蒸笼位 4—煎炸炉 5—烧烤炉 6—洗手盆 7—普通冻房 8—冰藏库 9—小仓库 10—点心案板 11—高级原材料仓库 12—打荷台 13—案板 14—砧板位 15—碗碟柜 16—点心部案板 17—蒸笼架 18—冰箱 19—仓库 20—消毒柜、洗涤盆 21—洗碗机 22—菜点升降机 23—水台柜 24—办公室 25—收货处 26—磅位 27—办公用具

2. 酒店厨房

见图 2-5 中，有 A 为生产区（主要是烹调区、点心区），B 为冷菜、烧烤区，C 为贮存区、休息区，D 为洗涤区，E 为备餐区。作为酒店厨房，一般是专业人士来布局规划，加之有足够的场地，所以设计布局的合理性要大大强于社会饭店，其中切配区与烹调区保持一种直线距离，既方便又有效。从图中还可以看出，酒店厨房要有多个出入的通道，比如宴席上菜通道、零点上菜通道、员工工作通道、消防通道等等。

3. 大众厨房

见图 2-6 中，A 为烹调区，B 为切配区，C 为点心区，D 为冷菜区，E 为洗涤区，F 为备餐区，G 为初加工区。大众餐饮的厨房由于受资金、经营模式的限制，不可能有足够的场地来进行合理性的布局，一般员工休息室（办公室）是不固定的，贮存区域不另行设置，有时还砍掉点心区，采用超市购买的方式或专人提供成品点心的方法，力求节约成本。

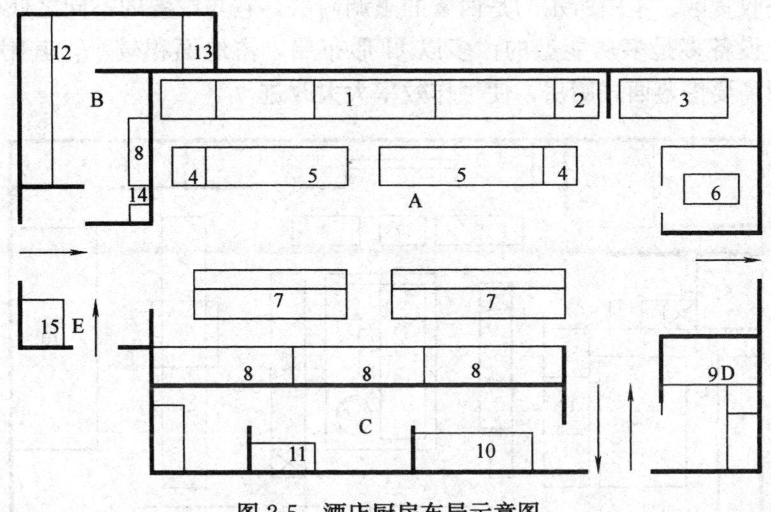

图 2-5　酒店厨房布局示意图

1—炉灶区　2—煲仔炉、矮仔炉　3—蒸柜区　4—洗手盆　5—出菜台　6—点心间　7—卧式冰箱调理台
8—冰箱　9—洗碗间　10—冷库（贮存区）　11—仓库　12—冷菜间　13—烧烤间　14—消毒池　15—备餐台

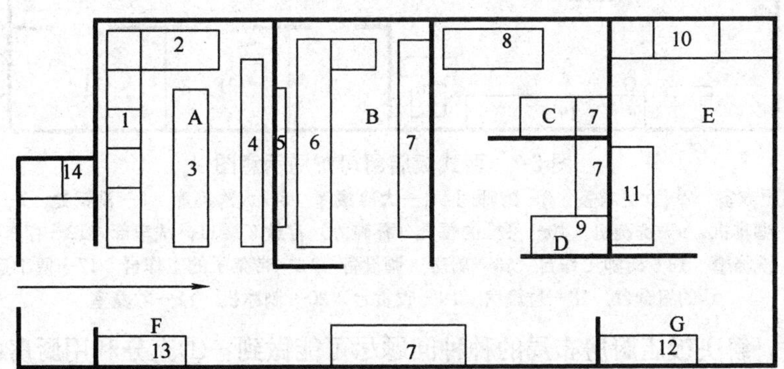

图 2-6　大众厨房布局示意图

1—炉灶区　2—蒸柜、煲炉区　3—出菜台　4—货架　5—出菜窗口　6—砧板区　7—冰箱、冰柜
8—点心案板　9—冷菜案板　10—洗碗间　11—碗柜　12—初加工间　13—备餐间　14—电梯房

这里有个值得注意的问题，就是大众厨房大多数使用过多的隔断，其实这不是有效的举措，尽管这种做法可以保证厨房各区之间相对独立、互不干涉，但工作的效率将大大降低。尤其是切配和炉灶之间增加隔断，既费建筑材料，又阻断工作线路。另外，社会餐饮店重视餐厅、忽视厨房的现象比较严重，所以厨房的场地往往是不够的，正常使用的设备很难保证到位，人员工作的范围十分狭小，甚至员工的出口通道与原材料、菜肴通道相重叠。这种做法会给日后的厨房生产带来巨大的不便。

（二）西式饭店厨房的布局

见图 2-7，A 是休息区，B 是冷藏区，C 是洗涤区，D 是烹调区，E 是垃圾区，F 是贮藏区，G是收货区。本图所示的是西餐的烹调厨房，它与中餐的不同之处就是西餐的设备比较集中，设备多是多功能型的，多以U形布局，占地面积较小，其附属设施齐备。中餐在这方面需要借鉴西式厨房，使工作效率大大改进。

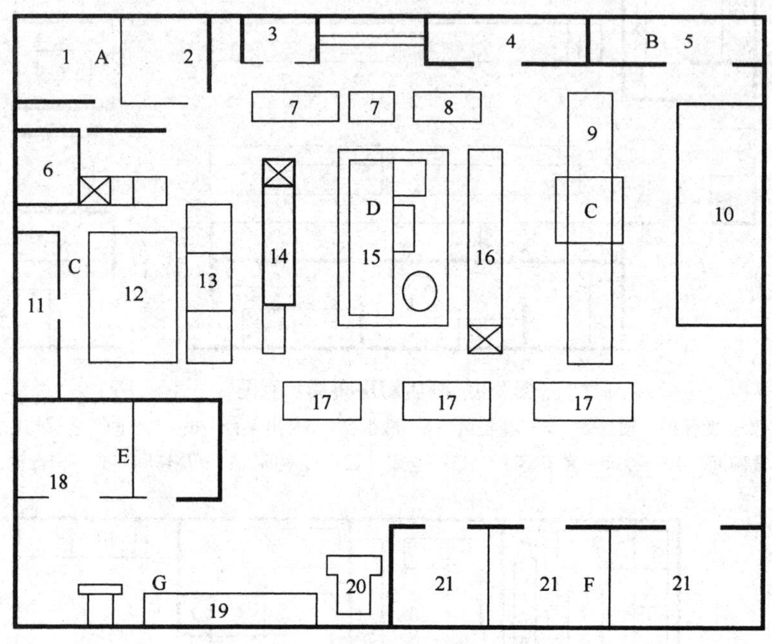

图2-7 西式饭店厨房布局示意图

1—男更衣室 2—女更衣室 3—厨师间 4—大冷藏库 5—大冷冻库 6—洗锅处 7—冰箱 8—咖啡机 9—洗碗机 10—可推的餐具（杯碟等）存放车 11—洗车部 12—存车部 13—洗涤槽 14—厨师工作台 15—厨房烹调设备 16—带架子的工作台 17—便于运输的组合台 18—垃圾房 19—收货台 20—制冰机 21—贮藏室

综上所述，解决饭店厨房布局的种种问题尽可能做到：①充分利用厨房的空间。比如采用吊柜、吊杠等设施，来存放更多的物品、原料，尤其对场地较小的社会厨房，学会利用空间。②充分安排功能相近的设备，减少厨师制作菜肴所浪费的时间。③保证厨师在工作中走动的距离，减少厨师操纵加工设备和工具的次数。④合理的布局，使菜肴的质量得到稳定，厨房的成本得到控制。其实，布局对菜肴成本的影响不是直接的，而是间接的，但厨房的管理者一定要认识到这一点。

二、厨房生产区的布局

厨房生产是由若干个功能性的生产区所组成。各生产区的生产功能不同，所需设备不一样，其内部布局就有所不同。下面介绍各个生产区的布局实例。

（一）加工区和贮藏区的布局

在烹调工艺里面，初步加工的内容主要有精加工和粗加工两种，而在厨房中，加工与贮存区主要是进行粗加工（注：只有在专门的加工厨房中，才将两者放在一个区域），而精加工更多地处于切配区（配菜区）。

根据厨房的规模和要求，加工区可以简单地设置成加工的场所，也可以成为一个专门的加工性厨房。如果只是简单的加工，其场地设备要求并不高，布局比较简单，无须说明。而成为一个加工贮存的厨房，设计的合理性就要体现出来，如下图 2-8 所示。

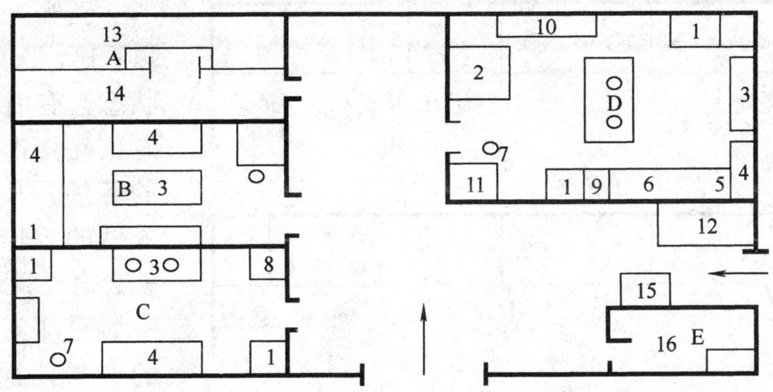

图 2-8　加工与贮藏区布局示意图

1—洗涤池　2—解冻池　3—工作台与砧板　4—货架　5—切片机　6—去皮机　7—垃圾桶　8—蒸汽夹层锅　9—锯骨机　10—上浆台　11—刀具柜　12—养鱼池　13—冷冻间　14—冷藏间　15—验货台　16—办公室

图 2-8 中，A 为贮藏区，B 为蔬菜加工间，C 为水产、禽类加工间，D 为切割加工间，E 为验货区。其中将验收、贮藏、加工安排在一条流程上，这样不仅缩短了货物的搬运距离，也方便了货物的贮藏、领料和加工。在加工区域的布局中将原料的切割加工与初加工分开，蔬菜加工与水产、禽肉类分开，其目的就是为了防止交叉污染，提高工作效率。

（二）切配区与烹调区的布局

厨房切配区和烹调区二者是紧密联系的，在布局中，最好将两个区安排在一起，保证出菜的线路是直线，如图 2-9 所示，A 为配菜区，B 为烹调区，这样的上菜线路是最有效和快速的。有的饭店在安排切配区时将其隔离起来形成一个单独的工作间，尽管看起来工

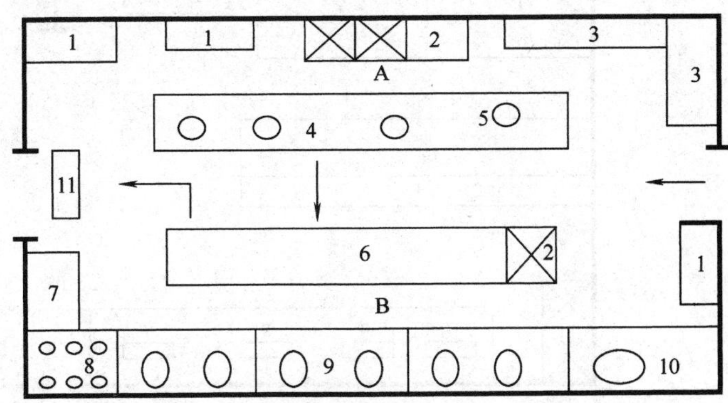

图 2-9　切配区与烹调区的布局示意图

1—货架　2—洗涤池　3—冰箱　4—带冷柜的工作台　5—砧板　6—带保温柜的荷台　7—三层蒸柜　8—六眼煲仔灶　9—炒灶　10—大锅灶　11—出菜台

作区域划分的很具体，但工作的效率将大大降低，一来做隔断减少了实际的工作面积，二来工作线路由原来的直线变成曲线。

在烹调区域内烹调灶具的摆布应该合理，不然工作的效率也会降低。由于烹调区主要有两个岗位人员——炉灶和上杂（负责厨房蒸、炖、煲菜的岗位），在布局时要遵照每个岗位工作的流程安排设备，不要将上杂岗所使用的灶具分开。如图 2-10。

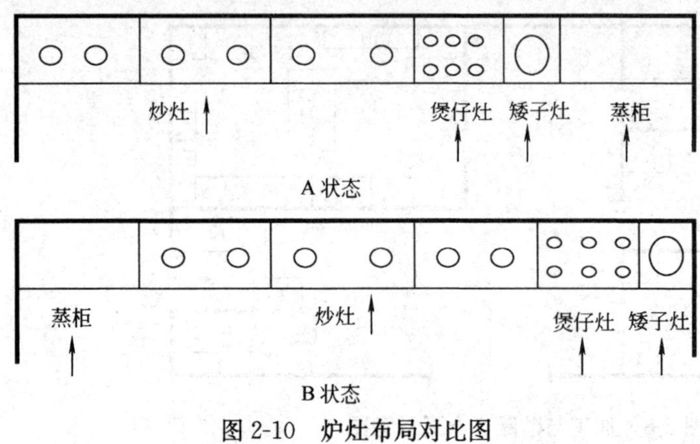

图 2-10 炉灶布局对比图

显然，从图 2-10 中可以看出，A 的状态要好于 B 状态。有时一时的布局疏忽，就会带来整个操作上的麻烦。A 状态本可以 1 人做的工作，变成 B 状态就必需要 2 人来完成，否则一个厨师工作既需要来回的穿梭，饱受奔波之苦，还阻碍炉灶厨师的操作，降低工作效率。

（三）冷菜区的布局

冷菜区由于比较特殊，一般在任何一种形式的饭店里都将其独立出来，甚至有些饭店专门设立冷菜厨房。一般西餐中多将冷菜厨房叫做冷房。具体布局如下图 2-11 所示。

冷菜区在布局时一定把食品的安全考虑进去，在入口处一定要设置消毒池，工作区域

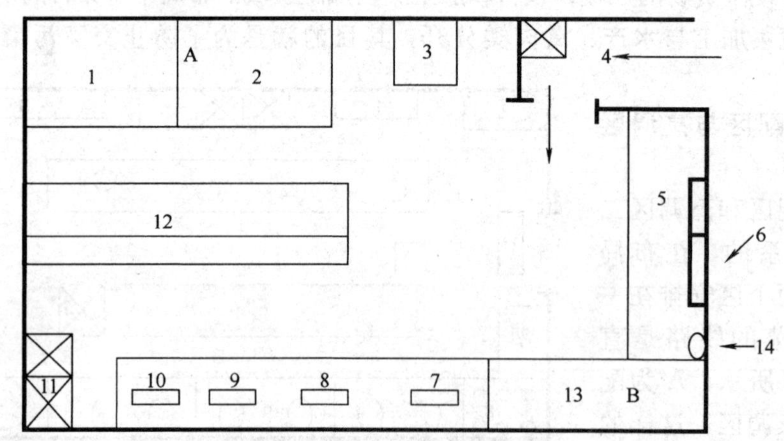

图 2-11 冷菜区的布局示意图

1—熟食、成品冷藏柜 2—半成品冷藏柜 3—刀具柜 4—消毒池 5—带冷柜的工作柜 6—出菜窗口 7—微波炉 8—切片机 9—搅拌机 10—开罐器 11—洗涤池 12—带货架的工作台 13—餐具保洁柜 14—紫外线消毒灯（位置较高）

要安装紫外线消毒灯。严格意义上讲，生食物品是不能进入冷菜厨房的（除可生食用的蔬菜外），这些物品应该单独在冷菜厨房外贮存。在冷菜区冰箱门上应该严格地标清熟食、半成品贮存的位置，不能混同。有条件的冷菜间可以使用加工案板和切配案板，两者要分开。加工案板不能加工生的动物性原料，所有生的动物性原料的加工应该在冷菜间外完成。切配案板的位置一般要正对着窗户，即出菜窗口，有些高档饭店的出菜窗口是对开门式的冷藏冰箱，服务人员不进厨房就可以得到所有的冷菜成品（注：饭店要求服务人员是不能进入冷菜间的）。最后应该注意冷菜间要设洗涤池，洗涤用水一定要经过过滤处理。

（四）烧烤区的布局

烧烤区主要是负责饭店各厨房所需烧烤食品的制作，具体布局如图 2-12。

在中、小饭店中如果设置烧烤区，一般都与冷菜区（卤水制作）共用加工场所。烧烤类食品由于有着诱人的外观色泽，且加工相对独立，有的饭店将烧烤的切配加工设置在餐厅中，形成一个可视的加工场所，让顾客可以自由地挑选需要的菜肴，即通常所说的“明档”。在明档的布局中，设计者应该考虑采用更多的可以悬挂的器物，尽可能少将炉灶放入明档区，多采用不锈钢、电加热的设备，以保证明档区的清洁、卫生，使菜肴更具有诱惑力。

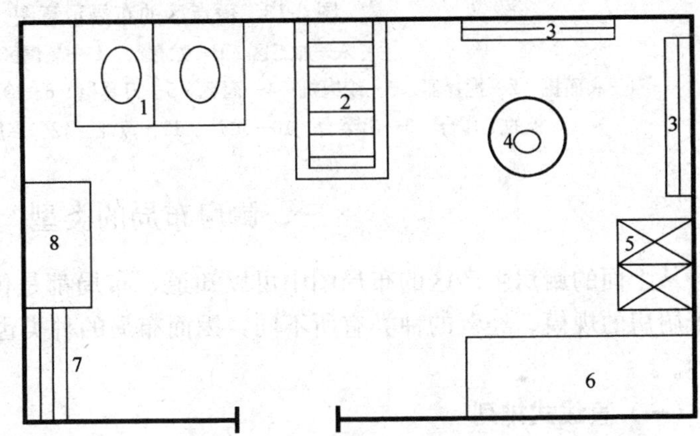

图 2-12 烧烤区的布局示意图

1—矮子灶 2—明火烤炉 3—挂钩器 4—烤鸭炉
5—洗涤池 6—工作台 7—货架 8—蒸汽夹层锅

（五）面点区的布局

面点区负责点心、主食的烹制，有时还有甜点的制作。面点制作又称白案，与传统的红案操作相对应，可以单独存在。面点区的布局可以根据经营的方针与规模，适当地选择，可以是划分区域辅助红案操作的，也可以单独成为厨房进行生产，比如有的饭店开办的小吃一条街，经营早市茶点、下午甜点茶食等形式的餐饮，就可以将面点区改成专门的厨房。

面点厨房在布局时，其烹调设备一定要单独设立，最好不要和红案炉灶并用，通常还可以选购专用的面点设备，比如醒发箱、蒸柜、烤箱等等设备。布局的流程严格按照面点的工艺流程来进行。具体布局如图 2-13 所示。

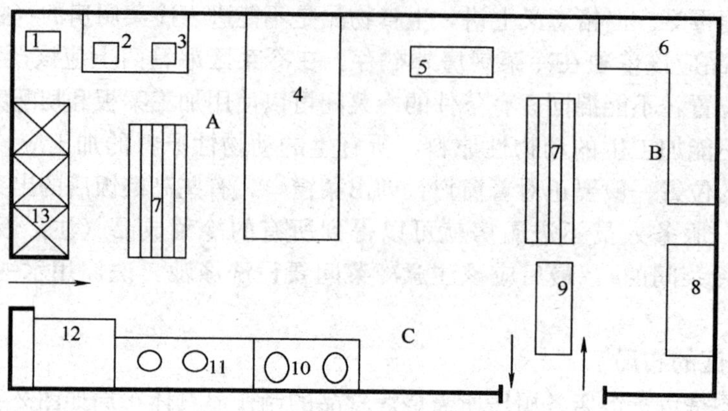

图 2-13 面点区的布局示意图

A—加工区 B—贮存区 C—烹调区

1—和面机 2—搅拌器 3—绞肉机 4—面案 5—刀具柜 6—冷藏柜 7—货架 8—带有保温柜的工作台 9—出菜台 10—炉灶 11—蒸灶 12—多层烤箱 13—洗涤池

三、厨房布局的类型

从上面的厨房生产区的布局图中可以知道，布局都是依照一定的生产流程来进行的，由于厨房的规模、经营的种类有所不同，因而布局的种类也会多种多样。具体说来有以下几种。

（一）直线式排列

它的特点是将厨房的主要设备排列成一直线，通常是面对墙壁排成一列，见图 2-14。这种设计通常是厨房面积足够时采用的方法，因为直线式排列格局不但操作方便，而且效率很高。一般多出现在炉灶台、荷台（打荷厨师使用的工作台，一般在炉灶厨师背后）、砧板台的布局中。

（二）背对背平行排列

这种排列方式又称“岛屿式排列”，主要是以一道小墙将烹调设备分隔成前后两部分，见图 2-15。它的特点是将厨房主要设备集中操作，这样可以将排烟、通风、空调设备综合利用，让使用的成本降到最低，是一种经济方便的规划布局。此外，由于厨房烹调区的相对集中，工作效率大大提高，同时还可以支持其他生产区的工作。

（三）曲线式排列（包含 L、U 形）

当厨房的空间不足以使用上面两种布局方式时，通常会采用曲线式进行布局设计，见图 2-16。“L”形排列法是将厨房设备按英文字母“L”形状排列，“U”形排列法是将厨房设备按英文字母“U”形状排列，它们都能充分利用厨房有限的空间布局，很合理和有实效。

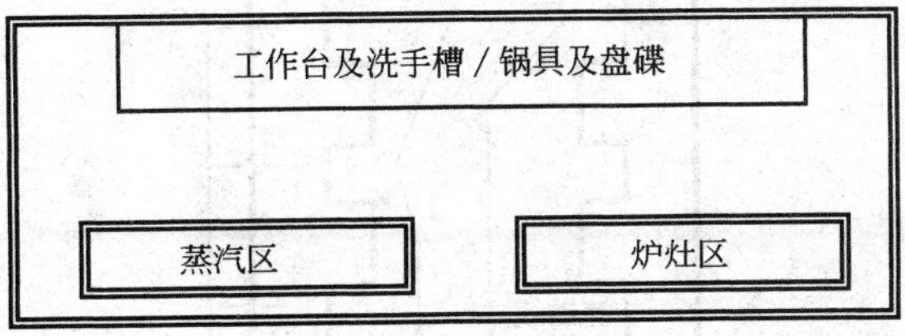

图 2-14　直线形布局图

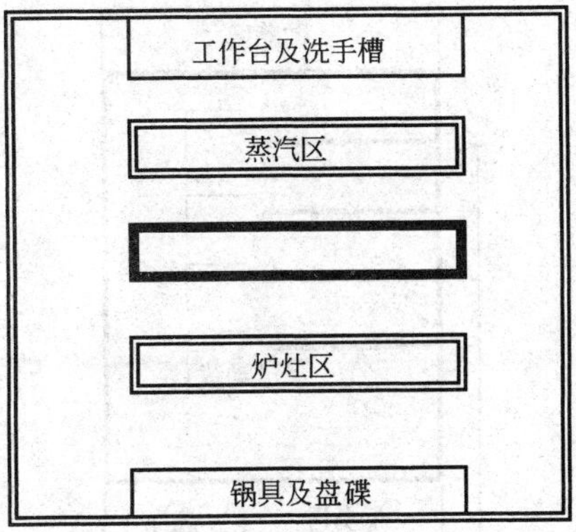

图 2-15　背对背平行形布局图

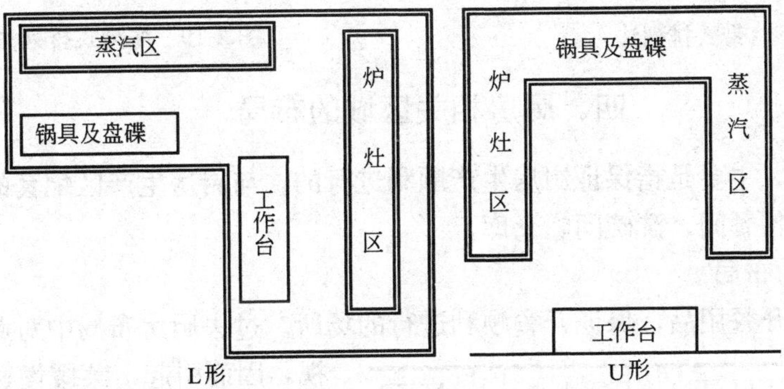

图 2-16　曲线形布局图

（四）面对面平行排列

面对面平行布局主要是将烹调设备放置于厨房的两边，再将工作台放置于中央，在工作台之间有往来的通道，见图2-17。这种布局一般在医院、工厂或为员工提供餐食的食堂较为多用。

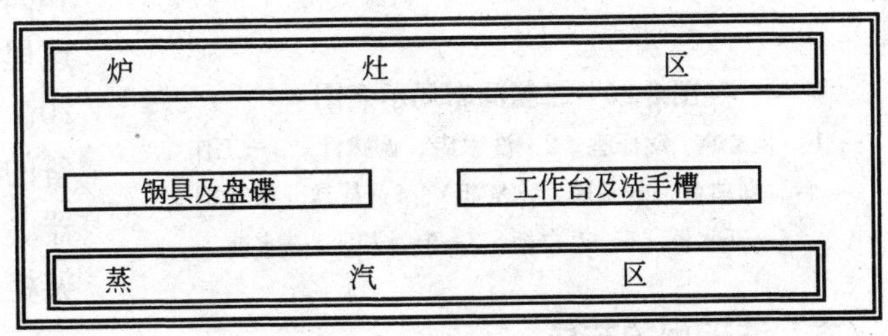

图 2-17　面对面平行形布局图

综上所述，各种布局方式表达的是一种厨房厨具在摆布过程中所处位置的状况，及与其他相关设备的相互关系，把握好这种关系可以对厨具进行合理的布局。上面所介绍的是最基本的布局方法，如果将几种最基本的布局方法有机地结合、合理地利用，就会成为各种各样的厨房整体布局图。比如带式排列法，是将每一个生产区用直线排列法组合到一起的布局法；海湾式排列法，是将每一个生产区用曲线排列法组合到一起的布局法。如图2-18、图2-19。

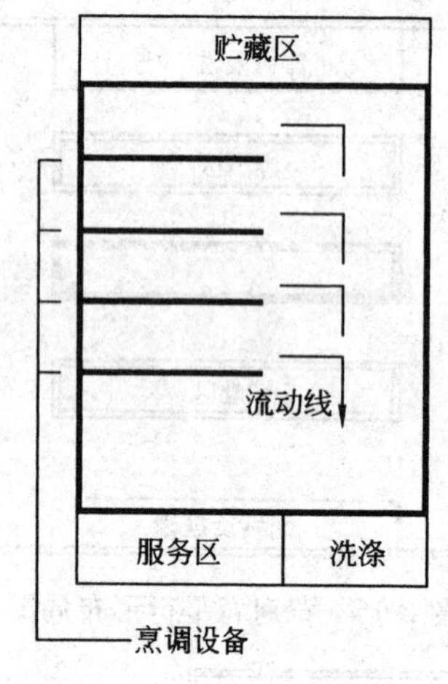

图 2-18 带式排列法

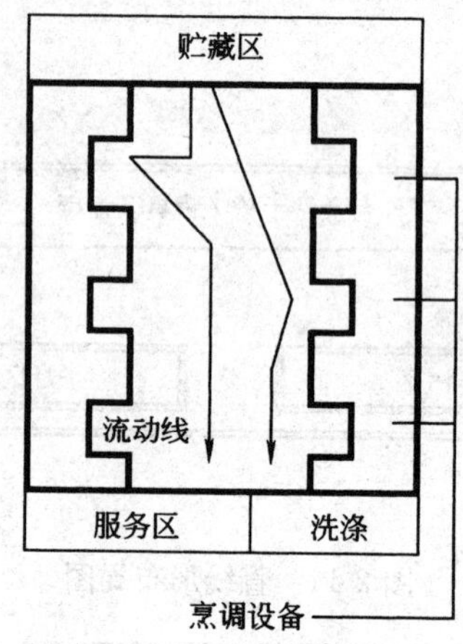

图 2-19 海湾式排列法

四、厨房相关区域的布局

厨房相关设施，主要是指保证厨房生产顺利进行的，与厨房生产区配套的，关系密切的附属设施。比如备餐间、洗碗间、仓库。

（一）备餐间的布局

备餐间是配备开餐用品，保证开餐顺利进行的场所。过去厨房布局中对此设计不够重视，因而引起上菜缓慢、菜肴质量不稳定的投诉较多。备餐间所起的作用和岗位职责在以后的章节中会介绍，这里不再赘述。备餐间布局如图 2-20。由于工作性质的原因，其间的设备的种类一般是不变的，主要有热水器、制冰机、木夹台、茶叶柜、餐具架柜、小餐具柜等。

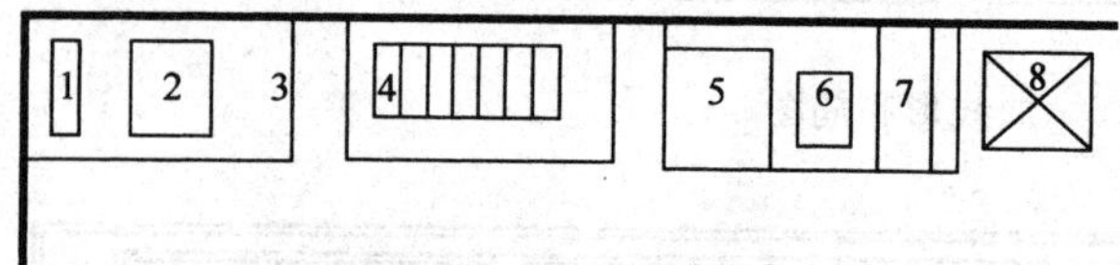

图 2-20 备餐间布局示意图

1—卡式炉、锅仔座 2—洗手盅、调味汁 3—工作台（划单台、告示牌、木夹柜） 4—茶具、茶叶柜 5—开水器 6—毛巾柜 7—制冰机 8—水池

（二）洗碗间的布局

洗碗间虽然从工作性质上看不出与厨房生产有什么直接联系，且一般不属于厨房直接管辖（在设有管事部或餐务组的单位，它归属于这些部门管辖）。但洗碗间一般都设在厨房所管辖的区域内，主要是考虑洗碗间属于餐饮的后台工作，繁重嘈杂的声响是不能影响客人的，在完成餐厅的各种餐具的洗涤、消毒工作外，还要完成厨房众多的器具、物品的洗涤、消毒工作，以及厨房的外部（地面、墙壁）清洁工作和垃圾清运工作等，为此，将洗碗间安排在厨房区域内效率会大大提高。

目前大多数饭店都使用机械化的洗碗设备，洗碗机布局的形式可以有以下几种，见

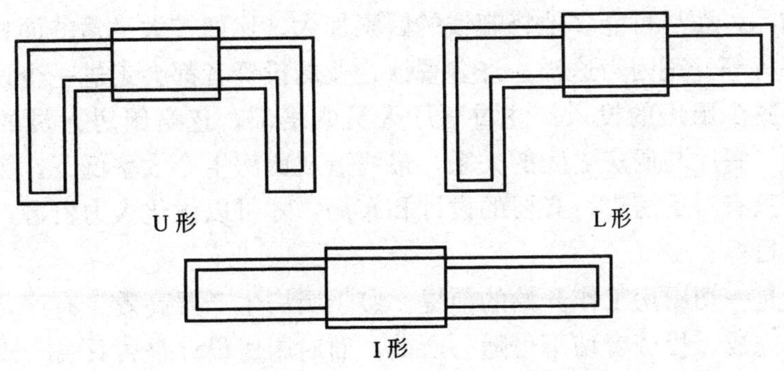

图 2-21　三种形式（U、L、I形）的洗碗机布局示意图

图 2-21。

（三）仓库的布局

在饭店中除了应该设有大型的仓库以外，在厨房中还应该设立二级仓库（也叫自备仓库或干调仓库），这样为厨房的生产提供巨大的方便。在多数社会饭店中保持厨房中的仓库是十分必要的，千万不能将厨房的仓库设置的位置过远或挪为它用。

厨房仓库的面积并非要很大，就储备量而言能保持一周原材料的用量就可以了。对于高档的干货原料来说，可以有个贮存的地方，防止在厨房中出现丢失或偷拿。一般仓库的高度可以控制在 145～250cm 之间，保持通风和干燥，严禁厨房的水管和蒸汽管线通过仓库区域。贮藏物品不可以直接放置在地上，至少需要离地面 25cm 高，并且与墙壁保持约 5cm 的距离。具体的仓库货架的布局见图 2-22。

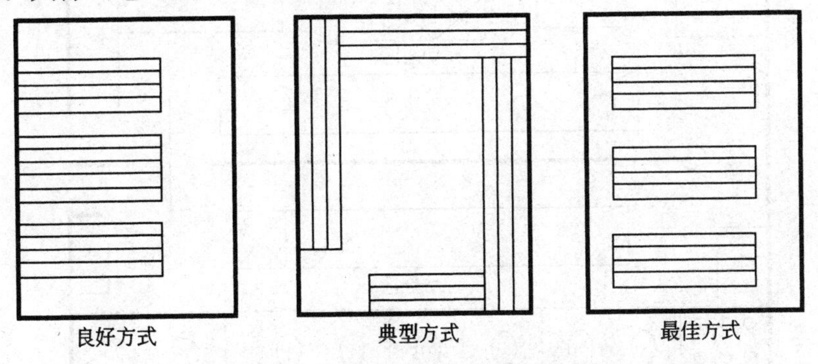

图 2-22　三种形式仓库货架布局示意图

本 章 小 结

厨房生产与运作中，科学的计划是非常重要的。多数人认为，只要找块场地，购置一些设备，雇几个厨师，就可以生产了。其实厨房生产远非如此。因为作为餐饮经营的投资者，都希望其餐饮店能迅速赚钱，所以不可能无目的地浪费资金，去招聘一些无用的人员

及配备闲置的物品，而尽可能多地将赚钱的因素加大。比如扩大经营的面积、美化店面的装潢、缩减人手等等。正因为这样，许多餐饮企业的投资者都会走进一个误区，更多地加大餐厅的投入，减少厨房的投入；注重餐厅人员的培训，忽略厨房人员的培训。如此一来，人为地割裂了餐厅与厨房之间的关系，最终造成厨房生产效率低下。为了更有效地利用和使用资源，只有对厨房进行必要的设计和布局，才可以优化人力资源，更有效地完成餐饮企业的经营目标。

厨房的设计是一切厨房工作开始的前提。鉴于厨房生产要高效、有序，厨房的设计应该由专业人士来完成，投资者切不可随心所欲，而对厨房设计是否具备合理性的问题应该由厨房人员进行评议，这样才能保证厨房生产的效率。为此，厨房管理者掌握一定的厨房设计知识是赢得这种权利的前提。

合理的厨房布局对于厨房的管理者是非常重要的，它是厨房生产是否流畅和菜肴快速服务于顾客的前提。掌握其中的规律和基本原则是一个厨房管理者必须具备的知识与能力。

习　题

1. 什么是厨房设计？厨房设计与布局的原则有哪些？
2. 厨房的位置安排要遵循哪些原则？
3. 如何设计厨房的温度和湿度？
4. 为什么厨房可以设置背景音乐？
5. 在图 2-23 中，切配和炉灶区布局是否合理。为什么？

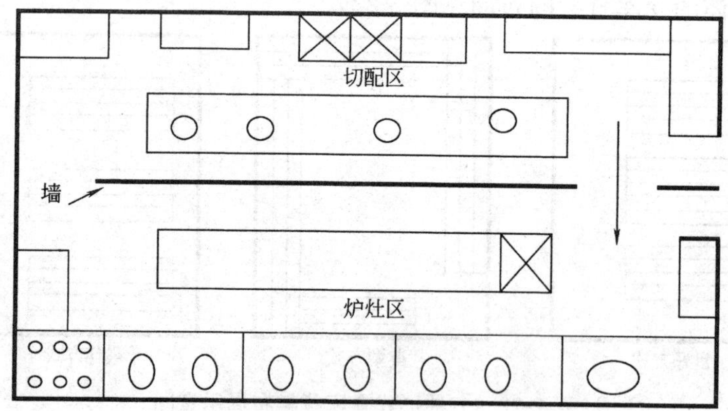

图 2-23　切配与炉灶关系示意图

6. 厨房布局的类型有哪些？举例并绘图说明。
7. 设计一份仓库布局图，写出最优布局，并说明原因。
8. 试着参观一个饭店厨房，将其的炉灶与切配区域的布局图勾画出来，并分析其合理性。
9. 你对未来厨房中采用电脑编写菜单有何想法，试谈谈你的认识。

第三章　厨房设备、用具的筹划

[学习目的] 了解厨房常有的设备、用具的型号和种类，掌握其使用方法并学会厨房设备、用具的配置规律和原则。

[主要内容] 厨房设备的选购方法，厨房设备选购的原则，厨房设备、用具的使用及配置方法。

目前，厨房设备的发展有几种趋势，一是趋向于组合式。从对现代厨房的投资来看，越来越多的厨房，尤其是大众餐饮店的厨房会更多地扩大餐厅面积，缩小厨房面积，增加更多的营业空间，减少厨房设备的投入，在这种状况下，使用组合式厨房设备，有着广阔的前景，比如烹调设备的组合，将有煎、烤、炸功能的设备合成为一体。二是趋向于多功能化。在一台机械加工设备中，让其具备有多种的功能，比如多功能的切割机、多功能的粉碎机等等。三是趋向于自动化。在烹调设备中，使用温度控制器和时间控制器就可以把握食品原料的成熟度。在加工设备中，利用机械加工原料，可以保持食品原料的一致性，这样加工的速度、效率会很高。

第一节　厨房设备的选购

厨房设备的选购既要考虑到饭店对厨房的投资费用，考虑到厨房的计划和布局，也要考虑到设备的实用性、可操作性、安全性。如何使之保持在一个相对平衡的点上是选购时的重要工作。因此，多方面地选择和评价，可以让有限的设备投资发挥最大的生产和经济效益，同时还要遵循应有的原则，减少购置设备的盲目性。

一、厨房设备的选购方法

选购厨房设备时使用者最关心的问题就是：设备性能是否好（高效率、低能耗），价格是否合理（一定要符合投资者的实力），设备是否安全牢固（要有安全、保护装置），是否操作方便（设计操作程序少，利于人员工作）。因此，在选择厨房设备时，应该对上述的因素统筹兼顾、全面衡量。

（一）计划性地选购厨房设备

厨房设备是厨房生产中必不可少，但必需要投资购买的物件。盲目的购买只能加大投资的资金，使固定成本相应提高，同时表明经营者需要更多的售卖来回收固定成本。所以从经济实效的角度考虑，对厨房设备的购置要有一个正确的计划。

1. 依照菜单的要求选购

厨房菜单制订以后，往往也就确定了经营的内容、经营的风味。设备的购置要依照菜单为蓝本去选择。比如经营粤菜一定要购置广式灶具及用具，经营西餐一定要购置西式灶具及用具。有些设备可能就是为完成某个系列菜肴而购置的，比如碎冰机是为制作刺身菜而购置的，粉碎机是为制作蓉泥菜而购置的。这种有目的的选择，可以充分地利用资金，将“好钢用到刀刃上”。

2. 选择必需、必要的设备

选择厨房设备时，一定要认清设备在厨房中的地位，是必需也是必要的，还是不必需但必要，还是必需但不必要，还是不必需也不必要，分清主次的关系。将必需必要的设备列入购买计划，以保证厨房正常运转的设备购置到位。如果受资金量所限，可以将一些不急需但有用的设备缓购置，以使预算的资金能发挥最大的效益。

（二）考虑设备的经济效益

企业在选购厨房设备时，一定要分析效益。首先要对厨房所购置的设备发挥的经济效益作出评估，然后对购买设备的成本进行预算。计算厨房生产设备成本不应只局限于采购成本，还应当包括设备的安装费用、使用费用、维修费用和保险费用及其他费用，有时还要考虑设备的保修期限、折旧率等等。同一种设备由于厂家的生产规模、生产能力不同，其产品的性能指标都会有所不同，应该进行认真地比对，选择适合自己企业的厨房设备。当然，不是价格越低越好，有时价格低会意味着维修和保养的费用增加。正确地评估厨房设备，可依照下面的公式 3-1：

$$H=L(A+B)/C+L(D+E+F)-G \tag{3-1}$$

式中，L 是规定的使用年限；A 是设备每年节省的人工费；B 是设备每年节省的能源费；C 是设备价格和安装费；D 是设备每年使用费；E 是设备每年维修费；F 是如果将 C 存入银行或做他用，每年得到的利息；G 是设备报废后产生的经济价值；H 是设备的经济效益值。

按照以上公式 3-1，饭店或餐饮企业在分析选购厨房设备时，应认真对待 H 的值。当 $H=1$ 时，说明设备节省的人工和能源费等于设备的全部投资费用。

$H>1$ 时，说明设备节省的人工和能源费用超过设备的全部投资费用。

$H\geqslant 1.5$ 时，说明购买设备完全值得。

（三）选择性能可靠的厨房设备

一定要在购买设备之前向供应商或厂家索要有关的资料，比如设备的生产功能、型号规格、能耗量等，进行对比选择。一旦购买设备，还要索取保修单、保险单以备日后维修之用。对于进口的设备，最好能寻找有国内维修点的，保证设备失灵，不被报废的可能性。

设备性能的可靠性是由多种因素组成的，在正常情况下操作，所有的设备应持久耐用、抗磨损、抗压力、抗腐蚀和耐摩擦，设备应具备可拆卸清洗的功能，表面平整光滑、无破损、裂痕，与食品接触应该无毒、无臭、无吸附性。

（四）符合厨房设计布局的要求

选购厨房设备一定要依据厨房的布局来进行，由于厨房面积是固定的，所以设备只能适应厨房，有时可能还要专门订做，以此来保持与厨房的布局相符，否则之前所有的设计都将成为一纸空谈。只有在依尺寸、标准购买的设备布局的厨房中进行生产操作，才能高效而有秩序，才能更好地、高质量地完成各种菜肴。

二、厨房设备选购的原则

厨房设备在选购时一定要本着以下的几种原则。

（一）安全牢固的原则

设备必须要有良好的安全装置，无刺手的毛边，设备焊接牢固，设备运转正常，无异常声音。

（二）多功能性原则

设备最好具备多功能性，这样既可以减少投资费用，也可以减少厨房的占地面积，还可以节省劳力。

（三）可移动性原则

对于大型的厨房设备要考虑到可移动性，这样既方便操作，又方便维修和清洁工作。比如，保鲜冰箱、保温柜等下面装滑轮，可以将冰箱推到任何一个地方，在举办大型宴会时，其优势就体现出来。

（四）易于清理的原则

选购的设备要求便于清洁、便于拆卸，同时设备表面要求光滑、抗腐蚀、性能稳定、无吸收性。

（五）维修保养的原则

选购设备的生产厂家或经销商应能够提供维修或保养，如果有部件损耗，能及时提供零配件或备用零配件。

（六）节能环保的原则

设备应选择热效率高、能源利用率高、能量消耗低的设备，同时设备是环保性材料或符合环保要求的，对人体无污染、无毒害。

第二节　厨房主要设备与用具

根据厨房生产的特点，厨房设备可以分成烹调设备、机械加工设备、储存设备、通风设备和辅助设备五类。而厨房用具主要是指制作菜肴和面点时使用的刀具和烹调用具。

一、厨房设备的配置

厨房设备的配置是餐饮和厨房管理的一项重要工作。优质的厨房设备和正确的厨房配置不仅能提高工作效率，也能提高产品质量。下面先分别介绍各种常用的厨房设备。

（一）常用的加工设备

1. 切片机

切片机是厨房中常用的加工机械设备，有手动式、半自动式和全自动式三种类型。现在厨房中常使用半自动式切片机，机器上采用旋转刀片，食品装在托架上，手动推拉来完成切片的工作。切片的厚度是通过调节刀片与托板之间的距离来控制的，一般可切冻肉和所有脆性的根茎类原料。在大批量生产时，切片机省时也省力。

2. 切丝机

切丝机是由两组分别串联在一起的圆形刀片，相对交叉，旋转运行的加工机械，一般可以通过相对的旋转刀片将原料切成片，如果将片再放入旋转的刀片上会再切成丝，再下一步还可以继续加工成丁或末。它的刀片距离一般是固定的，多适合加工新鲜的动物性原料。对于新鲜未冻动物性原料需要大批量加工成丁、丝、片时，此机器快速且有效。多数的加工性厨房或食堂厨房都使用此机械。

3. 切碎机

切碎机也叫细切机，它是一个将纵向旋转的刀片伸入圆盘中，利用圆盘的旋转来不断地打碎原料的机械设备。它的刀片呈扇叶形，多适合加工新鲜的动植物性原料，将其切成碎末，适合制作面点中的馅心和中餐中的蓉泥菜。

4. 绞肉机

绞肉机分为手摇式和电动式两种。手摇式绞肉机工作效率低，在家庭中较多使用，一般厨房中很少使用。电动式绞肉机操作简单、工作效率高，绞肉量为 2.5～3kg/min。

电动绞肉机由不锈钢放料盘、螺旋转轴、四叶刀片、圆形多孔铁板、轴头、电机组成。经绞肉机处理后的原料多为粒状物，其大小视多孔板的大小而定，孔大则粒粗，反之则细。绞肉机适合大批量生产动植物性原料的蓉泥，多数的加工性厨房或食堂使用此机械。

5. 和面机

和面机有立式、卧式及可倾斜式三种，一般都是不锈钢制成，卧式和面机有一个横向螺旋的搅拌棒，主要用于拌和各种面团或拌和颗粒及粉状原料。其工作效率高、搅和均匀，目前已经替代手工和面，在大多数面点厨房中是不可少的厨房设备。

6. 搅拌机

搅拌机有立式、台式、手提式三种，均由不锈钢制成。立式和台式包括两部分。第一部分是装原料的桶，第二部分是机身。机身由电机、变速器和升降装置组成，机身的上部还设有装各种搅拌工具的空槽。通常搅拌机配有三种搅拌工具：一是打浆板，是由不锈钢制成网格片状物，用来搅拌较薄的糊状物质；二是金属丝制作的蛋抽，用来抽打鸡蛋、奶油；三是和面金属螺纹杆，可用来搅拌原料。另外，手提式搅拌机，主要是一个电动的可调换功能的搅拌棒，一般没有配装原料桶，可以对器物中的原料进行搅拌。在不同类型的厨房中可根据工作的量来选择适合类型的搅拌机。

7. 粉碎机

粉碎机与绞肉机的不同之处在于电机的转速不同，刀片的锋利程度及厚薄不同，加工的量也不同。粉碎机的电机转速高，刀片锋利，能将原料加工成蓉泥状，是厨房生产蓉泥菜肴的好帮手。当然要注意一般的粉碎机加工量不宜太大，否则易过载烧坏电机。

8. 碎冰机

碎冰机也叫刨冰机，是一种利用电机的工作带动刀片旋转，把冰块削成碎屑的机械。一般在碎冰机的装口处有一个由上而下的连动把手，可以将冰块压在旋转工作的刀片上（其刀片类似于刨皮的刨子装置），碎冰从下方洒落到盘中。

9. 锯骨机

锯骨机是通过电机运转使锯条上下移动，切割带有骨头或冷冻的肉类原料。可以通过挡板调节好的轨道进行切割。一般在加工性厨房中使用。

10. 擀面机

擀面机用于面点厨房，它由托架、传送带和压面轴组成，可将面团压成面片，其厚度可以通过调节压面轴间的距离来实现。一般的擀面机是多用的，如果配有压面刀就可以压出各种粗细的面条来。

11. 其他机械加工设备

除上述设备外，有的厨房还使用去皮机、酥皮机等加工设备。

（二）常用的加热设备

1. 炉灶

炉灶是菜点烹调中加热的必要设备，从其加工的类型上来分，可分为炒灶、煲仔灶、汤灶（矮子灶）。

（1）炒灶　炒灶是中餐烹调中最常用的灶具，一般都使用明火鼓风传热，火力猛且温度高，火力的大小可以根据烹调的要求来调节。具体资料如下表 3-1。

现代的炒灶在设计上也参考了过去煤灶时期用的炮台灶，炮台使用不锈钢作外壳，炉胆使用特级耐火砖，中间是高质量的炉心，还配有强力鼓风装置及开启方便的手动气（油）阀门。除了主火眼外，还有副火眼，一般副火眼主要是烧水。另外为了防止长时间烧，不锈钢板发生变形，有的灶在挡板位置设立了喷淋装置，以降低温度。为操作方便，炉面还设计制作调料板、供水龙头及排水阀。

表 3-1 炉灶的类型

名　称	燃　料	炉头数量	电动鼓风	点火方式
天然气灶	天然气	双、单	可有可无	直燃点火
煤气灶	煤气	双、单	可有可无	直燃点火
柴油灶	柴油	双、单	有	预热点火
煤油灶	煤油	双、单	有	预热点火

中式炒灶因菜式烹调要求的不同，其构造与款式上有一定的差别，一般有广式炒灶、港式炒灶、淮扬式炒灶等。

(2) 煲仔灶　由于炒灶火力猛，不适合对火力要求小的菜点进行加工，如炖、焖、煨、扒类型的菜式。为此，煲仔灶解决了这些问题。

煲仔灶一般使用天然气或煤气作为燃料。炉头数量有单炉头、双炉头、四炉头、六炉头等多种类型，厨房完全可以根据自己的需要选择。煲仔灶一般的位置是紧靠炒灶，由上杂的厨师负责，制作沙锅或煲锅类的炖烧菜。

(3) 汤灶　汤灶也称矮子灶，它比一般的炉灶要低，主要是便于烧制汤料，一般汤桶加水后自重较大，从工作的强度来看，不适宜常搬常移，多数汤桶加满水后或炖成汤后，汤桶直接放置在灶上。正是因为汤灶的特殊性，一般汤灶的灶口为正方形，炉眼比煲仔灶要大，火力相对较猛。

2. 蒸灶（箱）

蒸灶顾名思义就是用蒸汽来加热食物的灶具。传统意义上的蒸是在锅中放入水，上放笼屉，后来为了方便操作设计专用的蒸东西的灶具。目前厨房中有几种形式的蒸灶，一种是传统式的，即在灶具上固定专用的锅具，上放笼屉，通过燃料或燃气加热水形成蒸汽；一种是蒸箱式的，在灶具之上设立多层的蒸箱（一般多为三层），可利用燃气加热形成蒸汽，也可以直接通蒸汽加热；另外还有一种是在灶具上开圆孔，形成灶头，笼屉直接放在灶头上，通过提供的蒸汽加热。

从目前行业上的使用情况来看，蒸箱和通蒸汽的蒸灶较为多用，箱体（灶体）材质多为不锈钢质，便于清洁和打扫。一般蒸箱多用在红案操作中，有普通蒸箱和高压蒸箱之分。高压蒸箱的工作效率较高，一般以 103.4kPa 的压力进行工作，这样门不可随时打开，必须到箱内无压力时才能进行。而普通蒸箱比一般的蒸灶方便，随时可以打开任何一层箱门。如果使用的是燃气蒸箱，一般多采用自动上水的装置，工作中不必担心锅内的水烧干。通蒸汽的蒸灶多用在面点操作中，由于有容易控制的蒸汽开关阀门，比传统式的蒸灶操作简单，同时不用花费时间等待，也不用担心水被烧干，因此条件一旦具备容易被广泛采用。这种蒸灶一般有单炉头和双炉头两种，上面主要放置笼屉。从笼屉的材质上看，可以有木制、竹制、铝制和不锈钢几种；从笼屉的形状上看，可以有圆形和方形两种。一般圆形竹制的多被饭店厨房使用，而方形木制的多被人多的食堂厨房使用。

3. 烤箱

随着中西合璧的菜肴越来越多，烤箱在中餐中的地位逐步提高，它已经不只是面点专用，许多红案菜肴已经开始广泛地使用烤箱。通常面点烤箱每层的高度为 11.6～23.2cm，而菜肴烤箱每层的高度为 30～78cm。

烤箱的规格型号较多，按照工作状况，我们可以把烤箱分为常规式烤箱、对流式烤箱、旋转式烤箱、组合式烤箱四种类型。

(1) 常规式烤箱　常规式烤箱的热源通常是利用电加热发热管来产生辐射热，由烤箱的上下开始向四周扩散，一般这种烤箱有温控装置和时间装置，温控装置中有面火、底火控制器。

(2) 对流式烤箱　这种烤箱是为达到经济目的而提供的最新式的烘烤方式。一部机动扇组合促使空气高速循环，流动的热空气会使食物加热的更加均匀，加热的速度会更快，一般比常规的烤箱速度提高了 1/3 的时间，温度也比常规式高约 24℃。

最新式样的对流式烤箱，使用包括不锈钢门在内的更有效的绝缘材料保温。另外还有烹饪和保温控制，提供了预先烘烤的便利。在烘烤完成后自动地对食物进行保温。这些烤箱还安装了自动打火装置。

(3) 旋转式烤箱　旋转式烤箱有立式和卧式两种，立式的旋转烤箱食物多为吊挂式，而卧式的（也叫卷轴式）烤箱食物多为串烤式。其共同点都是有门（有的是耐热的玻璃门，可以观察到原料的变化），当烤架旋转时，工作人员可以随时打开门，可以直接接触炉中的烤架，输送被烹调的食物，取出烤熟的食物。因此，实用而方便。

(4) 组合式烤箱　这种烤箱具备烤制、蒸制、保湿等多种功能。蒸时上水上汽，烤时干热烘制。由于功能多、占地面积小、使用又方便，所以已被人们接受。最早在国外多使用，现在国内有一些饭店已经开始使用了。

4. 烤炉

中式的烤炉依形式来分，可分为敞开式和封闭式两种。敞开式烤炉是一个长方形的敞口炉具，炉四壁封有耐火砖，炉底有铁条，铁条上可以放置木炭作燃料烤制食物，也可以在铁条上放置耐火砖，铁条下面使用煤气加热。比如广式的乳猪炉。中式的封闭式烤炉呈圆形或腰鼓形。炉身由顶盖、上托、中托和下托组成，中空。顶盖有一小门，便于观察烧烤食物的熟度及颜色。上托两侧设有轨道式铁架，有活动挂钩，供挂烤之用。在炉的腰部（中托）有可开关的门，以便放进原料及观察火力。炉底（下托）安装煤气管道、木炭烤的盛器和排油、污水的小孔，比如广式的烤鸭炉。

5. 炸炉

炸炉是用于油炸食品的加热设备，它仅适用于单一的烹调方法。炸炉主要有三种类型：常规型、压力型和自动型。

(1) 常规型炸炉　常规型炸炉是一个方形或长方形的炸槽，可以将食品浸没在油中。

在底部有加热器，另外还有排油孔，可以去除有杂质的脏油。炸炉上有时间和温度的控制器。

(2) 压力型炸炉　压力型炸炉的顶部有可封闭的锅盖，当操作时，将食物放在有一定温度的油锅中，封闭锅盖，食物中的水汽会使炉内的气压增高，从而使食品快速成熟。压力型炸炉适合制作外部香脆、内部酥烂的食物。

(3) 自动型炸炉　自动型炸炉中的金属篮，可以与时间控制器连接，当食物炸至规定时间时，炸炉中的金属篮会自动抬起，脱离热油。

6. 倾斜式煮锅

倾斜式煮锅常以电或水蒸气为热能，适用于煮、烧、炖等方法制作的菜肴和煮汤。由于它可以倾斜，使用起来比较方便。倾斜式煮锅通常以水蒸气为能源，厨师可以通过调节气体的流动和温度计控制锅内的温度。锅的外壁包着一个封闭的金属外套。蒸汽不直接与食物接触，而是被注入煮锅的外套与煮锅之间的夹层中，通过金属锅壁的传热，使食物成熟。常用的蒸汽套锅容量从10～50L不等。此种类型的锅适合大型宴会的烧煮加热。

7. 微波炉

微波炉是一种与众不同的加热设备，一般的加热都是从外向内传递热量的，而只有微波炉是使水分子产生极性，使之摩擦生热，从内向外传递热量。微波炉是利用磁控管产生微波来进行加热的，由于微波可以让食物中的水分子产生每秒24.5亿次的振动，摩擦产生的热很快产生，所以微波加热的速度很快。当然，由于微波只对水分起作用，缺少水分的干货原料不适宜在微波炉中加热。

8. 其他加热设备

在实际工作中，加热设备还有很多，比如平板炉、扒炉、焗炉，应根据需要酌情考虑。

（三）常用的冷藏、保藏（温）设备

1. 冷藏、冷冻设备

冷藏、冷冻设备一般可分为立式、台式、柜式冰箱和冷库几种类型。传统的立式冰箱压缩机都是下置的，使用环绕冷凝管在冰箱内部制冷，缩小了冰箱的贮藏面积，还需要定时地除霜，否则制冷效果大受影响。现代厨房的立式冰箱压缩机上置，使用风冷装置，冰箱的贮藏面积增大，有的冰箱还配置了自动除霜的功能。为此，在冰箱配置时，要注意选购。

无论是哪种冷藏、冷冻冰箱，其温度控制一般有三种：第一种是冷库，专门保藏厨房缓用的冻品、冷藏调味品，温度多在－18～－25℃；第二种是冷冻冰箱，专门保藏厨房急用冻品，温度多在0～－10℃；第三种是冷藏冰箱，专门保藏厨房急用鲜品原料及蔬菜、水果，温度多在4～－5℃。当然，现实操作中由于冰箱的制冷状况及原料摆放多少，实际温度会有所不同。尽管有些冰箱配置了温度标志，但这种温度表明的是冰箱空气的温度，而不要认为是冰箱食物的温度。所以厨房的工作人员一定要明白冰箱不是万能的，有时食物堆积过多，会造成食物内部温度过高，而引起腐败变质。

（1）立式冰箱　立式冰箱在厨房中最为普遍，根据大小型号，一般有四门、六门和八门冰箱。根据制冷的方式和制冷的温度不同，又可分冷冻冰箱、冷藏冰箱。实际工作中的冰箱，既可以专用冷冻或冷藏，也可以两种制冷手段都兼备，我们可以根据需要选择。

（2）台式冰箱　台式冰箱是将工作台与冰箱的功能合二为一的产物，一般多为双开门，大多以保鲜为主，厨房中多配置在砧板位置，多用它来保藏植物性原料，比如配菜的料头。

（3）柜式冰箱　柜式冰箱有几种类型，一种是箱形，上开门的，主要有冷冻功能，由于占地面积小，多被社会饭店厨房采用，唯一缺陷是食物多堆放，无法分成类别，取用时不方便。一种是立式冷藏陈列柜，其门为透明玻璃制成，柜门边有照明灯管，从外面可以看到内部食物。这种冷柜温度在2～5℃之间，多用于贮存水果、糕点、冷菜、酒水及食品展示等。还有一种是卧式冷藏陈列柜，其冷藏区域是敞开式的或带有玻璃门的，一般冷气从两侧或下方吹出，有的还需放置冰块、冰屑增强制冷效果，在自助餐厅中多见。

（4）冷库　冷库一般采用风冷式制冷原理，多以活动式冷库居多。如果按冷库的容积可分为6、9、13m^3 几种规格。如果按库内温度可分为以下几种：冷藏间，温度在2～7℃，可用于新鲜蔬菜、水果及半成品原料的贮藏；预冷间，温度在0～2℃，可降低食品温度，用于食品的解冻及涨发后原料的存放；冷冻间，温度在－12～－18℃之间，可用于已冻结食品的贮藏，比如对虾的贮藏必须在此温度下才能保证其新鲜度；速冻间，温度在－24～－28℃之间，可以使食品快速冷冻，如水产类、肉类、禽类等食品的冻结。原料经过速冻一般在解冻时还能保持其应有的新鲜度。

大型饭店一般都配有大型的冷库，有时可以通过冷库来进行保藏加工，甚至可以将加工好的原料外卖或为连锁店配送。一般饭店为了预储藏多量的原料，通常配备小型的冷库（有的就设在厨房中），小型冷库只有冷藏间和冷冻间（也叫风房和冻房），没有预冷间和速冻间。先通过冷藏间再进入冷冻间。其大小也不尽相同，有的只能保证员工的正常出入，有的可以用推车推入。在冷库的外部有灯和温度控制器，便于调节。其门是易开拉门，门可以自动闭合，如果关闭不严，可以发出警报，这样保证制冷的效果。

餐饮冷藏面积的需要量见表3-2。

表3-2　餐饮冷藏面积的需要量

日就餐人数/人	冷藏面积需要量/m^2	日就餐人数/人	冷藏面积需要量/m^2
75～150	0.6～1	250～350	1.5～2
150～250	1～1.5	350～500	2～3

2. 保温设备

保温设备是现代化厨房必备的，它的种类很多，不同型号和式样的保温设备具有不同的功能。

(1) 发面箱　发面箱也叫醒发箱，是供面团发酵的装置。利用电源将水槽内的水加温，使箱中的面团在一定的温度和湿度下充分发酵。

(2) 热汤池　热汤池也叫暖汁炉，和发面箱的工作原理一样，也是利用电、煤气或水蒸气将水加温。热水池中存放着数个装食品的容器，通过水温传导达到保温食品的作用。在咖啡厅、烧烤间厨师利用这种装置为各种汤、热菜调味汁、炖菜和烩菜等保温。

(3) 保温灯　保温灯是用热辐射方法保持餐碟或烤肉温度的装置。它的外观像普通的照明灯，只是它产生较高的温度，菜肴在这种灯的直接照射下可以保持一定的温度。在国外的自助餐厅比较多见，目前国内也普遍使用。

(4) 保温柜　保温柜是通过电加热为食品保温的橱柜。一般配有可调节温控器控制温度的高低。由于工作性质的不同，可将其分为保温出菜台、保温快餐台和菜肴保温柜几种，保温出菜台一般在其下面放置餐具，即使在冬天餐具都是热的。保温快餐台可以使用到自助餐中。菜肴保温柜为了便于操作，可在下面安放脚轮，用来移动。在大型宴会中菜肴保温柜的优势就会体现出来。

3. 各种货架

厨房中有各种各样的货架，可以存放食物、原料。一般货架的材料常选用不锈钢材质的，结实而牢固。目前比较流行的是可拆卸组装的钢管材料货架，既轻便又好移动。

(四) 常用的其他辅助设备

在辅助设备中，诸如磅秤、洗涤槽、工作台、调味车、消毒柜和制冰机都需要购置。

(五) 厨房设备配置实例

将饭店的设备配置的合理而有效，不是一件容易的事。通常需要在每个饭店开张前，根据自己的经营目标、经营风味和可投资的金额，制定一个完整的配置计划，尽管目前这种配置无一个明确的比例关系，但参考已有饭店的配置计划，进行综合分析后选择使用不失为一种好的办法。表 3-3 是一家饭店的设备配置计划，其餐厅营业面积为1500～2000m^2。

二、厨房用具的配置

厨房除了应该配置一定的厨具设备外，还需要配置一定的厨房用具。下面先分别介绍各种常用的厨房用具。

(一) 常用的烹调用具

烹调用具其实就是进行烹调操作所使用的一切用具。主要有以下一些种类。

1. 锅

可以做锅具的材质比较多，通常有铝质、不锈钢、铸铁、陶瓷等多种，具体的优劣程度可见表 3-4。

表 3-3　　厨房设备配置目标计划明细表

厨房类别	品　名	规　格	单　位
厨房的设备	三眼中餐灶	2.00m×1.15m×0.80m	5台
	三门蒸柜	1.00m×0.93m×1.80m	2台
	保鲜工作台	1.90m×0.80m×0.96m	5台
	双通调理台	1.80m×0.80m×0.80m	8台
	四门冰柜	1.5m³	4台
	柜式调料车	0.90m×0.45m×0.90m	6台
	绞肉机	台式22型	1台
	碎冰机		1台
	制冰机		2台
	三星洗物盆	1.80m×0.60m×0.94m	2台
	全自动切片机		1台
	双星洗物盆	1.20m×0.60m×0.94m	2台
	六眼灶(煲仔灶)		2台
	抽风设备		1套
	电开水器(带架)	6kW	1台
凉菜房设备	四门冰柜	1.5m³	1台
	保鲜工作台	1.90m×0.80m×0.96m	2台
	微波炉		2台
	搅拌机	多功能	1台
	片肉机	全自动	1台
	双星洗物盆		1台
	单星洗物盆	0.76m×0.46m×0.94m	1台
	双筒调理盒		1台
	三眼中餐灶	2.00m×1.15m×0.80m	1台
面点房设备	三眼中餐灶	2.00m×1.15m×0.80m	1台
	液化气灶		2台
	电蒸煮灶		1台
	四门冰柜	1.5m³	1台
	保鲜工作台	1.90m×0.80m×0.96m	2台
	压面机	25kg	1台
	面板	0.01m×2.00m×0.80m	1块
	三层烤箱		1台
	多功能搅拌机	B-20	1台
	磨粉机		1台
	双星洗物盆	1.20m×0.60m×0.94m	1台
水案设备	三星洗物盆	1.80m×0.60m×0.94m	4台
	四层菜架	1.20m×0.60m×1.80m	5台
	保洁柜		5台

表 3-4 锅具材质评比结果一览表

	硬　度	良热导体	抗氧化性	抗酸性	不易破裂性
铝	×	○	×	×	○
不锈钢	○	×	○	○	○
铸　铁	○	○	×	○	×
陶　瓷	×	×	○	○	×

注："×"表示"不合格"，"○"表示"合格"

锅是在烧、煮、烹、炒等烹调加工时使用的加热工具。在厨房生产中，由于烹调的性质和烹调的方法不同，使用的锅也不尽相同。

（1）炒锅　炒锅又称炒勺，用于烹调，从形式上分单柄炒锅、单柄单耳炒锅和双耳炒锅三种。传统的饭店大多使用单柄炒锅，但后来随着港式粤菜风行大江南北，双耳炒锅逐渐占据了厨房炒锅的主导地位。而单柄单耳（有的地方使用单耳炒锅）只在少数的地区使用，普及性不及单柄炒锅和双耳炒锅。

在质地上炒锅多是熟铁锅，其优点是重量较轻，使用方便，锅的延展性好，可以敲打不破裂，锅的传热快。缺点是易变形，散热快。炒锅多使用于烹炒类菜肴。从规格上来看，锅的直径一般为 30～100cm 不等。口径大的锅除了在大型宴会中用于烹炒外，还可以用作酱、卤、煮、烧、蒸等烹调时的锅具。

（2）大铁锅　这种大锅主要是生铁锅，一般可以固定在炉灶上，用于烹炒、烧煮菜肴。生铁锅是铸造而成，重量较重，锅的传热慢，散热慢，不具有延展性，脆性较强，所以不能过多地敲打。

（3）平底锅（法兰板）　平底锅在西餐中叫法兰板，是 fry-pan 的译音，适用于各种的煎、贴类菜肴。从方便的角度考虑目前的煎锅多使用不粘平底锅。目前不粘锅的材料是特富龙（Teflon）。特富龙是所有碳氢树脂的总称，包括聚四氟乙烯、聚全氟乙丙烯及各种共聚物。由于其独特优异的耐热（180～260℃）、耐低温（－200℃）、自润滑性及化学稳定性能等，而被称为"拒腐蚀、永不粘的特富龙"。但最近特富龙被怀疑有致癌物质，因此，在不粘锅的使用上还应该有所选择。

（4）汤锅（桶）　汤锅（桶）依照材质可以分为铝制的和不锈钢的两种。传统的厨房汤锅多用铝制材料的，但从卫生清洁角度考虑，不锈钢材质的汤桶现在被厨房广泛地采用。目前国内生产的不锈钢汤桶的质量与国外生产的还有一定的差距，国外生产的汤桶厚重而结实，国内有些不锈钢桶薄而轻，有的使用的是不锈铁，结实程度较差，所以要根据自己的情况有所选择。

（5）高压锅　尽管现代厨房中高压的蒸汽设备并不缺乏，但从经济角度考虑，中餐大多中、小型厨房还是配备有家用高压锅。高压锅一般在处理一些不易熟烂的菜肴和应急菜肴时优势非常明显。唯一需要注意的是安全性，应该掌握它的正确使用方法。

(6) 沙锅 沙锅是用陶土烧制的一种炊具。它的主要作用是能够保温、保持菜肴的风味，用沙锅煲制的菜肴往往可以成为饭店的特色。但沙锅由于材质的问题，较易破碎，使用时应注意受热要均匀，摆放要适度，否则损耗会加大。

2. 勺、铲

勺、铲在厨房操作中主要作用是搅拌、调和及装盛菜肴。同时勺还是一种量度的工具。厨房中使用较多的是手勺，与餐厅中使用的汤勺不同，厨房使用的手勺多为熟铁制品，一般不会使用木制、塑料制和陶瓷制品。勺子的容量多为100～400g不等，一般视习惯而选用。铲子在厨房中也是不可缺少的，西餐厨房中的手铲有三种式样，一种是带宽条孔的，一种是有圆孔的，一种是实心无孔的。无孔的手铲在中餐厨房中使用较多，尤其是粤菜操作中多用手铲和手勺配合使用，而其他风味的菜系中较少使用。

3. 过滤器物

过滤器物在厨房操作中是必不可少的，主要有漏勺、笊篱、网筛（油隔）、过滤器几种。其中漏勺是用不锈钢制品制作的扁勺形物，上有许多的圆孔，可以沥除原料上多余的油分。笊篱是竹制手柄，用钢丝编成扁勺形器物，用于隔离原料，尤其是水分较多的蔬菜，沥水速度比漏勺快。网筛（油隔）是用钢丝编成的勺形器物，不如笊篱扁，呈半圆形，有粗细之分，既可以为原料沥油，又可以过滤油中的渣滓及过滤其他原料。过滤器一般只有西餐用具，呈倒圆锥形，四周和底部有孔，细密度不同，目前中餐中也有使用。

4. 调味罐

调味罐是用于盛放调味品的器物。形状有桶形和方形两种，多由不锈钢或塑料制成。

5. 调味匙

调味匙其实是一种计量器物，尽管形状与调羹一样，但用途不同于餐厅的调羹，多为不锈钢制品。其容量在3～4g不等。粤菜中多使用调味匙，这样调味计量相对准确，避免了手勺直接接触调味品，污染、粘带调味品，使调味的准确度下降。

6. 油桶

油桶是一种没有任何把柄或提耳的圆柱形容器，多为不锈钢材质，容易清洗和保持干净的外表。过去传统的厨房中多使用陶制的油钵，既笨重又易碎，使用起来很不方便，不过目前厨房中已经看不见这种材质的油桶了。

7. 其他物品

除上述器物外，从安全角度考虑炉灶上应该配备点火枪，尽量避免使用纸张作引火的材料，防止鼓风开启，纸张四处飞舞，既不卫生也不安全；从卫生角度考虑炉灶厨师一定要配备几块抹布和刷帚，抹布要分开一块用于抓锅，一块用于擦桌子，一块用于擦盘子，而刷帚用于刷锅，尽量不要用抹布去擦锅，这样才能保证菜肴的卫生。

（二）常用的切割用具

切割用具其实就是进行切割操作所使用的一切用具，主要有以下一些种类。

1. 刀具

刀具的好坏关键看材质，好材质制造的刀具可以让使用者省心、省力地使用。目前用来制造刀具的材质有碳钢、不锈钢和高碳不锈钢三种。其中高碳不锈钢最佳。刀具质量的比较可见表 3-5。

表 3-5 刀具材质评比结果一览表

	硬　度	抗氧化性	刀具锐利度	耐腐蚀性
碳钢	○	×	×	○
不锈钢	×	○	○	×
高碳不锈钢	○	○	○	○

注：“×”表示“不合格”，“○”表示“合格”

刀具是在切配加工时使用的切割工具。在厨房生产中，由于加工的对象和加工的方法不同，使用的刀具也不尽相同。具体看来厨房中常使用的刀具有以下几种。

（1）切刀　切刀刀身较宽，刀口锋利，其用途在于切丝、丁、片、条、粒、块等。目前厨房在使用切刀上选择的范围较大，由于风味菜系的地区差异，各地厨师使用切刀的习惯不同，所以刀的种类也就不同，比如广东厨师多使用桑刀，一种前小后大、刀背较薄、手感轻的刀具；维扬厨师多用前切后斩刀，一种前平后翘、刀背较厚、手感重，可以切和斩相结合的刀具；西餐厨师多用前尖后宽类似于中餐的尖刀的刀具；目前大多数厨师使用不锈钢刀具，诸如正士作、十八子等品牌的轻型刀具。

（2）片刀　片刀刀身比切刀略窄，体薄而轻，刀口锋利，使用灵巧方便。主要用于制片，也可切丝、丁、条、块等。

（3）砍刀　砍刀的特点是刀身厚而重，宜于砍、斩带骨的原料。

（4）其他刀具　除上述刀具外，厨房所使用的刀具根据用途还可以有，剪刀（包括花边剪刀）、刮刀、片烤鸭刀、水果刀、尖刀、出骨刀、雕刻刀等等。

2. 砧板

砧板是厨房进行切配加工的垫衬工具。依照材质的不同可以有木制、竹制、塑料等材质的砧板。其中木制材料中，以白果树为最好，其次还有皂角树、松木、铁木、槐木等。在现代厨房中，选用多种形式的砧板十分必要，从卫生的角度考虑，冷菜间的砧板多用塑料、铁木砧板，刺身房多用塑料砧板，配菜厨房多用松木、白果树木的砧板。

3. 磨刀石（棒）

磨刀石是磨刀的工具，一般呈长条形，规格尺寸大小不等，通常有粗磨刀石、细磨刀石和油石三种。

（1）粗磨刀石　粗磨刀石是用天然黄沙石料凿成，一般长约 35cm、厚 12cm。这种磨刀石颗粒粗，质地松而硬，常用于新刀开刃或磨有缺口的刀。

（2）细磨刀石　细磨刀石是用天然青沙石料凿成，这种磨刀石颗粒细腻、质地坚实，能将刀磨快而不伤刀口。

（3）油石　油石属于人工磨刀石，采用金刚砂人工合成，粗细皆有。一般用于磨利硬度较高的刀具。

（4）磨刀棒　是专门用来磨利厨房中各种不锈钢制刀具的工具。在西餐厨房中多用。用磨刀棒磨刀的方法不同于用磨刀石，是将刀具在磨刀棒的前后（或上下）摩擦，使刀具变得锋利。

（三）常用的作业用具

作业用具其实就是厨房进行生产操作所使用的一切用具。主要有以下一些种类。

1. 不锈钢盛器

不锈钢盛器是现代厨房生产中必须要有的盛装未加工及半成品原料的器物，过去多用铝制或搪瓷的制品。不锈钢盛器多用于盛装配好菜的原料及半成品原料。多有以下几种类型。

（1）码斗　码斗是厨房用来配菜的器物，多为不锈钢材质，形似碗状。有大、中、小三种型号，一般主料多放大、中号码斗中，配料多放中号码斗中，调料多放小号码斗中。另外，大号码斗还可以成为扣类菜肴的扣碗。

（2）方形盛器　方形盛器是用于盛装配菜的器物，多为不锈钢材质，形状有长方形和正方形两种，还有深浅之分。这些器具主要是在大批量生产时使用。有的深形长方盘还可以充当加热的器具，有的可以充当扣压食物的模具。

（3）圆形盛器　圆形盛器是用于盛装调味汁等汁水的器物，多为不锈钢材质，形似脸盘。形状有大、中、小之分，也有高、矮之分。比如蒸饭的饭盒就是扁圆形的，盛装蔬菜汁水的物斗就是高圆形的。

2. 塑料盛器

塑料盛器在现代厨房中也被广泛地使用，它主要盛装加工好的半成品，比如浆好的动物性原料和蔬菜制品。根据用途不同可有多种类型。

（1）筲箕　是一种带孔的塑料盛器，一般多用于盛装新鲜蔬菜，及配菜时盛装蔬菜。由于多孔可以沥去多余的水分，使烹炒的菜肴不至于出水。从形状上来看，有圆形和长方形两种。有时圆形的筲箕还可以和圆形物斗配合，沥干成熟蔬菜多余的水分。

（2）保鲜盒　是一种中、小型带盖的塑料长方盒（也有用不锈钢的），一般多盛装浆好的动物性原料或其他半成品，使冰箱原料摆放的东西整齐而有序。

（3）周转箱　是一种大型的长方形塑料盒，一般用来盛装蔬菜，也可以盛放炉灶撤下的多余码斗，还可以盛放餐具。

3. 称量器具

称量器具是现代厨房中保持成本控制和菜肴的标准化必备的器具之一。厨房中一般需要称量器具的岗位有：收货部门，多使用磅秤（或电子磅秤）；砧板岗位，多使用500g的杆秤和8kg的台秤；点心岗位，多使用500g的小台秤及4kg的台秤。

4. 蒸笼

蒸笼是面点厨房必需的承载工具，有大、中、小三种型号。

5. 其他用具

厨房中零碎的用具还有很多，比如开罐器、肉捶、打蛋器、竹垫、铁叉、铁钩、筛子、裱花袋等等，可根据需要添补。

（四）常用的餐具

餐具由于洗涤和存放都在厨房中，所以还要提及一下。餐具是用来盛装菜点的，其形状可以有多种多样。

按制作材料，餐具可分为：陶器、青铜器、象牙器、竹制器、木制器、漆制器、石制器、金制器、银制器、瓷器和玻璃器等。

按器形，餐具可分为：碗形、盘形、杯形和异形几种。

（五）厨房用具配置实例

如果说厨房设备的购置主要依赖于饭店经营目标、经营风味和可投资金额需要，厨房的管理者只有建议权没有决定权的话，对厨房用具的配置则需要厨房管理者拿出主张，实施应有的决定权，配置既实用又有效的厨房用具。实际上能否配置好厨房用具是考核厨房管理者水平和能力的一种手段。

这里我们通过实例来说明。如果有家餐厅的基本情况为：餐位数450人，其中包间10个，零点大厅100个餐位，宴会餐厅250个餐位，那么其厨房的用具配置见表3-6。

表3-6 厨房主要用具的配置

	名称	规格	数量/只(个)
烹调用具	炒锅	76cm	3
	炒锅	48cm	10
	炒锅盖	46cm	2
	钢手勺	容量300g	10
	钢手铲	2号	5
	木柄手钩		5
	钢水舀	2500g	2
	钢油桶	内径10	10
	钢炒锅架		3
	钢芝麻油壶		5
	钢酒汁壶		5
	钢胡椒粉盒		5
	钢豉油斗(调味罐)	14、16、18cm	各40

续表

	名　　称	规　　格	数量/只(个)
烹调用具	钢水斗(物斗)	20、26、32cm	各40
	竹柄笊篱	36cm	15
	竹柄笊篱	32cm	15
	不锈钢细眼笊篱		5
	洗锅帚		30
厨房用具	钢大圆形洗手盆	内径38cm	2
	钢长方形底盆	41cm×31.5cm×6cm	30
	钢长方形底盆	36cm×28cm×5cm	30
	钢长方形底盆	30cm×24cm×5cm	15
	钢码斗	18cm	150
	钢码斗	16cm	250
	钢码斗	14cm	200
	钢雀巢码斗	18cm	10
	钢雀巢码斗	16cm	10
	钢汤盆	38cm×38cm(H)	3
	钢汤桶有耳有盖	61cm×76cm(H)	2
	钢汤桶有耳有盖	50cm×51cm(H)	2
	钢汤桶有耳有盖	36cm×36cm(H)	4
	钢汤桶有耳有盖	30cm×33cm(H)	3
	钢吊桶有盖	28cm×33cm(H)	10
	钢肉食箱连盖	28cm×18cm×10cm	60
	塑料肉食箱连盖	26cm×17cm×9cm	30
	九江刀	1号	15
	桑刀	2号	15
	骨刀	2号	2
	烧腊刀	2号	2
	虾饺拍皮刀		2
	手开罐刀		2
	座台开罐器	1号	2
	台式日本石田牌磅秤	8000g计量	2
	秤仔	500g计量	3
	红A塑料筲箕(日形)	50cm×40cm×18cm	50
	红A塑料筲箕(日形)	36cm×26cm×10cm	50
	红A塑料筲箕(日形)	28cm×20.5cm×8cm	50
	红A塑料筲箕(圆形)	38cm×15cm	25
	红A塑料筲箕(圆形)	33cm×14cm	25

续表

	名　称	规　格	数量/只(个)
厨房用具	红A塑料筲箕(圆形)	28cm×13cm	25
	松木砧板	51cm×18cm	5
	松木砧板	48cm×18cm	3
	钢砧板圈		2
	剪刀	中号	5
	油石		5
	卤水箩		5
	钢叉烧针		100
	钢鹅尾针		100
	钢烧鹅钩	33cm	30
	钢烧鸭钩	26cm	30
	钢乳猪叉	中号	5
	钢烧乳猪长针	45cm	10
	钢蜜糖箱连架	61cm×36cm×36cm	1
	排帚		5
	油帚	中号	5
	竹笼连盖	38cm	各5
	竹笼连盖	32cm	各25
	竹笼连盖	18cm	各50
	竹笼连盖	14cm	各50
	玻璃布丁碗	10cm	30
	点心通心酥捶连棍		2
	压面棍	25cm长	6
	蛋塔盏		40
	点心蒸笼7眼钢板	内径22cm	3
	钢有孔圆盖饭盆		5
	钢无孔圆盖饭盆		15
	有脚钢馅碟	内径27cm	3
	码糕点四方盒	31cm×5cm	5
	钢四方格连盖		6
	竹馅挑		6
	钢有眼蒸笼底片	内径43cm	10
	钢有眼点心底片	内径12cm	100

厨房用具的配置首先要考虑炉灶数，通常餐位450人，如果估计80%的上客率，按照配比（每个炉灶眼可供就餐人数为60～80人，折中取70人的话），那么炉灶眼数应为

5 个，也就是炒锅数量至少为 5 张，从损耗的角度考虑可以采用 1∶2（炉眼∶炒锅）的配置，就是 10 张。而其他的炉灶用品则根据损耗的程度类推，比如钢油桶不宜损耗，但每个炉灶厨师都需要将清油和脏油分开，故配备 10 只是正确的选择。而器物的配备则应该按照比例关系，比如用量大的码斗（一种盛装菜肴的不锈钢碗，可配菜也可码菜、扣菜，故名），通常按餐位数与码斗总数大约 1∶2 进行配置；而盛装原料的器物按每个种类的使用频率的不同分别配置，通常采用 1∶1/10、1∶1/15 和 1∶1/20 的做法，即餐位数与用具数的比值。对于砧板的配置，是要考虑砧板岗的人数，原则上每个砧板岗需要 1 块砧板。按照通常的配比原则（炉灶∶砧板＝1∶1），砧板应该为 5 块（不包含冷菜岗位的砧板数）。

当然，除了厨房的各种用具和器物外，餐具的配置关系有时也是厨房管理者应该掌握的基本知识和技能。通常餐具的总数应该按照餐位的 1.5 倍配置。假设 10 人座的餐位，安排 8 个凉菜、16 个热菜、2 个汤碗或 1 组（以 10 个计）汤盅，其餐具总数＝（8 凉菜盘＋16 热菜盘＋2 个或 1 组汤碗或汤盅）×总餐位数×1.5。

本章小结

现代厨房设备的发展有几种趋势，一是趋向于组合式，二是趋向于多功能化，三是趋向于自动化。为此，了解厨房设备的动态对厨房的生产运作起到非常重要的作用，它可以使我们有计划、有目的地选择厨房必需、必备的设备和设施。

选购厨房设备就是要寻找一个平衡点，使厨房设备、设施的配置在一个合理的状态，既不能过度盲目地投资设备，也不要削减基本的厨房设施，而妨碍正常的厨房生产运作。

厨房的设备与用具的购置是每个厨房开业前必须计划的项目，通常情况下，厨房管理者要在厨房用具的配置和使用上，掌握一定的经验，这有时也是衡量管理者水平及能力的一种依据。对于厨房的设备，厨房管理者除了自己熟悉会用外，还要让所有的厨房员工熟悉和使用。

习　题

1. 厨房设备选购的方法有哪些？应该掌握哪些原则？
2. 厨房设备有哪几类？谈谈你所熟知的冷藏设备。
3. 写出厨房炉灶岗常用的用具。
4. 如果某饭店有餐位 100 个，按照正常的餐饮习惯，应该配备多少数量的餐具。
5. 如果有家餐厅从原来生意火爆的旧店搬至新店，需要配置厨房用具（原先的用具基本不用）。其新餐厅的基本情况为：餐位数 450 人，其中包间 20 个，宴会餐厅 250 个餐位。试写出厨房主要用具配置的计划表。

第四章　厨房的组织结构设置

[学习目的] 掌握厨房的组织结构及设置方法，了解厨房的岗位职责及各岗位的工作程序，学会配备厨房人员及安排厨房人员的工作。

[主要内容] 厨房的组织结构设置、厨房各岗位的岗位职责、厨房人员的配备、厨房人员的排班与值班。

厨房组织结构的设立可以使员工达到几个目的：①了解岗位分配的情况，可以更有效地提高工作效率；②了解个人工作责权及与其他员工的相互关系；③组织结构图可以显示命令的路径，使员工知其上下属，能够遵循指示；④组织结构图透露出可能的升迁途径，让员工及早建立自己的事业目标。

第一节　厨房的组织结构设置

餐饮业是一个劳动密集型的产业，厨房生产是要依靠各种技术型人才共同完成菜点的制备活动。如果要使厨房生产正常而又顺畅，除了需要员工的通力合作及团队精神外，起决定性作用的应该是有一个完善的组织结构系统。在厨房尚未开始运作的时候，先建立厨房组织结构系统十分必要。

一、厨房组织结构设置的原则

厨房组织结构的设置要遵循一定的原则，通常绝大多数厨房都会以垂直指挥、责权对等、管理幅度适当及分工协作四项原则为出发点，来设计厨房的组织结构。

（一）垂直指挥的原则

垂直指挥是指一位员工仅接受一位上级的指挥，而不接受数位上级的命令，以免造成员工的无所适从。垂直指挥并不意味着管理者只有一个下属，而是专指上下级间，上报只对一个人，下传可以有多个人，要按层次去进行，不能越级，不能越组代庖，要形成有序的指挥链。

在进行垂直指挥的时候，不能忽略参谋的作用，这时需要分清垂直指挥和参谋的关系。对上司而言，有效的参谋会对垂直指挥的命令起到补充的作用，但参谋只能隶属于垂直指挥之下。对下属而言，参谋的意见只能随垂直指挥的命令下传，千万不能用参谋的意见取代垂直指挥的命令，造成指挥上的错位，这种多头指挥的做法只能造成管理的混乱。

除了多头管理外，实际工作中，越级管理的现象是很多的，比如有些厨师长在工作过程中，喜欢亲自去处理一些员工工作中的错误，而越过了各级领班和主管，使各级领班、主管在工作中的权威皆无，最终造成管理工作的失败。

垂直指挥其实还有另一种含义，就是下属要对自己的直接上司负责，不要超越自己的领导去处理任何问题，因为每个管理者都有自己应该管辖和负责的事务，不当的处理只能造成管理的混乱。

（二）责权对等的原则

责是为了完成一定目标而应该履行的义务和承担的责任，权是人们在承担某一责任时所拥有的指挥权和决策权。所以在组织结构设置时，在划清责任的同时，赋予对等的权力。

在厨房组织结构中每一层次都应有相应的权力和责任。厨房中最有权威的人——厨师长，他有权将生产责任交给下属，下属应该清楚他应该向谁负责，而在同时下属有履行职权的权力，厨师长此时不应过多干涉，应该保持各自权力和职责的对等。千万不能在出了问题时，采用集体共担责任的做法，将责任推卸给下属，忽略权力与责任的对等关系，把自己看成只能享受权力，不去承担责任的管理者，这样处在下层的员工就会享受少的权力，而承担更多的责任。长此以往，领导者的威信和管理能力将大打折扣。

尽管在厨房管理中完全的责权对等比较难以实现，但寻找相应的让员工容易接受的奖惩办法还是应该的。由于厨房的生产工作繁冗而错综复杂，所以一些有经验的饭店还是将厨房人员进行细化分工。比如有的厨房将炉灶、砧板、打荷建立成一个组，专门负责某一类菜肴或某一组厅房或某几桌的菜肴供应，根据责权对等的原则，将他们的奖惩系数定在5、4、3三个档次上，奖励时炉灶厨师系数乘5，处罚时也是炉灶厨师系数乘5，也就是高收入高处罚、高收入高奖励的原则，既保护了员工的积极性，又能履行饭店应有的规章制度，避免了过去餐盘贴号，只处罚炉灶的不公平处理方式，这种管理方式更合理、更公平。

（三）管理幅度适当的原则

管理幅度是指某一特定的管理人员可直接管辖的下属人员的数额。管理幅度与组织层次有关系，在厨房总人数一定的前提下，组织层次越多，管理的幅度就越小；相反，组织层次越少，管理的幅度就越大。原则上组织结构的层次不宜过多，一般在厨房中，厨师长可以考虑到问题的深度和广度，所管辖的人员跨度可小些，而基层的管理者与厨房员工的沟通和接触机会较多，跨度可大些，一般可达10人左右。

（四）分工协作的原则

厨房的生产活动是一个复杂的劳动过程，但在实际操作中，每个厨师不需要做完所有的工作，只需要完成烹饪工作中的某一段，这就需要岗位分工，即将烹饪工作中的某几个环节进行划分形成岗位。原则上分工越细，厨师操作的专业性就越强，菜肴的质量就越好。当然，光有细的分工，没有协作也是不行的，协作需要每个厨师之间进行适当的配合，发扬团结一致的精神、合作的精神才能搞好厨房的生产。

值得注意的是，现代厨房组织结构中分工协作的职能已经被进一步扩大，许多大规模的餐饮企业采用“专职”、“专线”的策略，比如专职的加工组、专职的海鲜组。如将每一条由砧板—打荷—炉灶组成的烹饪线，称为一条专线。每条专线可以负责一个系列的菜肴或几个包厢的菜肴，形成专职操作的局面，保证菜肴质量，利于管理。

二、厨房组织结构的设置

厨房中应该设立哪些岗位及岗位之间的关系，可以通过制定厨房的组织结构得到答案。当然不同的生产规模和作业方式，其组织结构图就有着不同的表现形式。下面我们来分析各种规模厨房的组织结构图。

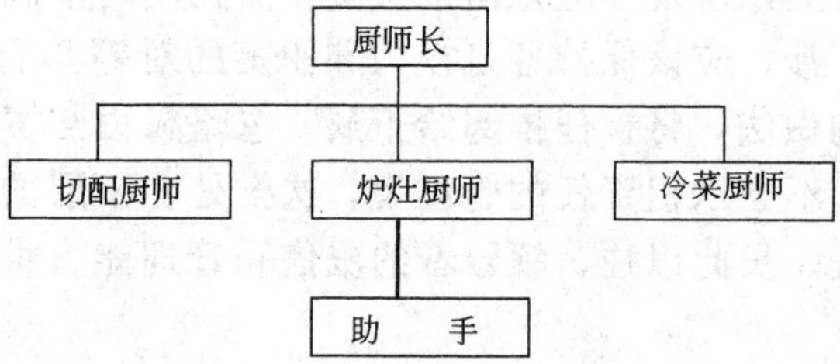

厨师长

切配厨师　炉灶厨师　冷菜厨师

助　手

图 4-1　小型厨房组织结构图

（一）小型厨房

小型厨房由于规模小，厨房面积有限，人员、设备并不齐备，整个厨房生产一般都是由两到三名主要厨师完成的，同时这些厨师还具备多面手的能力，为此厨房的组织结构较为简单。这种组织结构管理层次少，用工精练，但岗位分工不细，职责不明确，可以出现一人多岗的情况。

小型厨房的组织结构（图 4-1）一般适合小型的餐饮企业、专卖的风味店及大型酒店的某一特殊风味餐厅使用。

（二）中型厨房

中型厨房的规模、面积、人员都要大于小型厨房，厨房的生产区域比较齐备，有的厨房除了中餐外还可以配备西餐厨房。厨房生产是按菜点的加工程序分成若干个部门。每个部门设有一名领班负责日常的管理和菜点生产。厨房还设一名不脱产或半脱产的厨师长负责厨房的整体管理工作。这种组织结构岗位分工比较明确、职责分明，便于督导和监控。中型厨房的组织结构适合于小型酒店业、中型餐饮企业使用。

由于港式粤菜的风行，使厨房人员分工与传统的组织结构有所不同，后面涉及的厨房岗位的安排，主要也是以粤菜分工的形式进行的，在此提前说明。所以中型厨房其组织结构图可以有传统式和粤菜式两种，见图 4-2、图 4-3。

（三）大型厨房

大型厨房是由若干个不同职能的中小型厨房组织所构成。为了便于管理，通常会设

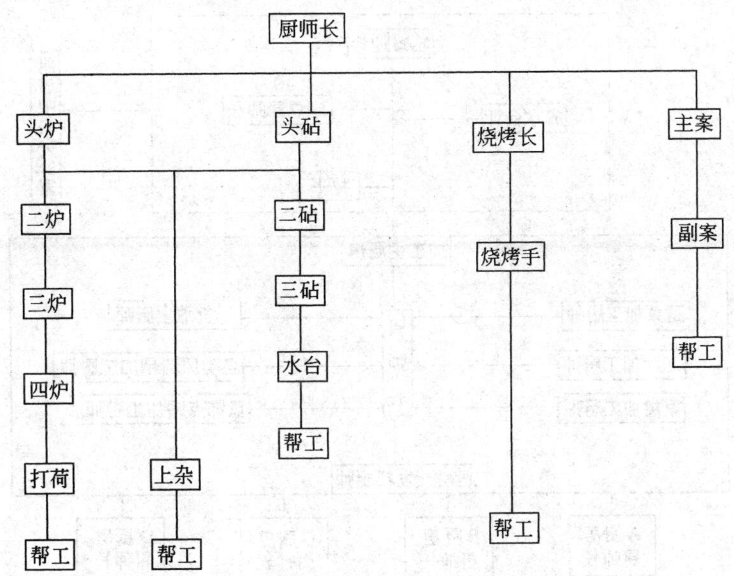

图 4-2　中型厨房（粤菜式）组织结构图

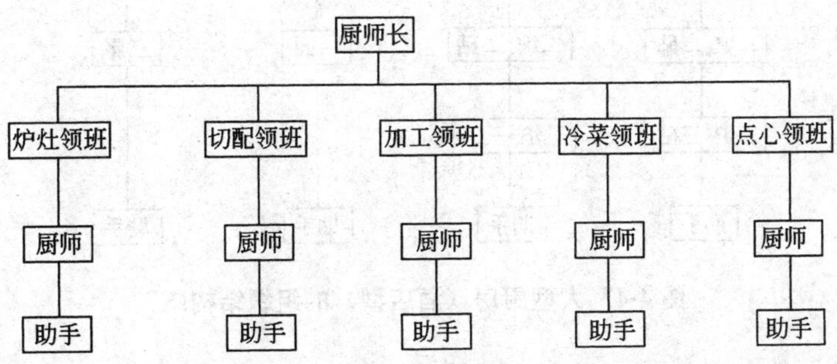

图 4-3　中型厨房（传统式）组织结构图

厨房中心办公室，设行政总厨、副总厨、秘书和成本会计。厨房中心办公室的主要职责是：下达各厨房的生产任务，制定生产流程，设计菜单，进行食品成本控制，督导、检查各厨师长，制定厨房的各种规章，负责协调各厨房，负责新品种的研制等等。大型厨房的总厨主要主持厨房全面的工作，副总厨具体分管一个或数个厨房，并分别指挥和监督各分厨房厨师长的工作，而各厨房的厨师长负责所在厨房日常的工作和具体的生产。

有的大型厨房除了各分厨房相对独立地进行生产外，还会设立主厨房（或中心厨房），用以提供各分厨房日常生产所用的各种半成品原料。这种组织结构使集中与分散有机地结合，既便于控制成本，也便于统一加工，确保各厨房成品的质量。图 4-4 表述的为星级酒

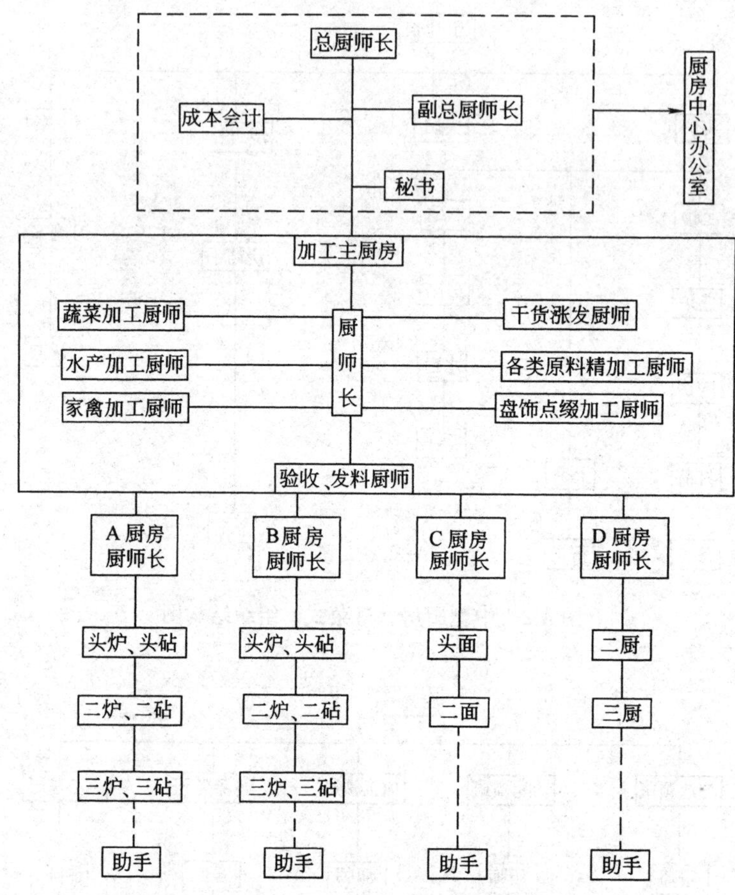

图 4-4 大型厨房（酒店型）的组织结构图

店的组织结构图。

目前，大规模航母级餐饮企业的厨房更多地采用专线管理，与星级酒店的模式不完全相同，它是将粤式厨房组织结构与传统的组织结构相结合，形成一种新的组织机构，见图 4-5。

这类饭店在实际的人员安排上也有一定的讲究。比如太原海世界海鲜广场，是一个营业面积在 15000m^2 的超市化高档酒楼，厨房管理者将厨房按照自己的经营需要进行了布置，即切配与炉灶设置成 20 条线，共 60 人，每条线 3 人（炉灶、砧板、打荷）；明档风味安排 50 人；凉菜 15 人；面点 15 人；初加工、洗碗工、上杂分别是 10 人左右；海鲜池 15 人，这样厨房人员达到 200 人左右。从成本角度考虑，厨师的选择不全是技术工，其中 45％为基础工（即学徒工，来自于各级的烹饪学校），55％的为技术熟练工。所有的技术工都安排在炉灶岗和冷菜岗上，而全部的基础工都安排在打荷和部分砧板岗位。

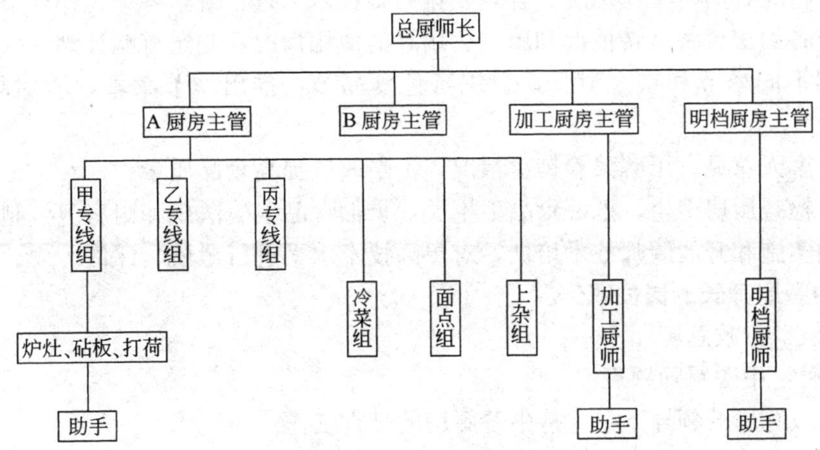

图4-5　大型厨房（组合型）组织结构图

第二节　厨房岗位的安排及职责

厨房组织结构确立后，厨房人员岗位的框架就有了雏形，如果将每个岗位的工作职责、工作要求、工作程序进行界定，就会形成对厨房人员职位化的描述和厨房生产体系的确定。从目前的岗位分工来看，港式粤菜的模式较为先进，全国很多餐饮企业的厨房直接或间接地采用这种模式，并取得了很好的经济效益。我们倾向于这种岗位分工的模式，所以下面的介绍主要是以港式粤菜的分工模式进行的。

一、厨师长岗位的职责与要求

厨师长是一个厨房中权利最高的管理者。根据厨房规模的大小、厨房数量的多少，有时需要设立一个或几个厨师长，往往负责几个厨师长的行政领导者又称行政总厨。他主要负责所有分厨房的行政工作，而生产工作主要由各分管厨房的厨师长负责。

（一）行政总厨的岗位职责

直接上级：餐饮总监

直接下属：中餐厨师长、西餐厨师长、管事部经理

① 根据酒店各餐厅的特点和要求，制定各餐厅的菜单和厨房菜谱。

② 制定各厨房的操作规程及岗位责任制，确保厨房工作正常进行。

③ 根据各厨房原料使用情况和库房存货数量，制订原料订购计划，控制原料进货质量。

④ 负责签批原料出库单及填写厨房原料使用报表。确保合理使用原材料，控制菜肴的装盘、规格和数量，把好质量关，减少损耗，降低成本。

⑤ 巡视检查各厨房工作情况，合理安排厨师技术力量，统筹各个工作环节。

⑥ 检查各厨房设备运转情况和厨具、用具的使用情况，制定订购计划。

⑦ 根据不同季节和重大节日，组织特色食品节，推出季节菜肴，增加品种，促进销售。

⑧ 听取客人意见，了解菜肴销售情况，不断改进提高食品质量。

⑨ 每日检查厨房卫生，把好食品卫生关，贯彻食品卫生法规和厨房卫生制度。

⑩ 定期实施和开展厨师技术培训，对厨师技术水平进行考核、评估。

（二）中餐厨师长的岗位职责

直接上级：行政总厨

直接下属：中餐厨师领班

① 在行政总厨的领导下，主持中餐厨房的日常工作。

② 协助行政总厨制定菜单，根据季节的变化，不断创新菜肴和推出每期的特色菜。

③ 调动厨师的积极性，监督菜肴质量，满足顾客对食品的要求。

④ 监督宴会、酒会、团体餐的准备工作和出菜过程。

⑤ 制订采购计划，及时提供采购单，签署厨房每日提货单。

⑥ 督导厨师的菜肴投料和技术操作。

⑦ 监督厨师正确使用和维护厨房设备。

⑧ 评估厨师的工作表现，检查属下厨师的仪容仪表、卫生状况。督导厨师按规定着装，合理调配技术力量，加强团结协作。

⑨ 完成食品成本控制，严禁偷窃和偷吃现象。

⑩ 合理排班，监督出菜顺序和速度，创造良好工作环境。

（三）西餐厨师长的岗位职责

直接上级：行政总厨

直接下属：西餐厨师领班

① 协助行政总厨制定西餐厅菜牌、厨房菜谱及食品价格。

② 给属下厨师布置工作并对员工的工作给予指导和监督。

③ 合理配备厨师力量，确保上菜质量和上菜速度。

④ 监督、检查员工的个人卫生和劳动纪律。

⑤ 协助行政总厨检验食品质量，制定原料采购计划，减少烹调原料的浪费、损耗。

⑥ 监督属下严格按照程序操作，不使用不卫生的工具和用具。

⑦ 加强厨房内各种设备的管理，合理使用，经常进行清洁和保养。

二、炒锅岗位的职责与要求

炒锅岗位是负责厨房所有菜肴烹调的工作部门，其作用不言而喻。一般炒锅要设立专职的主管，多是头锅，负责炒锅的一切事务，其直接上司是厨师长。

（一）炒锅岗的分工

炒锅岗位的分工一般是按技术水平的高低来分。

头锅：通常是炒锅岗领班。处理原料较名贵、技术要求较高的菜，或特别的贵宾、客人特别要求的菜肴。有的饭店考虑到经济实力和技术实力的问题，通常厨师长也可兼做头锅。

二锅：烹制中、高档的菜肴，配合头锅完成灶前的烹饪工作。头锅不在时，顶替头锅的工作，其实他是厨房承上启下的关键人物，需要有较高的技术水平。

其余锅：处理平常小炒、调酱汁的工作及对菜肴进行半成品加工。

（二）头锅的岗位职责

① 负责厨房的炉灶全面工作，合理安排分工。

② 主理烹制高档或大型筵席、高档菜肴。

③ 指挥、辅导帮锅厨师的烹调工作和烹调技术。

④ 与头砧师傅配合拟定筵席、零点餐等，并策划增添、创制菜肴新品种。

⑤ 监督、检查炉灶的卫生工作和菜肴的加工质量。

⑥ 负责炉灶人员的人事安排和考勤工作。

⑦ 督促炉灶节约用电、水、油、煤气等。

（三）头锅及炉灶员工的工作程序

① 准备用具，开启炉灶、排油烟机，使之处于工作状态。

② 对不同性质的原料，根据烹调要求，分别进行焯水、过油等初步熟处理。烹制各种调味汁、酱，制备必要的用糊，做好开餐前的各项准备工作。

③ 开餐时，接受打荷的安排，根据菜肴的规格标准及时进行烹调。按出菜顺序对热菜食品进行烹制。宴会菜单按先后顺序烹调；零点菜单则按点菜顺序烹调。

④ 结束时，收拾各种炉灶用具，送洗碗间清洗，将各种调味汁、酱加盖摆放好。关掉水、电、气的开关。妥善保管剩余食品及调料，擦洗炉头，清洁整理工作区域。

三、砧板岗位的职责与要求

砧板岗位是负责厨房所有菜肴切配的工作部门。一般砧板要设立专职的主管，多是头砧，负责砧板的一切事务，其中包括验货的工作，其直接上司是厨师长，如果头锅是厨师长，其上司也可以是头锅。

（一）砧板岗的分工

砧板岗位的分工一般如下：

头砧：通常是砧板领班，负责看市场、跟货源，控制原材料的进价成本，指挥员工进行备料，腌制各种高档原料。

二砧：备料头、花式料头，做好头砧的助手，负责各种海、河鲜的斩、切、改制（鸡、鸭），腌制各种中、低档原料，做好原料的冷藏和保管工作。

其他砧板：专门负责普通原料的切配工作，能够使用和保养各种加工设备和保藏设备。

（二）头砧的岗位职责

① 负责砧板的全部工作，熟悉厨房全面业务技术知识。

② 监督及负责较为高档的烹饪原料的加工、腌制工作。

③ 负责订购、检查、验收烹饪原料货源。

④ 对货仓、冷库、雪柜中的烹饪原料进行妥善管理和使用。

⑤ 与厨师长负责拟订筵席、零点菜单。

⑥ 与财务部做好配合，做好清点库存、检查进货账目和计算菜肴成本等工作。

⑦ 监督砧板的工作情况和控制菜肴用量、质量的标准。

（三）头砧及砧板的工作程序

① 搞好本砧位的卫生，将清洗干净的用具摆放到固定位置上。

② 查看冷藏库早上购回的货源品种是否齐全，质量是否合乎要求。联络采购人员。

③ 通知每个岗位领取各自所需的原料。

④ 检查各冰柜的原料品种是否齐全、有无变质。

⑤ 安排砧板各个岗位的工作，并填写每日的沽清单（介绍每天供应菜肴的单据），推荐给楼面经理或部长，使楼面更好地了解厨房里的品种。

⑥ 对原料进行加工。根据营业和需求情况，安排涨发好的干货原料，并妥善保管。

⑦ 将加工好的原料送交炉灶进行熟处理。

⑧ 备齐开餐用各类配菜筐、盘，清洁场地、用具，按配份规格表配制各类菜肴主料、配料及料头，置于配菜台出菜处。

⑨ 结束时督促员工搞好收尾工作，将剩余原料分类保藏，整理冰柜、冷藏库；督促员工清洁本岗位；督促员工关闭水阀及照明开关，并锁好柜门。

四、打荷岗位的职责与要求

打荷是中餐厨房炉灶的主要帮手，与炉灶、砧板、传菜部、上杂有着密切的关系，它犹如交通警察一样指挥着厨房的生产运作。打荷人员除了辅助炉灶进行生产外，还要进行原料申领、炉灶开档（拿取、摆放好炉灶使用的用具）和花草制作等具体工作。一个好的打荷人员所懂的东西，并不亚于一个炉灶师傅或砧板师傅，所以一般炉灶人员的提拔多从打荷厨师中挑选。

打荷岗位是一种专职负责联系砧板、炉灶、传菜部等岗位的职位。过去，多是使用走菜员来完成这项工作，由于是服务人员，不属于厨房管辖，同时对菜肴的业务知识不可能好过厨师，所以工作的效率和工作的质量远不如现在的打荷岗来的专业。打荷岗位的上司是头锅。

（一）打荷岗领班及员工的职责

① 负责整个打荷岗的运作及组织协调工作。

② 监督本岗位员工协助炉灶厨师。对菜肴成品进行点缀、造型。

③ 检查砧板厨师所配的主、配料及料头是否齐备。

④ 对原料进行上糊浆、拍粉的工作。

⑤ 搞好案台卫生，收拾装配菜遗留下的盘、碗、碟等。

⑥ 将一些菜料交给上杂蒸炖，并提醒其开餐时间。

⑦ 运用灵活的头脑，依照零点或厅房催菜的紧、松程度，及时喂菜给炉灶，安排烹菜的时机，控制上菜的顺序和时间。

（二）打荷岗领班及员工的工作程序

① 检查本岗位人员出勤情况、卫生情况。

② 进行开市准备工作。先为炉灶开档，拿好各种清洗好的炉灶用具，摆放在合适的位置上；根据经营的情况，备齐各种餐具；依照剩余物料的多少，填写申领单，领取炉灶使用的各种调味品或其他物料；当调味汁不够用时，帮助炉灶调配调味汁，或提醒炉灶厨师制作调味汁。

③ 将岗位的各种洁净用具摆放好，将添加好调味料的调味盒取出放到打荷台上备用。

④ 取出备好的调味汁放在固定位置上，将各式的汤料摆放在固定位置上，制作或领取各类盘饰的花卉或点缀草，摆放好盛装码斗的周转箱。

⑤ 菜肴烹调时，按顺序和节奏，传送和分派各类菜肴给炉灶厨师烹调。

⑥ 为烹调好的菜肴提供餐具，整理菜肴，进行盘饰。

⑦ 将已装饰好的菜肴传递至出菜位置。

⑧ 清洁工作台，用剩的装饰花卉和调味汁及时冷藏，餐具归还原位。

⑨ 结束时负责将贵重的货料拿到储物柜锁好，和员工一起将各种用具送洗碗间清洗，剩料放进冰箱，调味料加盖放好，检查卫生，安排值班人员，最后关锁工作门柜。

五、水台岗位的职责与要求

水台岗位是一个专职加工的岗位，主要负责各种家禽、家畜、飞禽、水产、海鲜的饲养和宰杀，以及各种蔬菜的剪改和保管工作，是一个不可缺少的基础工作岗位。水台岗一般可分工为：海鲜台，专门处理海鲜，要求技术熟练；飞禽台，宰杀鸡、乳鸽、鸭、禾花雀等；肉台，猪手、排骨、火腿等原料的清洗、斩件工作；蔬菜台，对蔬菜进行初步加工，如剪切、削皮、清洗等。

水台岗位的安排，可以根据饭店的需要来设立。使用半成品原料较多的饭店，水台人员就可以相应少些。有的中、小饭店在人员实在紧缺时，还可以动用传菜部人员进行原料的清洗加工工作。

（一）水台岗领班及员工的职责

① 按照菜肴要求进行加工，根据生意合理调配人员。

② 密切联系各岗位的负责人，根据各岗位的实际要求合理安排工作。

③ 掌握水台的货源质量情况，加工中要充分控制出成率。

④ 保证冷藏库的水台货源的卫生，并堆放整齐。

⑤ 抓好本岗位的清洁工作。

⑥ 负责本岗位的考勤和考评工作。

（二）水台岗领班及员工的工作程序

① 上班即到冷藏库查看蔬菜质量、数量。

② 检查工具是否齐全，需要补领的及时领回备用。

③ 安排人员收货，做好加工前的准备工作。

④ 生产开始时注意水台半成品的质量；生意较旺的时候要观察菜肴的出售情况，根据需要配备人手；留意有特殊加工要求的菜肴；负责加菜、追菜的督促跟进工作。

⑤ 结束时和员工一起搞好岗位卫生，工具洗净分类摆放；检查蔬菜、禽畜原料的库存，告知砧板负责人；将当天没用完的备料收拾好；检查水、电等是否关好。

六、上杂岗位的职责与要求

上杂岗位是一个负责厨房炖、焖、蒸、扣、煲汤和发干货原料的特殊岗位。它隶属于炉灶，直接上司是头炉，它主要辅助炉灶完成一些炒锅无法进行的烹调操作，保证菜肴的出品质量和出菜的速度。由于厨房经营的炖、焖菜肴可以提前制作，所以在厨房的菜单中上杂岗可以辅助完成相当比例的预加工菜肴，这样可以减轻炉灶过忙所带来的出品速度上的压力。可以这么说，一个好的上杂人员可以完成一半菜肴的烹制工作。

（一）上杂岗领班及员工的职责

① 负责上杂岗位的全部工作，合理安排人员。

② 负责本岗位员工的考勤和考核。

③ 负责检查当天供应的货源品种、质量是否与所下的订购单相符。

④ 负责监督检查冰箱生熟食品的分类摆放及保鲜质量、卫生情况。

⑤ 掌握每天的酒席及零点菜单中上杂所做的工作，并组织好人员。

⑥ 严格监督本岗位菜肴出品，保证菜肴质量、规格，使之符合菜肴的色、香、味。

⑦ 做好每天的生产计划及货源订购计划。

⑧ 每天检查炉头、蒸柜等设备的运转情况，保证生产的正常。

（二）上杂岗领班及员工的工作程序

① 上班前首先检查冷藏柜内各种材料的数量和质量。

② 检查各岗位卫生情况，检查各种酱料，试味，味道不对则重新调配。

③ 生产开始时，安排各项具体工作，协调各岗位人手，检查员工备料的情况。负责贵重海鲜的蒸炖，协调与其他部门的关系，如传菜部、水台岗。

④ 生产结束时指挥大家将各种炖品取出放凉，用保鲜纸封好放入冰柜；和员工一起搞好卫生；安排值班员工及提醒注意事项。

（三）上杂岗工作的内容

① 完成厨房的蒸、扣、炖、煲等菜肴的制作。

② 完成各种干货的涨发，如鲍鱼、海参、鱼翅、燕窝、鱼肚等。

③ 煲制厨房的例汤（每天一种不同内容的汤菜），煲制厨房使用的各种高汤（分清汤、浓汤和上汤，煲好的浓汤和上汤可以放入冰箱保存）及炖品。

④ 保养好上杂所用的各种炖盅、煲、蒸笼等器皿，经常清洗笼、柜，保证食品质量。

⑤ 调制各种上杂使用的味汁，比如豉油汁、蒜蓉汁、剁椒酱等。

⑥ 如果开设明档汤煲，要让一名员工在每天上午 8：30 左右，做所推介汤类的开煲工作。

七、冷菜岗位的职责与要求

冷菜岗位负责厨房的冷菜、卤水、烧烤制作。当然有些冷菜岗位不提供卤水和烧腊菜，这是因为全国大部分地区的厨房都使用冷菜的称呼（北方称冷荤）。冷菜多用各种荤素原料制作，可以有围碟、主盘之分；而在广东、福建等地区，冷菜的概念就是卤水和烧腊类菜肴，可以单独处理，也可以成为拼盘。冷菜岗的直接上司是厨师长。

（一）冷菜岗领班的职责

① 负责冷菜岗位的全面工作，经常听取顾客意见，不断改进加工水平。

② 负责本岗位物品、原材料及设备的保管和保养。

③ 负责制订冷菜岗位的操作规程和食品质量标准，监督检查员工的执行情况。

④ 负责本岗位的卫生监督工作，严格遵守《食品卫生法》和卫生规范。

⑤ 负责本岗位员工的考勤、考核、技术培训和思想工作。

（二）冷菜岗领班及员工的工作程序

① 上班上台操作前，冷菜厨师应先洗手消毒，更换工作服。

② 炊具、餐具应在操作前彻底消毒。

③ 原材料从采购到进货要严格把关，确保冷菜原料质量。

④ 根据不同品种的冷菜，进行严格的选料。

⑤ 根据不同的冷菜菜肴，选好配料和调味品。

⑥ 按照冷菜不同的烹制方法，加工制作各种冷菜菜肴。

⑦ 根据客人点菜单，切配各种拼盘和雕刻制作冷菜菜肴。

⑧ 加工制作工作结束后，应将所有的饮具和用具进行清洗消毒，放到指定的地方备用。剩余的冷菜食品放入冰柜中，注意生熟食器分开存放。

（三）冷菜岗工作的内容

① 严格检查原料，不合卫生标准的不用，做到不制作、不出售变质和不洁的食品。

② 操作人员要严格执行洗手、消毒的规定，洗涤后用75％浓度的酒精棉球消毒。

③ 冷菜制作、保管和冷藏都要严格做到生熟食品原料分开，生熟工具盛器、刀、墩、板、盆、秤、冰箱等，严禁混用，避免交叉污染。

④ 存入冷菜熟肉、凉菜的冰箱及房门拉手需用消毒小毛巾套上，每日更换数次。

⑤ 生吃蔬菜、水果必须洗净后，方可放入冷菜间冰箱。

⑥ 冷菜间内应设置紫外线消毒灯、空调设备、洗手池和冷菜消毒设备。

⑦ 冷菜熟肉在低温处存放超过24h应回锅。

⑧ 保持冰箱内整洁，并定期进行洗刷、消毒。员工使用过卫生间后必须再次洗手消毒。

⑨ 严格执行酒店关于个人卫生的规定，非工作人员不得进入厨房。

八、点心岗位的职责与要求

点心岗位是一个负责厨房点心制作的部门。它可以单独存在，比如专营早点的厨房，也可以和红案一起完成烹饪菜点的操作。目前多数高中档的厨房岗位设置都比较齐备。点心岗位主管的直接上司是厨师长。点心岗位主管负责点心岗位的管理工作，组织和督促本岗位员工做好点心，保证质量和出品速度。

点心岗位分工如下：案板员，负责面制品从原料到半成品的制作；拌馅员，负责将所有馅类原料切配加工成半成品；煎炸员，负责将案板制作的煎、炸的半成品炸成成品；熟笼员，将案板、馅档制作的半成品蒸熟为成品出售；烘烤员，将案板制作的半成品烘烤为成品出售。

（一）点心岗领班的职责

① 负责整个点心部门的运作，经常了解顾客对食品的要求及意见，不断改进加工质量。

② 掌握货源情况，做原材料的订购计划，并负责原材料的保管。

③ 核定食品的进货标准和成本，进行合理定价。

④ 负责整个点心部的出品质量和生产数量。

⑤ 负责本岗位员工的工作安排和技术培训，做好员工的思想工作。

（二）点心岗领班及员工的工作程序

① 上班查点采购单的原料是否到齐，并领回点心间进行加工。

② 检查早班人员的出品是否合格。

③ 进行点心的制备工作，检查备货的数量是否充足。

④ 生产开始时，如果点心尚未做完，留人继续生产，其他人接单进行点心的加温工作。监督出品的质量、上菜时间，保证出品及时，质量稳定。

⑤ 结束时安排人员准备第二天的生产计划，把剩余点心放好，搞卫生。

九、西餐相关岗位的职责与要求

（一）西餐厨师领班

直接上级：西餐厨师长

直接下属：西餐厨师

岗位职责：

① 与厨师长一起安排员工工作。

② 监督、检查员工的个人卫生和劳动纪律。

③ 与主管清洁卫生的管事部保持密切联系，确保厨房卫生、清洁。

④ 负责监督厨房食品质量。

（二）西餐厨师

直接上级：西餐厨师领班

岗位职责：

① 按照菜肴的投料标准和烹制方法，制作西餐菜肴。

② 清理自己的工作台面，保持工作区域的清洁卫生，减少浪费。

③ 按照操作规程使用各种设备，清洁各种用具，并按规定摆放好。

（三）西餐面点领班

直接上级：西餐厨师长

直接下属：面包师、面点师

岗位职责：

① 与西餐厨师长一起安排工作，努力提高销售量，控制生产成本。

② 严把食品质量关，努力生产优势产品，最大限度减少生产过程中的损失和浪费。

③ 检查本区域内的各种设备是否正常运转，发现问题及时解决。

④ 不断改进食品质量，降低食品成本。

（四）西餐面包师

直接上级：西餐面点领班

岗位职责：

① 准备所有的烤制配料，烤制各种面包。

② 工作中严格按照投料标准和程序操作。

③ 保持工作区域和设备的清洁卫生。

④ 确保各种面包的足量供应。

（五）西餐面点师

直接上级：西餐面点领班

岗位职责：

① 装饰蛋糕，根据要求整形。

② 制作开餐时所需的各种零点糕点和特色糕点。

③ 搞好并保持工作区域和各种机器设备的清洁卫生。

第三节 厨房人员的配置

必须在先完成组织机构划分，进行必要的岗位设定后，才能确定厨房人员的具体数量。对厨房人员的选配需要慎之再慎。由于现代厨房不是食品加工的车间，人员的配置受餐饮的规模、档次、经营的特色、厨房的组织结构、布局等多方面的影响，难以有个准确的人员数字标准，加之各个餐饮企业都会从经营成本出发，竭力控制厨房人员的数量，这使得多数厨房在正常运行时人员出现捉襟见肘的现象，以致影响正常的餐饮生产。为此，寻找一个最佳、最有效率的人员配置方案——既保证企业正常的营业运转人数，又不能加大企业的劳动力成本，成为目前餐饮企业正式运行前必须解决的重要课题。

一、影响厨房人员配置的因素

厨房人员的确定一定要考虑餐饮企业经营规模、经营档次、经营方式、经营时间、设备条件、菜肴构成、环境布局等方面因素的影响，才能节约劳动力成本，调动厨房人员的劳动积极性，提高厨房的生产效率。

（一）经营规模

经营规模即餐饮企业具有的经营面积，经营的餐位的总和。餐饮企业经营的规模越大，意味着餐饮企业可接待的顾客就越多，经营的品种也就越多。为了能保证菜肴的质量、服务的质量，缩短上菜的时间，增加厨房人手是显而易见的事。

（二）经营档次

经营档次指餐饮企业面向顾客提供高低餐食价位的取向。对低档位的餐饮顾客要求低，附加值的含量小；而高档位的餐饮顾客要求高，附加值含量高，厨房人员需要花费更多的人力、物力去创造这种附加值，所以档次较高的餐饮企业需要较多厨房人员。另外，消费水平高，顾客对菜肴质量和生产质量要求也高，这必然迫使厨房进行更细的岗位分工，否则难以达到顾客的要求。更细的分工也就意味着需要更多的高质量的专业人才。

（三）经营方式

餐厅经营以零点为主，还是以宴会为主；是以热菜经营为主，还是以点心经营为主；是以便餐为主，还是以快餐为主；抑或两种兼而有之。在同样的餐位数下，零点餐厅的周转率相对比宴会餐厅的周转率要高，快餐厅的周转率相对比其他餐厅的要高，那么人员配置的侧重点就有所不同。

（四）经营时间

经营时间的长短对人员配置影响是十分明显的。从早上 6：30 至次日凌晨 1 点的连续经营比之正常的早、午、晚三市经营所要求的人员配置和班次显然要多。比如西餐厨房多为 24 小时营业，其人员安排至少要三班制，其人数比同等规模的中餐厨房要多（只经营中、晚餐）。当然，饭店经营的生意越旺，翻台率会越高，营业的时间会相对加长，因此，在保证工作效率的前提下，增加厨房的人手是必需的。

（五）设备条件

随着社会的发展，科技产品运用到厨房的可能性越来越大，厨师更多地使用机械化、自动化的烹调设备，大大降低了劳动的强度，提高了劳动效率。可以说机械化程度越高，需要的厨房人员会相对地越少。比如西式快餐较之中餐厨房用人就少。反之，纯手工操作会增加厨房人员的使用。

（六）菜肴构成

菜单品种少的餐饮店，只需要较少的烹调和服务人员。随着菜肴品种的增加，人手会相应地增加。当然，这是有一定限度的，刚开始磨合的厨房人员与磨合很久的厨房人员在对新品菜肴的理解和制作能力上是有不同的，很久磨合的厨房人员不会对新增菜肴感到吃力，为此，在一定的限度内，可以不增加人员。在中餐经营中，顾客的要求比较高，菜肴的翻新较快；而西餐中，菜单的内容一旦确定下来，菜肴在相当长一段时期内是不更换的，所以在规模一定的前提下，西餐厨房人数要少于中餐人数。

（七）环境布局

厨房布局的合理程度有时也会成为厨房人员配置的因素之一。假设厨房的点心间与热菜间不在一个加工的区域或楼层，在生产加工过程中将不得不增加传递菜肴或联络信息的人手。

可以看出，影响厨房人员配置的因素很多，在配置时一定要充分地考虑到。不过需要注意，有时餐饮企业尽管可以使用先进的设备，使用半成品及成品来减少人员配置，但同时设备的成本、原材料的成本都会加大，相互抵消后的成本不一定会低。所以人员配置需要根据各自餐饮企业的经济实力，灵活地处理，不要机械和教条。

二、厨房人员配置的方案

基于上述因素的考虑，厨房人员的配置向来都是不固定的，每家新开张的饭店都有自己的人员配备模式，有时甚至是同一家连锁饭店人员的配置模式也不尽相同。所以要有一个准确的人员配置方案相对较难。为此，下面的人员配置方案只是一种行业运用的参考方案。

（一）按比例确定

按比例确定是人们通常采用的比较简便的方法。通常可以有两种确定的方式，一是按岗位比例确定，另一个是按餐位比例确定。

1. 按岗位比例确定

为了使厨房人数的配置相对准确，这种确定法一般要核定两个比例数，一是通过确定餐厅的餐位数来确定厨房后锅（炉灶）岗位生产人员的人数，二是通过确定后锅人员数来确定其他岗位人数。

众所周知，餐饮运作是烹调、销售、服务三位一体的，厨房后锅的多少表明了厨房的生产能力的大小，而餐厅餐位数量的多少表明了餐厅的接待能力的大小，只有将厨房后锅的生产能力和餐厅服务的接待能力相协调，才能保证正常的生产运作。由于任何新开张的饭店无法预测未来餐厅餐位的翻台率，所以每一个后锅（一个后锅一个烹调师）可以对应一次生产任务所能承担的餐位数。以珠江三角洲餐饮业资料测算，一般一个后锅出品负责60～100个餐位的供应，即6～10桌。其中1∶(60～80）被认为是零点餐厅的最佳选择。因为零点餐厅突发、具有弹性的需求较多，顾客就餐的随意性较大，把后锅的比例确定在1∶(60～80）是一种明智的选择。而1∶100的比例认为是宴会厨房的最佳选择，由于宴会的预订较多，餐桌的周转率相对较低，厨房人员生产的准备期较充分，比现来、突发而至的零点顾客容易应付，可以加大后锅的承受力。当然，如果设备、布局、人员素质都占优势的话，这种比例关系还可以调整，为此人员配备的比例只是一个相对的数字，一定要灵活掌握。

确定了后锅与餐位的关系后，就可以确定后锅与其他岗位的关系，见表4-1。

表4-1　传统的厨房人员配置比例

后锅	打荷	砧板	上杂	水台	冷菜	面点	杂工
1	1	1	0.5	0.5	0.5	1	0.5

可以看出一个后锅要配置5个相关人员。按这个比例，在经营淡季时，会显得人工成本过高。

现在，一些餐饮管理者认为，1个后锅配置4个相关生产人员比较合适，即后锅与其他岗位人员（含加工、切配、打荷等）的比例是1∶4。这种比例配置也是在现有的包厨制经营中常使用的方法。因为这种比例是最少人员的配置方案。人员中的杂工可以让水台的厨师客串，上杂可以让打荷厨师客串。也就是说可以缩减同一类工种的人数。而目前流行的厨房人员配置比例可见表4-2。

表 4-2 **流行的厨房人员配置比例**

后锅	打荷	砧板	上杂	水台杂工	冷菜	面点
1	1	0.7	0.5	0.7	0.7	0.5

当然，由于厨房的种类不同，在人员配置时可采用的形式很多。有时尽管人员比较紧，但合理的排班可以解决一定的问题。

2. 按餐位比例确定

按餐位比例就是按供餐者人数的多少来确定厨房生产人员的多少。这种计算法一般适用于宴会、团队厨房及一些招待所厨房。按比例测算厨房人数比较简单，但需要有一定的经验，见表 4-3。

表 4-3 **按餐位数厨房人员配置比例**

厨房供餐人数/人	厨房所需厨师人数/人	厨房供餐人数/人	厨房所需厨师人数/人
100	9～11	300	15～20
200	12～18	400	20～26

有时候用餐位数也可以直接这样确定，一般 13～15 个餐位配 1 名生产人员。

不过使用按比例方式进行测算时需要注意，所有计算的人数只是生产人员，比例中的人员都应该为技术较熟练的人员，是厨房的骨干，一般的帮工或学徒不包含在其中。同时，也不包括实习工、勤杂工、清洁工，不包括脱产的厨师长等挂职人员；由于该比例是按实际生产量所需的厨师人数而定的，其人员不包括长休假人员、两班制或多班制人员，因此实际测算时要略放宽或增加人数。

（二）按工作量确定

厨房用人包括厨师、加工人员和勤杂人员三种，其人员的配置方法主要以劳动定额为基础，重点考虑后锅厨师。其他加工人员可以作为后锅厨师的助手。其人员确定的方法如下。

1. 核定劳动定额

核定劳动定额就是选择厨师和加工人员，在正常生产情况下，平均一个上灶厨师需要几名加工人员，才能满足生产业务的需要。由此核定劳动定额，其计算公式如下：

$$Q=Q_X/(A+B) \tag{4-1}$$

式中，Q 是劳动定额，Q_X 是炉灶台数，A 是上灶厨师数，B 是为厨师服务的其他人员。

2. 核定人员编制

核定人员编制是在劳动定额确定的基础上，考虑厨房劳动班次、计划出勤率和每周工作天数等三个因素，并根据国家规定每周工作 5d 的要求来核定人员编制，其人员编制的计算式为：

$$n=(a_n \cdot F/Q \cdot f)\times(7\div5) \tag{4-2}$$

式中，a_n 是厨师炉灶台数，F 是计划班次，f 是计划出勤率，n 是定员人数，Q 是厨师劳动定额。

下面我们看一个工作量确定的实例。

某饭店餐厅有座位 350 个，旺季座位利用率为 95%，每 80 个座位配一名后锅厨师，每位后锅厨师管理一台炉灶，并配有加工勤杂人员 4 人/炉灶，厨房一班制，计划出勤率 98%。请核定：A. 厨房的平均劳动定额。B. 厨房的定员人数。

计算：① 预测炉灶台数为 4 台，其厨师的劳动定额为 Q

$$Q=4/[4+(4\times4)] \quad Q=0.2(台/人)$$

② 以厨房的平均劳动定额为参数，其厨房的人员编制数为 n。

$$n=[(350\times0.95\div80)\times1/(0.2\times0.98)]\times(7\div5)=29.7 \quad n\approx30人$$

③ 厨房各岗位人员。配备数量为 30 人（如果不算一周 5d 工作日，其实只需要 21 人），基本安排如下：

厨师长 1 名（不脱产），后锅厨师 5 名，冷菜厨师 2 名，打荷厨师 5 名，冷菜厨工 2 名，砧板厨师 4 名，面点厨师 2 名，砧板厨工 2 名，面点厨工 2 名，上杂厨师 2 名，水台厨师 1 名，杂工 2 名（以上考虑到一周双休，每个岗位都增加了人手）。

其实无论哪种配置方式都只是提供了一个大概的、理想的数字，实际操作中人员的配置还要依靠各餐饮企业自己具体的情况来定。

三、厨房人员的班次方案

厨房人员的班次一般与厨房配置人手多少有关。在一些大型的餐饮企业中，由于经营的档次和经营目标的要求，对厨房人员的配置可以说相对宽松些，那么员工班次的安排就比较容易。比如可将厨房员工分成两个班组，每个班组只上半天班，每个班组都是全套厨房生产的配置。事实上，这种班次的安排对于大多数社会餐饮来说，是不可能的。因为更多的餐饮企业会考虑对劳动力成本的控制，这样在人员班次的安排上就需要讲究一定的方针和策略了。

（一）班次安排的策略

餐饮企业班次的安排一定要根据营业情况来确定。通常餐饮企业在经营的过程中都存在营业的高峰和低谷，这期间客源变化较大，加之大多数餐饮企业配置的厨房人员都不会非常充裕，如何合理安排班次，有效地发挥人力资源，以完成生产任务是厨房管理者必须应该注意的问题。通常根据实际的需要，厨房管理者可以采用以下两种策略。

1. 利用分班制

厨房班次的安排通常要参考餐厅的营业时间来定。一般酒店的中餐厅营业时间多为：早餐 6：00～9：00，午餐 11：00～14：00，晚餐 18：00～21：30。如果所有的员工上班时间都是 6：00～21：30，一则《劳动法》不允许。由于我国新的劳动法规定员工每周 40h 工作日，如果每周实行双休，那么每天的工作时间是 8h。这样的工作安排，扣除吃饭 1h，每天工作 14.5h，超过了国家法定的劳动时间，这多出的时间只有餐饮饭店以加班费用或补休的形式补给员工才合法，否则属于违法行为。二则浪费人力。根据资料显示，早、午、晚三餐的用餐人数百分比为 30％、25％、45％。三餐的人力分配就应该与之相匹配。这样既节省人员编制，又缩短员工的上班时间，还减少了不必要的加班费用（通常加班费是平均工资的 1.5 倍）。

目前，国内餐饮饭店根据经营的需要，多数选择营业时间为两个时间段的，一个在上午 11：00～14：00，另一个在晚上 18：00～21：30。而部分餐饮企业可能选择三个时间段或四个时间段，主要是增加了夜宵和早点。

在实际工作中，中餐厨房多围绕餐厅营业时间，选择两个时间段的工作。饭店的经营者通常会考虑人员的成本和工作效率，在员工总人数不变的情况下，将员工分成两班，让每班人员上班的时间错开，这样既延长了营业时间，又保证经营繁忙阶段生产人员的数量。比如厨房会根据餐厅经营时间把人员划分为 A、B 两班，其中 A 班上班时间为上午 9：30～13：30，下午 16：30～21：30；B 班上班时间为上午 10：30～14：00，下午16：30～22：00；如果有经营早点的项目，则又可以将白案厨师分成 C、D 两个班次，其中 C 班上班时间为上午 5：30～14：30，D 班上班时间为下午 13：30～22：00。上述各班次除去每天的 1h 的用餐时间，实际工作时间为 8h。对于 A、B 班厨师来说，每天上午的 10：30～11：00 和下午的 16：30～17：00 为用餐时间，而 C 班厨师多个早餐时间，少个晚餐时间；D 班只有晚餐时间。经过这样班次的安排，人员的总数不变，但红案 A、B 实际总工作的时间达到 9h，而白案的总工作时间几乎为 14h。红案两个班次在生意最繁忙的时间段，总能保证厨房员工的人数为全额；而白案由于早晨是生意繁忙期，所以 C 班人数较多，而 D 班多为晚上席点服务，可以提前预制，故安排人手较少。

西餐厨房多围绕西餐厅的营业时间，选择三个时间段的工作，按照目前国内酒店的习惯，西餐厅需要 24h 营业，故厨房的工作时间正好分成三个时间段，每 8h 为一个时间段。

2. 利用临时雇工

任何一个餐饮企业的厨房在顾及劳动力成本的前提下，都不可能将厨房的员工配置的过剩，这其中还有一个重要的因素就是餐饮生产的波动性，忙起来人手不够，闲起来人手多余。在国家法定的假期和节日期间，餐饮企业的生意会达到火爆，这时对厨房人手的需要量会加大。如果厨房人员停休人手还是不够的话，就可以适当地安排一些临时雇工（也称小时工）来调节班次，保证厨房生产有充足的人手。考虑临时雇工的好处在于，可以缓解某一时段或某一时期厨房用人的紧张状态，可以减少招聘合同制工人带来的成本费用。因为在生意清淡时，合同制工人的工资是少不了的，加上可能享受的福利、劳保等待遇，多雇一名合同制工人意味着多增加一份成本。比如，雇用一名临时雇工每月支付 600 元左右（不享受其他待遇），工作时间大约为 7 个月，人均费用为 4200 元，而这些费用远远低于正式员工每年几乎 2 万的费用。当然，在安排临时雇工时要注意以下几点：

(1) 要尽量定时　定时安排临时雇工，可以使雇工预先安排好自己的时间，保证厨房生产的需要。同时，长期使用一些固定的雇工，可使这些雇工积累工作经验，提高操作技能，减少人事部门招聘费用和人力费用。

(2) 要安排非技术、不重要的岗位　临时雇工在工作中被约束的程度远远小于厨房的员工，所承担的义务或责任也小于厨房员工，所以重要的、技术性要求高的岗位是不能安排的，应安排些易操作的工作。比如运送菜肴、洗涤原料等。

(3) 注意适当的技术培训　尽管雇工的工作属于半技术或非技术的，但为了保障厨房生产的质量，必要的、简单的培训还是要做的。

(4) 注意雇用的时间　对雇工的时间要尽量不少于 3～4h。尽管雇工的小时工作费用高于全日制临时工，但过少的工作时间不会对雇工有吸引力。当然，国内有些饭店使用技校、职校学生另当别论。

在安排员工班次时，还应该注意雇工与员工班次的合理性，将雇工安排到最需要的地方，将调整的员工安排到最重要的地方，以保证厨房生产能够有序地运行。

(二) 安排员工班次

安排员工的班次又称排班。我们知道根据国家劳动部门的相关规定，员工每周都有法定的休息日。而餐饮企业都会根据本企业经营具体的情况安排员工休息的天数。比如根据每周 40h 工作日的规定，每天工作 7h 左右的员工，原则上每周休息 1d；而每天工作 8h 左右的员工，原则上每周休息 2d；有些社会餐饮企业由于招聘的员工有限，基本上不安排员工休息。员工长时间没有休息，会大大地降低工作的效率。

正因为员工有休息的需要，厨房管理者就应该根据经营的要求合理安排人员的班次，保证在营业的高峰期内，有充足的人手来完成厨房生产工作，避免出现多名员工休息的尴尬局面。通常厨房管理者在对员工进行排班时，可以选择按星期排班或按日期排班两种方式，如表 4-4（按星期排班法）。

表 4-4　厨房每周排班表（部分）

部门：

姓名	周一	周二	周三	周四	周五	周六	周日	备　注
炉灶								
员工 1	A	A	A	A	A	A	O	
员工 2	O	A	A	A	A	A	A	
员工 3	B	O	B	B	B	B	B	
员工 4	B	B	O	B	B	B	B	
员工 5	B	B	B	O	B	B	B	
打荷								
员工 6	A	A	A	A	A	A	O	
员工 7	O	A	A	A	A	A	A	
员工 8	A	O	B	B	B	B	A	
员工 9	B	B	O	B	B	B	B	
员工 10	B	B	B	O	B	B	B	

注：O＝休息　A：9:30—13:00　16:30—21:00　B：11:30—14:00　17:30—22:00

主管：

厨房管理者在安排班次时，应该注意几个原则：

① 在生意高峰时期，员工尽可能不安排休息，保证厨房生产的正常进行。通常各地区餐饮生意忙闲不一，厨房管理者应该根据本地区生意集中期来安排员工休息时间。比如多数餐饮企业在周末比较忙，那么周五这天要保证全体人员到岗，就不应该安排员工休息，而尽量将休息安排在周一到周四比较清淡的时段内。

② 两班次的员工要相互协调好。比如 A 班员工不要同时休息，如果在排班过程中出现 A 班人多，而 B 班人少时，可以调整部分 A 班员工改上 B 班，不要出现都上 A 班的现象，防止错过营业时间。

③ 员工休息的时间不要集中在一起。厨房管理者在排班时，要考虑到员工休息不要集中，防止出现某一天少人或无人上班的现象。不要使同一岗位或类似岗位（即水台和案板、打荷和炉灶、炖煲和蒸菜等可以相互替代的岗位）员工在一天中有三人同时休息。

④ 相互配合的岗位在人员安排上要协调好。比如打荷和炉灶本身是一个整体，要尽可能地保证周五、周六、周日是人员最多的时候，如表 4-4，分别为 10 人、10 人、8 人，其他时间都保持 8 人。而对于其他岗位来说，同时休息与否不会在相互之间产生影响，如冷菜与炉灶，点心与砧板，这时就无需考虑人员上述的问题。

无论何种形式的排班，一定要以厨房正常生产为前提，如果出现临时性的生意火爆或大量的预订，厨房管理者应该考虑员工停休，及时调整班次，最终以欠假的形式补给员工，如果人手还是紧张就可以考虑临时雇工。所以再好的班次安排都要服从厨房的生产经营。

（三）安排员工值班

对员工进行班次安排，一般要考虑营业结束后员工值班的问题。因为餐饮企业面对每一位在营业时间段光顾的客人都有接待的义务，一旦顾客进餐消费的时间超过了营业时间，厨房应该有值班人员继续为客人服务。对于一个比较正规的餐饮店来说，这点非常重要。所有额外加班的人员通过填写值班记录可以在以后得到相应时间的补假。

应该说在厨房的班次安排时，B班（D班）厨师都有附带值班的职责，那就是在营业时间结束时，进行收尾检查工作。

厨房安排值班人员通常基于两种情况，一是客人用餐没结束，需要餐厅和厨房继续服务时；一是原料加工没有完成，需要有人看管时。原则上安排值班人员的人数不要太多，因为值班只是完成一些后续的服务和加工工作，且过多的值班人员意味着需要更多的补假，这对厨房的整个运行不太有利，所以厨房管理者应该根据厨房实际需要的人数和要求来安排值班人员。对值班人员班次的安排可以按照正常的A、B班走，以后累积时间补假。也可以另外安排班次时间，比如在原来班次的前提下，提前下班或迟来上班。

对于值班人员而言，由于是最后离开厨房人员，除去必要的服务或加工操作外，检查厨房设备运行状况及关闭相关的设备是其重要的工作之一，故千万不能马虎。对于严格规范的餐饮企业来说，值班人员应该填写厨房值班检查表，保证万无一失。如表4-5。

表4-5　　厨房值班检查表

检查时间	检查项目	检查结果		补救措施
时　分	1. 水龙头	□关好	□未关好	
时　分	2. 煤气总、分阀	□关好	□未关好	
时　分	3. 长明灯	□关好	□未关好	
时　分	4. 电器、照明、空调设备	□关好	□未关好	
时　分	5. 门、窗	□关好	□未关好	
时　分	6. 垃圾桶	□倒空	□未倒空	
时　分	7. 异常情况	□有	□没有	
最后锁门离开时间：　时　分		值班人员签字：		
注：厨房电器包括茶水炉、烤箱、排风扇及切割搅拌设备、电加热设备等。				

本章小结

厨房组织结构的设立可以使员工了解岗位分配的情况，更有效地提高工作效率；了解个人工作责权及与其他员工的相互关系。明白组织结构图显示的路径，使员工知其上下属，知道可能升迁的途径，以及早建立自己的事业目标。

厨房组织结构确立后，厨房人员岗位的框架就有了雏形，如果将每个岗位的工作职责、工作要求、工作程序进行界定，就会形成对厨房人员职位化的描述和厨房生产的体系的确定。这为厨房今后的人员招聘提供了一个依据。

筹划厨房的人力资源，必须在先完成了组织机构的划分，进行必要的岗位设定后，才能确定厨房人员的具体数量。通常厨房人员的配置一向都是餐饮饭店苦恼的问题，因为寻找一个最佳、最有效率的人员配置方案——既要保证企业正常的营业运转人数，又不能加大企业的劳动力成本不是件容易的事情。目前，最佳的方法就是确定餐位数、炉灶数及各岗位之间的比例关系，尽管有公式可以计算，但从实效的角度考虑，确立岗位比例关系的方法还是最有效和实用的。

厨房的人员需要合理的安排，才能发挥他们最大的效率，才能保证厨房生产的正常运转，其方法和手段是多种多样的，厨房的经营管理者应该具备这方面的能力。

习 题

1. 厨房组织结构设置的目的与原则分别是什么？
2. 简述厨师长的岗位职责。
3. 下列上杂人员制作清蒸鱼类菜肴的方法是否正确，请你阐述。

蒸制原料的方法：

清蒸鱼类：蒸前先将菜单贴在盘边或置于案台上，在盘面横放一根葱（8～12cm），再把鱼压着葱条，撒上一片姜（长约4cm，宽约2cm，厚2～3cm，具体情况视鱼体积大小而定）。

4. 按照厨房人员数与餐位数的关系，设计一份厨房人员配置表。条件：餐位数为350人。
5. 按最佳的排班组合将下列的排班表中的空格填好，其中A、B分别代表两个班次，O代表休息（注：员工每周单休）。

员工	周一	周二	周三	周四	周五	周六	周日
张三	O	A	A	A	A	A	
李四	A		A	A	A	A	A
王五	B		O		B		B
赵六		B	B	O	B	B	B
何七	B	B	B	B		B	

第五章　厨房菜单的设计

[学习目的] 了解厨房菜单的基本内容及设计方法，掌握菜单的编排规律，明白菜单定价的基本原则及定价策略。

[主要内容] 菜单的概述，菜单的筹划，菜单的设计与编排，菜单的定价方法及定价策略。

在厨房开业筹划中，需要进行诸如厨房布局规划、组织结构设置、人员配置、设备安排、菜单设计等多方面的设计规划工作，这其中菜单的设计尤为重要，是厨房生产之前需要进行的一个重要环节。因为如果菜单的设计不能达到餐饮企业的目的，换句话说就是不能满足顾客的需求，完成不了餐饮企业的利润，那么之前所有的设计与计划都将成为空谈，所有的辛苦也将付之东流，最终造成人、财、物的浪费。

由此可见菜单设计的重要。菜单是餐厅销售的名片，一份设计精美、赏心悦目的菜单展示的是餐厅的品位，是烹饪技艺的水准。学会安排菜单、设计菜单是每个厨房管理者必须具备的素质之一。

第一节　菜单概述

菜单是确定餐厅经营主题的决定因素，餐厅所有的销售是从菜单开始的。只有充分了解菜单的内涵和设计菜单的真实目的，才能设计出一套完善、理想、有说服力的菜单来。

一、菜单的由来

关于菜单的由来有很多种不同的说法：第一种是“法国人说”，菜单源自1498年的蒙福特公爵（hugo de montford）。他在每次宴会中，总用一张羊皮纸写着厨师所要做的菜的菜名，以便明白当天要吃些什么。第二种说法是“英国人说”，16世纪的布朗斯威克（brunswick）公爵，在私邸宴请亲朋好友，席间每上一道菜，公爵都要看一看自己面前的菜单子，边吃边欣赏。旁边人看了，都认为是个好主意，于是后来纷纷效仿，并逐渐普及。第三种说法是“民间说”，菜单源于欧洲，尤其是法式西餐餐厅，在以前均把菜单的内容用粉笔写在黑板上，挂在墙上，由顾客选择他们所需要的食物与菜肴。后来随着时间的推移，欧洲一些知名的餐厅，把每天供应顾客的食物与菜肴的名称写在纸上或卡片上，这时候的菜单还是用手写的。当然不管哪种说法正确，第一份详细记载并列有各项菜肴细目的菜单是出现在 1571 年一名法国贵族的婚宴典礼上。之后的法王路易十五，不但讲究菜式的结构，也重视菜单的制作，后来菜单就演变成了王公贵族及富豪宴客时不可缺少的物品。

欧洲保存最早的菜单主要是为聚餐会备餐用的食品单。它主要用于厨房备餐，一般不给顾客看。法国大革命后，才把从墙上挂的菜单发展成提供给顾客的单独的菜单。后来在菜单的设计和加强菜单的吸引力方面做了很多努力，并且菜单的形式也随之发生了很大的变化。

中国烹饪的历史较长，很早就有了记述菜肴的文字。但是，就目前所掌握的资料来看，这些文字或书籍记载的大多数是菜谱、食单，主要侧重菜肴食品的配料、制作方法、火候及烹饪时间等。例如《随园食单》、《调鼎集》等。

二、菜单的定义与作用

菜单一词最早来源于拉丁语“minutus”，意为指示备忘录。菜单现在英文的叫法为“menu”，源于法文，有“细微”的意思。根据《牛津词典》，其意义为“在宴会或点餐时，供应菜肴的详细清单、账单”。实际上人们多会把菜单与菜谱（英文称，recipe）弄混淆，一般说来，菜单是向餐客介绍餐饮经营商品的目录单。反映食品的品种，是用于沟通生产与消费的主要营销工具，也是指挥、安排和组织餐饮生产和餐厅服务的计划任务书。而菜谱是介绍菜肴制作方法的食谱。

（一）菜单是重要的营销工具

餐饮企业就是要通过菜单的媒介作用，来推销餐饮服务、餐饮产品，使之成为一个很好的营销工具。菜单是厨房管理人员分析菜肴销售情况的基础资料。厨房管理人员可以定期对菜单上每项菜肴的销售状况、顾客喜爱程度、菜肴的价格敏感度进行分析和调查，从中找到菜肴生产计划、菜肴烹调、菜肴定价上的问题，更有效地帮助管理人员更换菜肴，改变计划，调整价格，完成餐饮企业的菜肴销售工作。

菜单一旦成为销售的工具，它就可以以多种形式出现。首先可以成为艺术品。一份装帧精良的菜单，能够使顾客感到心情舒畅，能让顾客体会到餐厅的用心经营，进而对餐饮企业留下深刻的印象。比如四川眉州东坡酒楼，将菜单的封面用木板来制作，完全像一本古书，一改纸张做封面的俗套，加之上面篆刻名人语句，既具有乡土气息，又有文化品位，很能引起顾客的兴趣；还有些经营私房菜（一种由过去的官府私家菜演变而来的菜肴形式）的饭店，在菜单上动足了脑筋，他们将菜肴的名字写在竹片上，组合成一本竹制菜单，客人每点一个菜肴就拿出有菜名的竹片，递给服务人员。整个点菜过程很具有艺术的美感，仿佛有古朴遗风一般。其次可以成为宣传品。作为宣传品的菜单已经不是固定在餐厅中使用了，它可以成为赠送的宣传单，可以成为图片，可以成为台历等等。比如香港京港酒店将婚宴菜单印刷在台历上，赠送给自己的客户。最后菜单还可以转化为实物展示。比如现在超市式的饭店以实物菜肴展示宴席菜，顾客可以了解即将消费宴席中具体的菜肴，可以一目了然，做到心中有底。而快餐类、专卖形式的店铺则以仿真菜（用硅橡胶制作的菜肴的实物模型）来展示套餐菜单的内容。可以想象，随着电脑的普及，菜单的形式会越来越多，顾客可以通过触摸电脑的操作，选配各种类型的自己喜欢的菜肴。这样菜单的营销功能会越来越大。

（二）菜单是餐饮的计划书

设计一份好的菜单，就相当于给餐饮生产制订了一个完备的计划书。餐饮设备的选购、人员的配置、食品的采购贮存、成本的控制、厨房的布局等多方面的工作进行都需要依据餐饮企业所经营的项目来定。

1. 它决定餐饮设备的选购

餐饮企业选择购置设备、灶具、厨房用具和餐具，无论是它们的种类、规格还是质量、数量，都取决于菜单的菜式品种。经营自助餐的企业就必需要购置一定的保鲜、保温的设备；经营快餐的企业就必需要购置与之菜肴相符的器械设备，比如电炸炉、饮料机等等；经营西餐的企业不会使用中餐的设备，就像煎锅不能替代炒锅一样。显而易见，通过确定菜单，可以决定餐饮企业经营的内容，进而选择适合自身操作的餐饮器械设备。有了适合厨房使用的餐饮设备，在一定程度上又可以决定餐饮企业设备的投入成本。

2. 它决定厨师、服务人员的配备

菜单的内容可以真实地反映餐饮企业的经营档次，这为餐饮企业选拔厨房、餐厅工作人员提供了依据。前面我们介绍过，餐饮企业经营的规模、经营的档次、经营的风味不同，都会影响到厨房人员的配置。比如粤菜擅长经营鲍翅，考虑到制作的效果，应该设专人制作和专人服务；淮扬菜擅长炖焖，对特色菜，也应该设专人制作；对于一些特色的经营项目，像刺身、抛饼、明档烧卤等都要增加人手和服务。可见，菜单的制订给餐饮企业提供了选择各方面人才的权力，餐饮企业只有围绕着自己制订的目标去挑选所需的技术人才，才能搞好餐饮的生产，才能更好、更多地实现利润。否则，不依据菜单的内容，乱搭“草台班子”，只能给企业带来经营的失败。

3. 它决定食品的采购储存

既然菜单中已经确定了销售的内容，那么必然决定了厨房需要购买相应的原料和对原料应有的储存方式。比如，使用固定菜单的餐饮企业，由于菜肴在一定时期内保持不变，企业所需食品原料的品种、规格也相应地保持不变，这就使企业的采购部门选择适合企业的采购方式，保持原料一定的供货渠道，仓管人员选择适合的储存手段，使使用部门——厨房有源源不断的原料，保障生产的供应。而如果企业使用循环菜单或季节菜单，则会有不同的进货方式和储存手段。

4. 它决定餐饮成本的控制

菜单的设计一定要反映餐饮的成本。从经营的角度考虑，一本菜单中最好不要全是价格昂贵、材料珍稀的菜肴，也不要全是精雕细刻、加工繁琐的菜式，如果那样，只能加大成本和增加员工的劳动强度，最终会使企业缩小赢利的空间。所以好的菜单是会适度地掌握工艺操作的难易，合理地安排原料的贵贱，调节各种菜肴的成本比例。

5. 它决定厨房布局

厨房布局和餐厅装饰是会受菜单内容影响的。厨房是加工生产的场所，厨房内各种设备、器械、工具的定位，是要以菜单经营的内容为准则。一般说来，不同的菜单内容会对应不同的厨房布局，而相同的菜单就对应相同的厨房布局。比如在西式快餐中汉堡王、麦当劳、肯德基，都有自己固定的菜单，因此都会选用固定的生产设备，这也使得它们的每一个连锁店的厨房布局基本相同。

（三）菜单是餐饮服务的依据

菜单还决定了餐厅服务的方式和方法，一般零点菜单设计比较随意，可供顾客选择的菜肴较多，服务人员完全可以根据顾客的要求选择上菜的顺序；而宴席菜单设计就比较讲究程序，服务人员一定要根据菜单的顺序来进行服务。在经营潮州菜的餐馆中，服务人员要了解每道菜应该配合跟上的酱碟；在西餐中，服务人员要知道每道菜所使用的刀、叉等等，这些都是菜单所传达的服务指令。所以若想做好服务工作，必须首先知晓菜单，了解菜单的内容、菜单菜肴的烹制方法、菜肴的口味、菜肴的原料等各方面知识，最大限度地服务于顾客，让客人满足求知的欲望。可见，在任何一家新开张的餐饮店中，对服务人员进行菜单培训是必不可少的工作之一。

第二节　菜单的筹划

任何一份菜单的编写都不是随心所欲的，必须经过事先的筹划。餐饮企业在确定了自己的目标定位后，必须要寻找自己的竞争对手和了解经营市场，在充分了解竞争对手和经营市场的前提下，广泛收集各种信息、资料，尤其是掌握对手经营的菜单资料，进行分析、评估，然后设计出自己所要经营的菜肴项目，做到有的放矢，才能保证在日后经营中的优势。

一、菜单的种类

菜单在不同的经营方式下会呈现不同的形式。如果按经营的时间划分，有早餐菜单、午晚餐菜单、夜宵菜单；按菜单的使用周期划分，有固定性菜单、循环性菜单、即时性菜单。所谓固定性菜单就是不常变换的菜单，常用于顾客流动性大的餐饮店中。循环性菜单就是可以周期性使用的菜单，一般在医院、食堂中多用。即时性菜单是某一时期内制订的菜单，有原料、季节上的原因，使用时间较短，变换较快。

在酒店、饭店，我们通常将菜单按其功能分成零点菜单、套菜菜单、特色餐厅菜单和特种菜单四种。

（一）零点菜单

零点菜单又称点菜菜单、单点菜单，是针对零散客人点菜需要的一种菜单，也是最常见、使用最广泛的一种菜单形式。其特点是菜单上每一道菜都标明价格，有些甚至标明原料、烹法，价格的跨度比较大，能满足各种顾客的口味需要。

从零点菜单的餐别上分可以有早餐和正餐两种。一般正餐包括午餐和晚餐，它们通常采用相同的菜单。下面我们分别介绍中、西的早餐、正餐。

1. 早餐零点菜单

（1）中式早餐零点菜单　从目前中式早餐菜单的经营项目来看，一般多为以下几个种类：

① 粥类：包括白粥、红豆粥、皮蛋瘦肉粥、鸡粥、牛肉粥或菜粥等。

② 点心类：主要以中式点心为主，通常有蒸饺、烧卖、肉包、春卷等，还有馄饨（云吞）、面条等。南方许多早餐店还提供牛百叶、排骨、凤爪等荤类，他们统称其为点心。

③ 小菜类：有传统的各种咸菜。

④ 甜品类：有各式的甜点。在南方、港、澳的菜单中多用。

⑤ 茶。

有些餐馆还提供水果。大多饭店早餐不卖酒。当然在我国的香港、澳门地区、南方，早餐多以品种全、经营灵活著称，形成自己独特的粤式风格，有时早餐的经营会延续到十一点钟，这时，供应的品种可能会增加一些特式的小食、例汤等。在我国的大部分地区，早餐点心的品种相对固定，一般多为包子、饺子、烧卖、油条、面条、馄饨等，经营项目的种类和灵活性都逊色于粤式早点。下面为一份粤式早餐单。

煎炸点心		港式点心		甜品	
风味蛋塔王	□小	风味虾饺王	□大	风味汤圆	□小
腊味萝卜糕	□小	豉汁蒸排骨	□中	椰汁马豆糕	□小
香煎马蹄糕	□小	香菇肉烧卖	□中	西瓜汁凉糕	□小
芋丝脆春卷	□小	香茜牛肉丸	□中	**粥类**	
香麻炸软枣	□小	蜜汁叉烧包	□小	避风塘艇仔粥	□大
香煎南瓜饼	□小	贵妃奶黄包	□小	皮蛋瘦肉粥	□中
………		………		………	

小点 3 元　中点 5 元　大点 7 元　特点 10 元

（2）西式早餐零点菜单　西式早餐零点菜单一般按下列几类安排：

① 果汁与水果类：主要有番茄汁、橘汁、凤梨汁、葡萄汁和西瓜、香蕉、橘子、苹果等。

② 餐包类：有面包、果酱、黄油类（如牛角包、丹麦包、烤面包等）。面包与果酱、黄油同时送上。

③ 奶与麦片类：有牛奶、酸奶、各式麦片。

④ 蛋与火腿类：有各种蛋类、火腿、香肠、咸肉类。

⑤ 饮品类：咖啡、红茶等。

下面是一份西式零点早餐单。

水果和果汁类（Fruits and Juices）

橙汁　30.00

Orange Juice

番茄汁　30.00

Tomato Juice

…………

麦片类（Cereals）

麦皮　27.00

Porridge

蛋类（Eggs Selection）

煮蛋、煎蛋、溜糊蛋或水波蛋　27.00

Tow Fresh Farm Eggs any style

(Boiled, Fried, Scrambled or Poached)

新鲜鸡蛋两只，款式任选配一份火腿或培根　35.00

Two Eggs any style with a Portion of Ham or Bacon

奄列　35.00

Plain Omelette

Cheese Omelette

…………

早餐精选（Morning Favourites）

法式吐司　45.00

French Toast

煎饼配黄油或蜜　45.00

American Hot Cake With Butter or Honey

…………

早餐面包（From our Bakery）

早餐面包篮　24.00

Basket of Croissant or Breakfast Rolls

吐司，配黄油、果酱　20.00

Toast (All served with Butter and Jam)

饮品（Beverages）

新鲜咖啡　24.00

Freshly Brewed Coffee

红茶　22.00

Tea

Fresh Milk

……………

加收10%的服务费

2. 正餐零点菜单

(1) 中式正餐零点菜单　中式正餐可以有几种分类形式，一种是传统式的，以原料的类型进行分类，如冷盘类、海鲜类、畜肉类、家禽类、蔬菜类、主食类、汤羹类、甜品类、饮料类；另一种是流行式的，不拘泥于传统的类别，将特色菜肴体现出来，如以常州长兴楼菜单为例，其分类为特色菜介绍、风味凉菜、烧卤类、四川凉菜精选、河鲜海鲜类、鲍参翅肚燕、汤羹炖汤类、野味类、三鸟类、凤城小炒、厨师推荐、卵石风味菜、竹筒风味菜、江南风味菜、家庭小灶、家常沙锅系列、飘香煲仔系列、潮式明炉、铁板类、时令蔬菜、粉面饭类、甜品点心类、夜宵美食熟笼类、煎炸类、粥类、灼煮类、酒水类等20几种类型，基本上涵盖了各种风味、各种菜肴的制作方法，满足了顾客的好奇、求新的需求。下面是一份中式酒店零点单的框架：

烧味、头盘、冷菜类	例	大
乳猪烧味拼盘	48.00	72.00
水晶肴肉	18.00	25.00
………		
鱼翅、燕窝类		
红烧大排翅	260.00/位	
菜胆肘子鸡炖翅	160.00/位	
………		
海鲜类		
白灼基围虾	时价	
XO酱炒虾仁	88.00	100.00
………		
家禽类		
东江盐焗鸡	38.00半只	68.00只
姜葱霸王鸡	38.00半只	68.00只
………		
牛、猪类		
中式牛柳	32.00	42.00
北菇榨菜蒸牛肉	26.00	36.00
…………		
精美小菜		
香煎银鳕鱼	68.00	88.00
脆炸鳝球	45.00	68.00
………		
时鲜蔬菜		
竹笙上素	28.00	38.00

烧味、头盘、冷菜类	例	大
豆豉鲮鱼炆时蔬	22.00	32.00
………		
汤羹类		
韭黄瑶柱羹	48.00	68.00
莼菜鲈鱼羹	35.00	53.00
………		
粉、面、饭		
生炒牛松饭	20.00	30.00
XO酱干炒牛河	30.00	40.00
………		
甜品类		
椰汁炖燕窝	260.00/位	
竹笙雪哈红枣茶	12.00/位	
…………		

(2) 西式正餐零点菜单　西式正餐菜单一般按就餐顺序分类编排菜肴项目，其分类的种类主要有：

① 开胃品。也称开胃菜或头盆、餐前菜，是西餐中的第一道菜肴。其特点是数量小，味清新，色泽鲜艳，具有开胃、刺激食欲的作用。

② 汤。不吃开胃品的客人要先来一盘汤，它也具有增进食欲的作用。

③ 主菜及附属菜。这是西餐的重头戏，通常在全餐中烹调较为复杂，口味也最好。

④ 沙律与三文治、汉堡类。选用各色新鲜未烹调过的蔬菜，可补充人体需要的植物纤维和维生素。

⑤ 甜点。可口的甜点可补足口舌之欲。

⑥ 酒水饮料。包括开胃酒、跟餐酒、饮料、餐后烈性酒及咖啡、牛奶、茶。

下面是一份西式正餐零点单框架：

餐前菜　STARTER

挪威熏三文鱼　80.00

Norway Smoked Salmon

…………

汤类　SOUP

奶油蔬菜汤　40.00

Cream Vegetables Soup

红菜汤　30.00

Borsh Soup

…………

沙拉 SALAD

农夫沙拉 50.00

Farmer House Salad

法式尼斯沃斯沙拉 70.00

Prawns Salad Cocktail

…………

鱼类 FISH

炸鱼块（配青葱、奶油少司） 70.00

Fish Escalop with Leeks and Cream Sauce

黄油大虾（配香芹、大蒜少司） 140.00

Fried Prawns with Garlig and Parsley

…………

肉类 MEAT

美国带骨牛排 280.00

Grilled T. Bone Steak

法国波尔多肉眼牛排 140.00

Grilled Entrecote Steak in Bordeaux Style

…………

餐后水果（甜食） IN THE END

水果沙拉 50.00

Fruits Salad

炸香蕉 30.00

Fried Banana

…………

（二）套菜菜单

套菜菜单就是将各种类型的菜肴，经过合理的配合以后，组合在一起的菜单编排形式。套菜也叫和菜，西式的套菜就是将开胃品、汤、主菜、甜点、饮料等各个类别选配几个菜肴组合在一起以一个价格销售的形式。中式套菜也是在冷盆、热炒、汤、主食、饮料各个类别中选配若干个菜，按一定的原则组合在一起，以一个价格销售的形式。

套菜菜单的种类通常分普通套菜、团队套菜和宴会套菜三种。

1. 普通套菜菜单

普通套菜通常是一个人或几个人吃一餐饭所需要的几种主食、菜肴或饮料的组合，通常提供一种或几种价格供用餐者选择，免去客人点单的麻烦。

（1）西式早餐套餐菜单 大多数西式早餐菜单都有固定的格式，标准的欧陆式早餐套餐、美式早餐套餐、英式早餐套餐销售于世界各国的大小饭店中。一般欧陆式早餐主要有果汁、面包加黄油、果酱、咖啡、牛乳或茶。美式早餐在此基础上加了鸡蛋配咸肉、火腿或香肠。英式早餐又在美式早餐基础上加各种谷麦片或麦片粥任选。下面是一张西式早餐套菜单：

欧陆式早餐

THE CONTINENTAL BREAKFAST

自选果汁

各类精选面包，配黄油、果酱或蜂蜜

咖啡，无咖啡因咖啡，茶，热巧克力或鲜乳

choice of chilled fruit juice

our baker's basket with butter，assorted jam and honey

freshly brewed coffee，decaffeinated coffee，tea，chocolate or milk。

美式早餐

THE AMERICAN BREAKFAST

自选果汁

各类精选面包，配黄油、果酱或蜂蜜

鲜蛋两只配瑞士土豆和火腿，烟肉或香肠

自选酸奶或麦片

咖啡，无咖啡因咖啡，茶，热巧克力或鲜乳

choice of chilled fruit juice

our baker's basket with butter，assorted jam and honey

two farm fresh eggs any style served with hash brown potatoes and

bacon，ham or sauasages

Choice of yoghurt or cereals

freshly brewed coffee，decaffeinated coffee，tea，chocolate or milk。

在香港，有些饭店的经营者将繁琐的西式早餐套餐进行简化，并将中式早餐和西式早餐结合，形成一种中国人能接受的早餐套菜单。下面是一个例子：

特式早餐　SPECIAL BREAKFAST　　上午7：00～11：30

薄牛扒、火腿煎蛋、多士

Steak，Ham & Fried Eggs w/Toast

石斑、肠仔煎蛋、多士

Garoupa Fillet，Sausage & Fried Eggs w/Toast

煎猪扒、烟肉炒蛋、多士

Pork Chop，Bacon & Fried Eggs w/Toast

…………

咖啡或茶

Coffee or Tea

每客20元 冷饮加2元，鲜奶加3元

(2) 西式正餐套餐菜单 西式正餐套餐较全面的由一份开胃品、一份汤、一份主菜、面包黄油、甜点及咖啡组成。最简单可以一份汤、一份主菜加面包和黄油组成。下面是一张西式套餐菜单：

星期一 意大利鸡蛋多士肉汤 Italian Toast Meat Soup
意大利扒大虾配意大利黄油饭 Roust Prawn with Italian Butter Rice
红酒啤梨 Red Wine Peas

星期二 腌火鸡片 Satted Twikey Stice
东方海鲜锅配米饭 Oriental Sea Food with Rice
炸香蕉拌鲜忌廉 Fried Banana with Frech Cream Cut Cake

…………

星期六 意大利杂菜汤 Italian Vegetable Soup
海鲜草原牛肉 Sea Food Grassland Beef
黑森林蛋糕 Black Forest Cake

每套价：56元

(3) 中式早餐套餐菜单 中式早餐套餐的形式根据各地风俗不同，形式也有不同，但无论何种形式，点心、粥、茶等品种是一致的。下面为一张淮扬早餐套餐菜单：

冷菜：水晶肴肉 高丽虾仁 金钱冬菇
炝虎尾 洋菜鸡丝 泡黄瓜

调味碟；扬州酱菜

热菜：鸡汁干丝 三鲜锅巴

点心：三丁包 萝卜酥饼 五仁油糕
虾仁蒸饺 翡翠烧卖 绿茵白兔

(4) 中式正餐套餐菜单 中餐套菜菜单的种类很多，当前经济型的大众套餐深受工薪阶层的欢迎。下面是一张中式正餐套菜单：

阿一鲍鱼菜单

中华鲟龙套餐 四位用1800

特色拼盘

（椒盐鲜鱿、沙律海鲜卷、麻辣海蜇、炸蟹盒）

泰国椰青炖翅 4位

原只（3头）南非鲍或青边鲍4只（任选一款）

黑椒牛肋骨

鲜龙两食（蜜豆炒秋、姜葱头腩）

白粥或白饭　任选

生磨芝麻糊

奉送生果拼盘

（5）中式下午餐套餐菜单　在南方许多地方，由于生活习惯和气候的影响，还有下午餐存在，其实下午餐的主要内容与正餐大致相同，只是在菜单的选择上更多地采用小吃类食品，而就餐的形式更加随意和自由，人们更多的是品茶，很少饮酒，这类餐厅更趋向于一种休闲化。下面看一则下午餐套餐菜单。

热狗、汉堡、石斑、猪柳包配薯条（任选一款）

吉列猪扒、吉列石斑配沙律（任选一款）

日式炸饺拼春卷（各两支）

…………

鲜味肉丸河粉

生炆牛腩河粉

各款下午茶餐配饮品　　每客20　冷饮加2元　鲜奶加3元

2. 团队套餐菜单

团队套菜单是针对各种会议或旅行团队所编写的菜单。团队套菜一般需要大批量生产，多是便餐，一般很少饮酒，较之商务餐而言，对服务的要求不高。从目前来看，由于旅游、会议的团队都存在住宿的问题，餐饮只是满足正常的果腹需要，与其他类型的菜单相比价位不高，尤其是旅游团队。所以团队菜单多以实惠的、家常的菜肴为主，主要目的是让团队客人填饱肚子。为此不下饭的油炸、酸甜菜肴要少上，而小炒、焖烧的菜要多上。下面介绍一种类型的团队套餐菜单：

400（会议餐）

美味双冷拼

翡翠牛肉片

青椒里脊丝

京酱爆鸡丁

三色蒸水蛋

金葱扒大鸭

沙锅炖羊肉

珍珠嫩肉圆

苏式豆瓣鱼

鸡汁煮干丝

清炒小油菜

萝卜酥腰汤

米饭

3. 宴会菜单

宴会菜单是为某种社交聚会而设计的，具有一定规格质量，由一整套能相互配合在一起的菜肴组成的菜单。从宴会的形式上来分，可分为桌筵式和自助式两种，其中桌筵式中餐使用较多，主要有庆典式、商务式和特色式三种；而自助式在西餐中使用较多，主要有自助餐、鸡尾酒会、冷餐酒会等形式。桌筵式菜单根据其宴请的对象、宴席的规格、宴请的目的等可以有不同，但由于中餐习惯上的要求，通常由三大组菜组成，一是冷菜，二是热菜、大菜、汤、甜品，三是点心、主食、水果、茶等。而自助式菜单由于从西方传来，更多地采用冷食、点心为主。

（1）庆典宴菜单　庆典宴会菜单多指各种以节庆、贺禧、祝福之类的主题为目的编写的菜单，一般从菜单中要反映出主办方的某种意图和目的，菜肴的名称一般也多选用吉利的词语，讨“口彩”以满足客人的需要。通常在粤菜菜单中，我们经常可以看到这类菜单，它的形式一般有几种，一种是利用谐音。比如“发财好市”是“发菜蚝豉”的谐音；另一种是利用意音，比如“平步青云”是表达升迁的意义，具有祝福的内涵；还一种是利用嵌字格的形式，表达吉庆的意图，即在每个菜肴的名称中，嵌入字（多为第一个字），连接起来形成一句祝福的话语。目前这类的庆典菜单比较多，通常出现在婚宴、生日宴、寿宴、庆功宴、谢师宴、年夜饭菜单等等上。看下面一张庆典宴菜单：

满堂喜庆宴

阖府安康———————川粤大拼盘

家家欢乐———————玉环瑶柱脯

平步青云———————云腿乳鸽柳

安居乐业———————锦绣炒虾仁

共度新春———————红烧鸡丝翅

贺岁增寿———————双菇扒时蔬

新年进步———————清蒸海石板

春满华堂———————南乳吊烧鸡

幸福炒饭

金银伊面

核桃汤丸

羊城美点

——香港京华酒店菜单

（2）商务宴菜单　商务宴菜单一般是为进行洽谈、商务、接待活动的客人提供的具有一定规格、档次的菜单。商务菜单一般的规格标准较高。从中国人的接待礼仪来说，宴席标准越高，说明接待的客人的档次、级别就越高。所以一般商务宴席的菜单，多会使用一些高档、贵重的原料，菜式精细而气派，菜单封面的设计也比较讲究档次。

当然，在竞争的压力下，商务宴菜单也接近平民化，有时可以以每人、每位的形式出现，降低单位餐的价格，使在人少的前提下，照样可以享受精美的菜肴。目前港、澳地区比较流行。下面列举的商务菜单应该具有一定档次和影响力。

主题：汪辜会谈菜单

情同手足……乳猪鳝片

琵琶琴瑟……琵琶雪蛤膏

喜庆团圆……董圆鲍翅

万寿无疆……木瓜素菜

三元齐集……三色海鲜

兄弟之谊……荷叶香稻饭

夜语华堂……官燕炖双皮奶

前程似锦……水果拼盘

龙族一脉……乳酪龙虾

时间：1993 年 4 月 27 日

地点：新加坡海皇大厦

主题：APEC 会议餐菜单

迎宾龙虾冷盘

开胃四小吃

（瑶柱辣椒酱、黑鱼子酱、

琥珀橄榄仁、糖醋三椒）

翡翠鸡蓉羹

清炒蟹黄虾仁

香煎鳕鱼松蓉

锦江烤填鸭

天鹅新鲜水果

巧克力慕斯蛋糕

时间：2001 年 10 月 21 日午

地点：上海

（3）特色宴菜单　特色宴席菜单多是为某一主题而制订的，有一定独特风格的菜单。它的种类也比较多，有以古代事件为主题的，比如红楼宴、仿唐宴、琼林宴；有以景点为主题的，如西湖十景宴、洛阳牡丹宴；有以原料为主题的，如海参宴、鱼翅宴、螃蟹宴、三头宴等；以季节为主题的，如秋瑞宴、春晖宴；以人物为主题的，如梅兰宴、乾隆宴、板桥宴等。下面是一份特色宴菜单：

西湖十景宴

苏堤春晓———————冷拼盘

曲院风荷———————莼菜汤

断桥残雪———————爆鳝背

三潭印月———————炒三鲜

南屏晚钟———————炸响铃

花港观鱼———————糖醋鱼

柳浪闻莺———————扣本鸡

平湖秋月———————糯米蟹

双峰插云———————两点心

雷峰夕照———————银耳羹

（4）自助餐菜单　自助餐多是提供一定种类和数量的菜肴，不管客人选用多少，只按规定的价格收取每位顾客的费用。自助餐顾名思义是自己为自己服务，从食品的选取到寻找餐位都可以根据自己的意愿而来，所以这种餐饮形式深受一些顾客的欢迎。这种来自于西方的斯堪的纳维亚式的就餐方式，目前在港、澳、大陆比较盛行，尤其是早餐，在许多酒店已完全采用自助式的经营方式。除去正式的自助餐外，目前大陆也在寻求中西合璧式的自助餐形式，不过几年前在港、澳地区，将冷菜、点心自助，而热菜由顾客挑选的点菜方式应该值得我们借鉴。下面一份中西合璧式自助餐单。

冷菜：（西）澳洲龙虾沙拉　挪威腌三文鱼　新西兰青口　里安拿肠　青岛冻虾
（中）麻辣海蜇　盐水鸭　五香花生　烧味拼盘　卤水拼盘　烤乳猪
（亚洲特式）新加坡蔬菜沙拉　日本寿司拼盘　泰式粉丝沙拉

沙拉：西生菜　番茄　黄瓜　酸什菜　胡萝卜　火腿粟米粒　土豆　西蓝花
四季豆　菠萝鸡肉　鲜蘑菇

开胃品：黑橄榄　青橄榄　炸包丁　脆腌肉　番茄酱　芥末酱　酸黄瓜　荞头

汤：霸王花南北杏煲猪手（中）　海鲜奶油汤

热菜：小牛扒什菌汁　米兰猪柳　鸡皇酥盒　红酒烩牛尾　西卤桂鱼　烤鸭
咖喱目鱼　什锦沙爹配料　炸海鲜　蒜香酥骨　土耳其烤羊肉

主食：烟肉蘑菇炒意面　扬州炒饭　白米饭

青菜、土豆：炸粗土豆条　什菜煲　清炒荷兰豆　烩萝卜　扒番茄

肉车：烧牛肉青椒粒汁（美国）

火锅：生菜　菠菜　小白菜　鲜菇　香菇　豆腐　粉丝　面条　鸡肉　猪肉　牛肉

猪肝　牛百叶　云吞

甜品：（西）猕猴桃蛋糕　黑森林蛋糕　法式什饼　朱古力毛士　热面包布甸

焦糖吉士　水果冻　橙汁班戟　椰汁布甸　鲜果盘　椰汁鲜果西米露

（中）萝卜丝饼　芝麻酥　蛋塔　叉烧酥　糯米酿藕　红豆糕

面包：法包　面包棍　硬包　软包　芝麻包　洋葱包（装饰面包篮）

（三）特色餐厅菜单

特色餐厅主要是专门经营特色风味产品的餐厅，这种餐厅可以说是从众多的餐饮企业中挑选几个或几十个特色的产品，专向经营，以在竞争的市场中找到立足之地。由于这种风味店产品少而精，对于喜好某一食品的顾客很有吸引力，所以其市场还是巨大的。

1. 快餐店菜单

不去追溯快餐的历史，我们只知道麦当劳、肯德基、比萨饼给我们带来的众多启示，它们已经向世人宣布了快餐是一种世界范围的产业。无论西式快餐还是中式快餐，其实它最大的特点主要来自两个方面：①快速的产品制作，一般生产和服务的时间是2～15min，家庭送餐不超过30min。②适宜用手指食用，具有可随意丢弃的包装，还可能有随意丢弃的刀叉、餐具。下面是一则中式快餐店的菜单，价钱后面的括号是食客点菜打勾用的。

老乡面点之家		粤之春		南北一家	
担担面	9.00（　）	荷叶糯米鸡	6.50（　）	葱香卤肉饭	12.00（　）
炸酱面	9.00（　）	豉椒蒸排骨	6.50（　）	红烩牛肉饭	12.00（　）
酸辣肉末凉面	9.00（　）	豉椒蒸凤爪	6.50（　）	梅菜排骨饭	15.00（　）
水饺	7.50（　）	酱肉包	4.50（　）	黑椒排骨饭	15.00（　）
鲜肉锅贴	7.50（　）	素菜包	4.50（　）	香酥排骨饭	14.50（　）
鲜肉馄饨	6.00（　）	桃仁豆沙包	4.50（　）	什锦菜炒饭	12.00（　）
		及第粥	5.50（　）		
手拉面/刀削面系列		生滚鱼片粥	5.50（　）	**套餐系列**	
清炖牛肉面	13.50（　）	皮蛋瘦肉粥	5.50（　）	咖喱鸡套餐	14.50（　）
红烧牛肉面	14.50（　）	八宝营养粥	5.50（　）	红烩牛肉套餐	17.00（　）
雪菜肉丝面	10.00（　）	香甜粟米粥	2.50（　）	豉椒鱼球套餐	17.50（　）
榨菜肉丝面	10.00（　）	紫米粥	2.50（　）	黑椒排骨套餐	17.50（　）
香酥排骨面	14.00（　）	酸辣粉	6.50（　）	梅菜排骨套餐	17.50（　）

2. 风味餐馆菜单

风味餐馆一般是提供特色餐饮的餐馆，其种类很多，可以经营单一种的产品，也可以多种类产品，价格便宜，经济实惠，重点突出菜肴的风味特色。比如火锅菜单、寿司店菜单、面食专卖店菜单等等。

有时在餐饮竞争激烈的前提下，一些小型的餐饮企业另辟蹊径，经营一些专卖或特色风味餐厅，其实这不啻为一个好的经营思路，值得我们借鉴和学习。

下面是上海避风塘特色餐饮店菜单（部分）：

（A）美食类

避风塘辣椒炒蟹（原只特级青蟹）（大辣/中辣/小辣）	例盘 120
椒盐中虾	例盘 25
椒盐富贵虾（濑尿虾）	例盘 25
椒盐九肚鱼	例盘 25
豉椒炒田螺/油盐水凤爪	每款 15
油盐水花蛤/青口/蛏子/鱼云	每款 20
酸甜炒花蛤/青口	每款 20
避风塘豉椒炒花蛤/青口/蛏子	每款 20
…………	
避风塘炒面（小辣）/豉油王银芽炒面	每款 12
避风塘腊味炒米粉（小辣）/银芽腊味炒米粉	每款 12
干炒牛河/韭黄（河粉）	每款 16
避风塘烧鸭腿汤河粉/汤面/汤米粉/汤粉丝	每款 18
避风塘烧鸭汤河粉/汤面/汤米粉/汤粉丝	每款 13
原煲老火汤（每款二碗起售）	每碗 12

（菜肴和粥、粉、面、汤类价格均为例盘/碗价格，点心类每客约为 100g）

（B）饮料类（略）

（C）啤酒类（略）

（四）特种菜单

特种菜单一般是为特殊的行业或特殊的部门服务，有时在大众餐饮店或普通的酒店中不多见。

1. 客房送餐菜单

客房送餐由于是餐厅的额外服务，所以大多数饭店都会收取一定金额的服务费。不过需要注意，餐厅送餐到客房要经过一段时间，在服务中一定要有辅助设备作保证，比如保温车、保温容器。另外，菜单中的菜肴不要选烹制方法复杂或加工时间长的菜肴。

客房送餐菜单的形式有多种，可以是以菜单形式出现的，可以是挂于门把手上的，也可以是放于床头卡片式的。

天府丽都喜来登房间服务餐牌（卡片式）

炸芝士春卷拌葡萄白汁	30	（可选多士、麦包或法包配四种配料：
日式炸鸡翅	30	青瓜、洋葱、番茄、火腿、腌肉、
自选三文治	35	烟鸡胸肉、烧牛肉、芝士牛油或白汁）

炸鱼柳拌葱条	30	韭黄肉丝炒面	40
泡椒凤爪	25	火鸭汤通粉	40
酸甜炸云吞	25	白粥、皮蛋瘦肉粥	
扬州炒饭	35	牛肉粥、鸡球粥	40
粤式干炒牛河	40		

以上价格需加收15%的政府税和服务费

新加坡港丽酒店房间服务餐牌（悬挂式）

早餐食谱

港丽早餐　27.00

任选果汁或豆奶

□橙汁　□黄梨汁　□番石榴汁　□西印度柚汁

□芒果汁　□番茄汁　□豆奶

季节水果大拼盘

芦笋加荷包蛋

酸乳酪类任选

□低脂肪　□原味　□水果味道

烘全麦面包

佐以牛油、人造奶油、果酱和蜜糖

饮料

□咖啡　□洋菊茶　□热巧克力　□无咖啡因咖啡　□茉莉花茶

□脱脂牛乳　□英式早茶　□日本绿茶　□冷牛乳　□伯爵洋茶

□薄荷茶　□热牛乳

欧式早餐　19.50

任选果汁或鲜果

□橙汁　□黄梨汁　□番石榴汁　□西印度柚汁

□芒果汁　□番茄汁　□季节水果大拼盘

任选三种面包糕点

□牛角面包　□烘烤　□酥卷　□丹麦酥饼　□松糕　□黑麦面包

佐以牛油、人造奶油、橘子等果酱和蜜糖

饮料

□咖啡　□洋菊茶　□热巧克力　□无咖啡因咖啡　□茉莉花茶

□脱脂牛乳　□英式早茶　□日本绿茶　□冷牛乳　□伯爵洋茶

□薄荷茶　□热牛乳

日式早餐　27.00

·烤汶鱼·蒸日式饭·Nikujaga 牛肉和马铃薯

·味噌汤·沙律和日本调味品·炒蛋

·海藻·日式 Pickles·绿茶

快捷早餐　8.00

饮料

□咖啡　　□茶

任选二种面包糕点

□牛角面包　　□丹麦酥饼　　□松糕

特制美味糕饼

□什锦糕饼（250g）　20.00

□香蕉面包（200g）　6.00

2. 航空菜单

航空菜单一般是提供给乘坐飞机的乘客使用的。航空菜单的菜式多不复杂，以西餐形式出现的为多，都附有中、英文文字说明。具体式样如下：

新加坡航空公司菜单（英文略）

新加坡—香港	香港—新加坡
3 小时 35 分	3 小时 25 分
早午餐	午餐
特选果汁	开胃小菜
开胃鲜果	香茄鱼柳
	胡萝卜
金针香姜鸡	杏仁芥蓝花
香芹炒胡萝卜	莳萝马铃薯
炒饭	
香菇煎蛋卷	橘酱猪肉
犊肉香肠	什锦时菜
番茄与玉米	春葱饭
洋葱马铃薯	
	乳酪与苏打饼
甜品	甜品
果子馒头—全麦面包	面包与牛油
牛油—橙酱	巧克力
咖啡—红茶/中国茶	咖啡—红茶/中国茶

3. POP菜单

POP菜单（Point of Purchase Advertising）又称卖场广告菜单，一般将饭店经营的特色菜肴部分或全部印在、写在纸、口布、桌面、墙壁等地方，起到宣传、推广的作用。顾客不需翻菜单就能了解本店的某些特色菜肴。下面是一则印在一次性餐巾包装纸上的菜单。

上海滩十大名菜

脆皮乳鸽　美味凤节　鸭血四宝　椰香青豆泥　响油鳝糊　蟹粉玉粒　砂煲翅

生煮鱼头　淮扬狮子头　红烧带皮大王蛇

浓郁的旧上海二三十年代怀旧氛围，就座于此，聆听着淡雅的琴声，品尝着色味俱佳的美食，享受着情趣盎然的人生，让你置身于经典浪漫的氛围中，享受着独一无二的好滋味。

订餐热线：××××××××

二、筹划菜单

在经营中，各个餐饮企业以菜单的形式表现自己的经营内容。一个新开张的餐饮企业首先应该了解菜单，通过对菜单的分析、整理，选出自己的经营目标，然后进行定位，在确定可行的前提下，考察竞争对手，分析市场，预测菜肴流行趋势，最终形成书面文字，为菜单的设计提供参考。

（一）经营目标的定位

经营目标的定位就是要确定餐饮企业经营的方向、选择经营的档次和面对怎样的竞争对手，这样搞清自己的经营目标，才能选择自己的经营范围。经营范围的确立要切忌求全、求满，恨不得将所有的餐饮项目都成为自己的经营内容，这是不切合实际的做法，许多餐饮企业的经营教训是值得我们借鉴的。

1. 主营的方向

确立餐饮企业的经营方向，就是要确定企业的经营风格，是小吃、快餐、特色餐厅还是酒楼、饭店，不同的经营风格有着不同的经营模式。一定要让企业及员工了解餐饮的内容，知道企业主营的菜肴特色及经营的特点。比如快餐企业要求菜肴少，制作加工简捷，速度要快，周转率要高；酒楼、饭店要求菜肴要多，最好要有一定的特色菜肴，服务要到位等。

2. 经营的档次

经营何种风味、采用何种档次，是企业一定要确定的。档次无外乎高、中、低三种档次，当然就实际的经营效果来看走中间路线难度较大。一般选择高档和低档最佳。不过走高层路线需要有强大的资金作后盾，而走低层路线尽管投资较小，但竞争的群体较多，也需要做出经营的特色。

事实上，以上只是对经营档次的一个粗浅的理解，实际工作中在高档、中档、低档经营中还应该分别包含高档中的高、中、低档次的经营，中档中的高、中、低档经营，低档中的高、中、低档经营。比如某一老三星级酒店，在给自己的档次定位时选择的是星级酒店中的最低档，其菜肴价格最实惠，但服务和硬件并不落后，结果生意一直兴旺。

3. 面向的客户

餐饮企业的客户是经营的主要对象。每一个企业的影响力、品牌效应是企业客户群大小和范围的决定因素。对于一般新开张的餐饮企业来说，不具备影响力和品牌效应，所以客户群的来源要以自己企业的周边一定范围作为选择对象。以步行市场区来说，一般顾客愿意去离自己在三四个街区为半径的范围内的饭店就餐，或者步行 15～20min 的时间范围内。而对驾乘市场区来说，一般开车或乘车在 20～30min 之内的范围区域，人们愿意就餐，如果是开车的更希望有良好的停车位。在餐饮经营中，一种现象不容忽视，那就是有特色、名气大的餐厅，人们愿意花时间前去就餐，而经济餐馆和快餐店的购买属于即时性决策，一般不会为吃顿无关轻重的饭，而开车、乘车或走路去消耗无谓的时间。

新开张的餐饮企业一定要先考察自己周边范围内的客户，尽可能地得到这些客户的饮食资料，在未来的餐饮经营活动中，建立必要的客户档案，了解客户的需求和饮食习惯，首先要先让周边的客户认可自己的产品，然后再努力创造品牌，扩大影响力。

（二）竞争对手的调查

对竞争对手的了解是新开张企业最基本的工作思路。可以通过试餐、查看菜单、体验服务等多种方法，来了解自己的对手，从中寻找竞争点，然后做出自己的菜单计划。

1. 选定竞争对手

任何竞争都是有对手的，在众多的餐饮企业中，一定要挑选对自己构成威胁的竞争对手，不要胡子眉毛一把抓，将不是竞争对手的对象列入自己的竞争名单中。比如经营酒店和经营快餐的，不会直接产生竞争，除非酒店经营快餐项目。

当然，竞争的对手是可以变化的，任何一家餐饮企业在经营范围较小的时候，其竞争对手也较少，但随着餐饮企业经营的发展，经营项目的增多，影响力的增大，其竞争对手会越来越多，有时甚至可以是境外的竞争对手。

2. 确定调研的方式

调研竞争对手的方式很多，可以有直接式和间接式两种。直接式就是上门去试餐，了解竞争对手的经营项目，包括菜单、菜肴、供餐的方式、服务的内容等。间接式就是通过收集竞争对手在相关的媒体、报刊、杂志上刊登的广告，及从多方面了解竞争对手在客户心中的口碑。表 5-1 是一种菜肴市场情况调查分析表。这种表可以让经营者清晰地了解竞争对手在菜肴经营中存在的优势与劣势。

3. 寻找竞争点

通过调研得到竞争对手的许多的相关资料，就可以寻找自己的竞争点了。一般是先找对手的弱点，比如在价位、菜肴质量、品种、风味等多方面有无不足，比较自己的优势，再找突破对手弱点的方法，主要是自己在经营中应该借鉴和参考的地方，避免犯对手所犯的错误，最后吸取对手的优点，弥补自己的差距。当然如果竞争对手的实力确实较强，那么也可以考虑转向，避开竞争对手的项目，寻找一个中间地带。

表 5-1　　菜肴市场情况调查分析表

主要竞争对手	A饭店		B饭店		C饭店		D饭店		备注
类别 / 菜肴	价格	质量	价格	质量	价格	质量	价格	质量	
虾类菜肴									
蟹类菜肴									
桂鱼类菜肴									
……									
猪肉类菜肴									
牛肉类菜肴									
……									
鸡肉类菜肴									
鸭肉类菜肴									
……									
菌类菜肴									
……									
豆腐类菜肴									
……									
蔬菜类菜肴									
……									

4. 做出菜单计划

当最终确定了竞争点后，我们就可以进行菜单的编写计划。这其中一定要注意以下几个原则。一是菜单要能满足市场的需要；二是菜单要反映出经营的方式，努力形成自身的特点；三是要能实现既定的毛利率，实现餐饮企业的利润；四是保持各类品种数量上的合理平衡；五是选择的品种是烹调所能及的，不能生拉硬套；六是菜单要不断的创新，要预备各种类型的菜单，保留发展的空间。

（三）菜肴发展的预测

除了对竞争对手有所了解外，对菜肴发展的走向也要学会预测、把握。只有把握菜肴的发展方向才能满足对餐饮要求日益提高的顾客的需求。

1. 季节性的变化

尽管现在原材料受季节影响的可能性越来越小，但就选择的菜肴来说季节对人们影响还是巨大的。比如冬季老百姓讲究进补，瓦罐、砂煲之类的菜肴必然增多；夏季讲究熏脑解毒，汤水、清凉的菜肴必然增多。往往经营反季节的菜肴可能会付出更多的代价，所以大部分餐饮企业会随季节而变化，随季节调整自己的经营品种。

2. 流行趋势的变化

餐饮流行趋势就是餐饮企业根据不同的顾客需求，提供种种新颖的经营模式，在一段时间内形成各企业跟风之势，以此来带动市场的发展，博得顾客的欢心。一般说来在餐饮业，形成餐饮经营的流行趋势主要以以下几种方式表现。

(1) 流行的经营方式　主要以独特的经营模式来取悦顾客。比如新颖的超市式自选餐厅、自助式海鲜店、特色专卖的粥面店、敞开式厨房的小吃店、茶餐厅等等。

(2) 流行的就餐方式　主要以各种形式的就餐手段来满足顾客。比如现场表演的印度抛饼、日本烧烤；自取自食的回转寿司店；增加顾客参与（比如顾客自己包汤圆），挑选或制作的餐饮店等。

(3) 流行的菜肴款式　主要以各种菜肴的烹制技法、原料、调味方式形成特色，而带动菜肴的流行。比如营养食品仙人掌、芦荟，烹调独特的水煮鱼、香辣蟹，形成系列操作的避风塘、咸蛋黄焗等。

三、选择菜肴

菜肴在选择上要反映出餐厅的经营风格，要符合餐厅顾客的需求。在这种前提下，草拟菜肴，首先要确定菜肴的种类，要将风味菜肴、流行菜肴、拿手的特色菜肴分别列出，时令菜、高、中、低档菜分别列出，从中进行挑选。其次确定菜肴的数量，对于一个中型规模的经营中餐的社会餐厅，菜肴的数量至少要有80个品种，而大多数在150个左右，有些甚至可以达到200个左右；快餐、特色餐饮店其品种一般只在40～60个。前者如果品种太少客人选择的范围太小，没有吸引力；后者如果品种太多，菜肴的上桌速度就会降低，特色餐的可操作性也会降低。再次评估菜肴的可行性，这其实是对菜肴进行筛选，要考察菜肴在本店厨房中的可操作性、原料供应情况、原料的质量、市场的价格等等因素，去掉不适宜的菜肴，形成初稿，再经有关人员审核，成为试营业的菜单。

经过试营业的菜单还需要修改，所以在试营业中我们要注意菜肴的销售情况，通过手工或电脑做销售记录卡。将记录的数据进行分析，找出畅销、高利润，畅销、低利润，不畅销、高利润，不畅销、低利润的菜肴来，将它们分类。凡是畅销、高利润的菜一律保留；凡是畅销、低利润的菜作招牌吸引客人，保留；凡是不畅销、高利润的菜，留做吸引高档客人的菜肴，凡是不畅销、低利润的菜，选择性地取消，进行换菜处理。如此一来经过初步的筛选，会使菜单中的菜肴具有一定的生命力，这也为未来菜单的修改提供依据。

需要注意的是连锁经营的餐饮企业尽管会有现成的、经营比较成熟的菜单，但在另一地方开分店时也要经过市场的检验，切记在一个地方成功的菜单，到另一个地方不一定是成功的。

第三节　菜单的设计与编排

菜单作为餐饮生产和经营的计划书，在外观的设计、内容的编排上一定要合乎规律，否则菜单的作用就不能体现出来。

一、菜单的设计

菜单的设计包含了菜单内容的设计和菜单外观的设计两方面。

（一）菜单的内容

菜单内容的安排一定要注意将最有效的信息传递给顾客，使顾客能迅速地了解餐厅经营的项目及与这些项目有关的各种信息，比如特色的菜点、辣与不辣的菜点、菜肴上桌的顺序等等。

1. 菜单的内容

从现存最古老的菜单中，我们可以发现除了介绍菜名外，还有上菜的顺序，每道菜虽无详细的文字说明，但主要的原料可以一清二楚。当然，当时菜单的功用并非商业目的，所以菜单的价格没有列入。演变至今，餐饮业使用菜单的目的已经非常明晰，就是要让顾客了解餐饮企业所提供的各项服务，为此菜单的内容通常包括三个方面：

（1）菜肴的名称和价格　任何一本菜单都少不了菜肴的名称和价格。原则上菜单中菜肴的名称一定要真实可信，切不可故弄玄虚、华而不实。如果确实需要用艺术名称的，旁边一定要附带说明。对于要配有外文的菜肴，名称翻译得要准确，否则会令外国客人茫然。比如名为“红烧大鲍翅”的鲍翅，应该译成“Shark’s Fin”而不要通过字面意思翻成“Abalone’s Wings”，鲍鱼是没翅膀的。这种翻译就如同将“狮子头”翻译成“lion head”一样可笑。

菜肴价格的标列，切不可随心所欲，一定要经过仔细的计算，并由物价部门认可方可标列其上。曾几何时，有些饭店为牟取暴力不择手段，最终失去了诚信，失去了顾客。现在的餐饮经营者一定要注意顾客不是“冤大头”，任人宰割，价格制订的不合理，会使企业在竞争中失去地位，导致经营的失败。

（2）菜肴的介绍　现在餐饮竞争的激烈是有目共睹的，这从菜单中可见一斑，过去的菜单只需写名价格和名称就可以了，现在为了更吸引顾客，拉近顾客，有些饭店甚至将菜肴的数量、主料和烹法都一一地在菜单上注明，有些特殊风味的菜肴还加上了典故，既让顾客保持一种不被欺骗的感觉，又让顾客体现饭店的文化品位。总之顾客有什么样的餐饮需求，饭店都能尽量的给予满足。所以菜单中必要的菜肴介绍是不可少的。

(3) 菜单的说明　菜单中有了菜肴的介绍、菜肴的价格、名称，并不说明菜单的内容就齐全了，有时菜单中必要的说明也是让顾客产生美好印象的前提，比如有些饭店将餐厅的介绍、地址、电话、店标、营业时间、是否加收服务费等促销信息都印在菜单上，使顾客可以从中得到许多饭店的信息。作为饭店来讲，这种做法不失为一种好的促销手段。

2. 菜单内容的安排

菜单内容的安排一般是要讲究一定顺序的，有时候还要有重点和非重点之分，使本店的特色、主打菜肴能被顾客牢记在心，为饭店培养品牌产品做准备。

不同类型的菜单其实都有其讲究的排菜顺序，只不过明显的程度不同而已。这种顺序一般都是按照人们进餐的习惯来进行的。这里仅以中式零点菜单、宴席菜单、西式菜单为例。一般零点菜单不论其名称起得多么吸引人，其菜肴排列的顺序都是依照冷菜→热菜(海鲜、湖鲜、家畜、禽类、小炒、特色锅)→汤羹→时蔬→主食（饭、面、粉)→点心→饮料的顺序进行的；而宴席菜单也是按照冷碟（可带主盘)→热炒→大菜（头菜、二菜、三菜)→素菜（蔬菜)→汤→主食→点心→水果的顺序进行的。西餐菜单是按西方人的习惯来的，一般其顺序是开胃品、汤、沙律、主菜、三明治、甜点、饮品。

菜单按顺序排列不等于顾客就一定按顺序去点菜，其实将菜点放在怎样的位置上是很有讲究的。如果要使菜点推销效果显著必须遵循两大原则，即最早和最晚原则。列在第一项和最后一项的菜肴最能吸引人们的注意，并能在人们头脑中留下最深刻的印象。经过调查，顾客几乎总是能注意到同类产品的第一个和最后一个，尤其是排列在第一位的菜肴。经过实验，被排在首位的菜肴，销售量大大地增加了。可能人们都是习惯从上向下看，从开始向后看的原因吧！当然菜肴的位置排列只是一种手法而已，能真正给客人留下印象的关键是菜肴的品质、口味，千万不能舍本逐末，只重视排列，忽视烹饪的技法和操作。

当然，菜单上有些重点菜肴、高价菜、特色菜或套菜可以单独进行推销。这些菜不要列在各类菜通常的位置，应该放在菜单显眼的位置。种类不同的菜单位置是不一样的。

对于单页的菜单而言，应以横线将菜单对分，菜单的上半部是特色菜肴安排的重点；对于二折菜单而言其右上角是重点；对于三折菜单而言其中间部分是顾客首先注意的地方，接下来是右上角，然后是左上角，再左下角，之后是右下角，最后回到中间；对于多页的菜单中间部分是重点，然后是前页与后页。掌握这些原则可以充分抓住顾客的心理，及时推销饭店的特色菜肴。如图 5-1 所示。

（二）菜单的装帧设计

菜单的装帧设计是一门学问。尽管可以由专业人士进行设计制作，但对于使用者——餐饮管理人员还是应该了解相关的知识，这样可以给专业人士提供一定的指导，使设计好的菜单既美观又实用。因为一张装帧精美的菜单，对菜单的促销效果会产生好的影响。在香港一些设计师还将自己的简介印在菜单上。

1. 菜单的规格

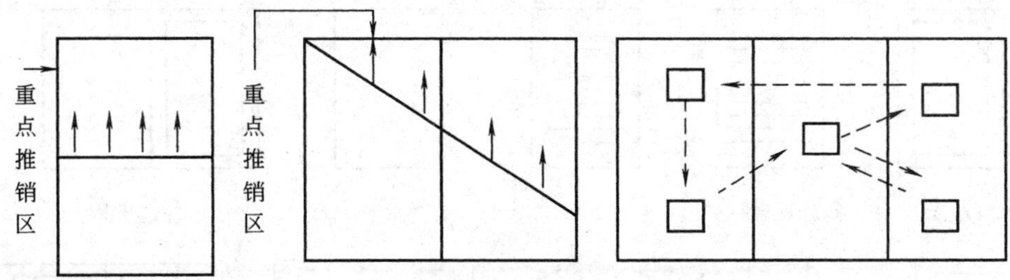

图 5-1 菜肴重点推销区示意图

菜单要递给客人翻看，所以要有适合的比例尺寸。根据美国餐厅协会对顾客的调查材料，菜单最理想的开本尺寸为 23cm×30cm。其他规格的开本尺寸为，小型 15cm×27cm 或 15.5cm×24cm，中型 16.5cm×28cm 或 17cm×35cm，大型 19cm×40cm。

在文字的安排上，一般要求字间不要太密，菜单的篇幅应保持一定的空白，通常文字占总篇幅的面积不超过 50%。当然，还可以选择插页，插页可以是图片或特别的介绍，一般图片最好是彩色的，用一部分图片取代文字，可以刺激食客的消费欲望。应该注意的是插页的多少要控制好，不能安排过多，防止顾客无从下手，使点菜时间过长。

2. 菜单的纸张与颜色

从菜单的纸张质量好坏，一般可以看出餐饮店经营的档次。由于经济实力的不同，一般西餐店，港、澳、台等地区饭店，各高星级饭店所使用菜单的纸张较高档，而普通的餐饮企业菜单的纸质差异就比较大。目前中国菜单用纸主要有以下几类：胶版纸、铜版纸、特种纸等。选用何种质量的纸张，其实完全取决于餐饮企业的经济实力，因为菜单纸张的好坏会影响到经营投资的成本，所以有些饭店将菜单承包给服务人员，由她们看管、维护，这实际也是个好办法，可以有效地防止菜单缺失，可以保持菜单的整洁。

菜单纸张的颜色一般要和餐厅的经营模式相协调。比如快餐店的菜单颜色多为红、黄相间的颜色，有活力和跳跃性；而古典餐厅的菜单颜色要古朴、稳重，像紫、灰、深红的颜色都是可选的色彩；而有宫廷色彩的餐厅，其皇家气氛较浓，那金色、黄色是少不了的颜色。在一般菜单颜色的选取上，我们多用金色、银色、铜色、绿色、黄色、蓝色等。当然，光注意选色，不注意搭配也不行，比如菜单中文字较多时，为增加易读性，纸张的底色不宜太深。有的红、蓝色太深的话，以黑色字印刷，文字就难辨认，还容易花眼。所以菜单封面的颜色一般不要和菜单夹页的颜色相同，要使菜单有美丽的外表、易读的内容。菜单设计的规格参考图 5-2。

二、菜单的编排

菜单编排原则上要讲究三“S”，即简单化（simple），菜单内容清晰，一目了然；标准化（standard），菜单的内容分量要讲究一定的标准；特殊化（special），菜肴的配置必

图 5-2 菜单设计的规格参考图

须风格独具、引人入胜。一份编排好的菜单既要能反映饮食口味的变化和潮流，还要完全符合消费者的需求。

（一）菜单编排的步骤

在对菜单作了通盘的了解后，接下来便要从众多的菜肴中挑选最适合餐厅使用的菜肴，其步骤如下：

① 根据一般市场的需求，从食谱、烹调书籍、餐饮杂志、相关菜单、自己掌握的菜肴中列出所有合适的菜肴，以供参考。

② 通过市场调研，删除会因产地、季节而改变的问题项目。

③ 逐项分析剩余的菜肴在制备过程中所需的设备和能力，并且除去无法达成的项目。

④ 将现存的菜肴逐一试煮、试吃，建立每道菜的标准食谱，若烹调的品质难以维持，

宁愿舍弃这道菜。

⑤ 历经前面 4 个步骤的筛选，一个餐厅的菜单就基本产生了，见图 5-3。

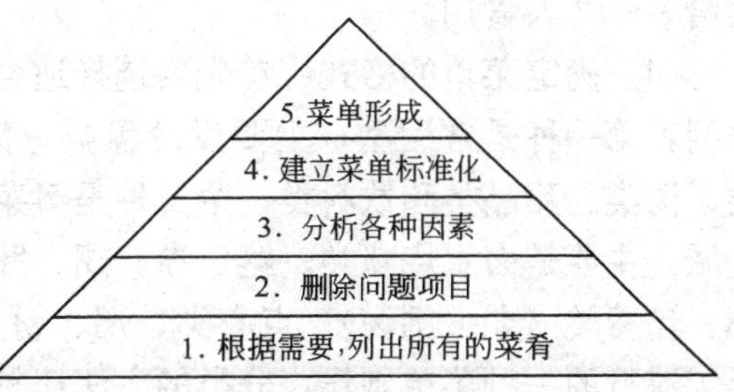

图 5-3　菜单形成金字塔

在实际工作中，不同的菜单编排的方式有所不同，下面就各种常用类型的菜单分别进行分析。

（二）零点菜单的编排

零点菜单从表现形式上看一般有两种，一是大菜单（大菜牌），另一种是小菜单（小菜牌）。大菜单比较正规，是按照一定的规格设立的，反映了饭店和酒店的经营方针与风味，其菜肴的数量较多，主要方便客人挑选，通常选用的菜肴一旦确定将不会轻易改变，原因有二：一是大菜单上的菜肴是饭店和酒店的主打菜肴，是经营特色的反映，应该一年四季都有；二是大菜单的制作费用比较高，随意更换将意味着成本费用的增加。小菜单一般比较灵活，菜肴可多可少主要是弥补大菜单的菜肴不足，且制作成本不高，这样既给顾客一种常吃常新的新鲜感，又能不断地鼓励厨师翻新菜肴。

小菜单出现的形式比较多，有根据四季不同制作的春、夏、秋、冬四令菜单，突出季节原料，以淮扬菜为例：春季的刀鱼、夏季的鳝鱼、秋季的螃蟹、冬季的鲫鱼都能体现季节特点；有根据风味不同制作的潮州、淮扬、客家、湘味的风味菜，突出各地选料、加工、调味的特色；有根据节气不同制作的元宵、端午、中秋的节令菜，突出不同节日的风俗习惯；有根据主题不同制作的豆腐、盆菜的特色菜，突出这类菜肴独特的一面；有根据销售不同制作的外卖、堂食、特选的菜肴，突出除菜肴外便利服务的一面；另外，还有以盛器为主的煲、锅子、铁板系列菜，以调味方法为主的避风塘、金沙、辣子、剁椒系列菜，以加工方法为主的桑拿、盐焗、锡纸包系列菜。除菜肴外，靓汤、粥饭也可以成为制作系列，成为小菜单的内容之一，当然，如何使用主要是看店家的需要来定。

1. 大菜单的编排

零点大菜单的编排有以下的一些步骤：

（1）确定菜肴的风味　我国菜系众多，确定一种风味或几种风味糅合比较容易。是广东风味、四川风味、淮扬风味还是湖南风味，还是兼而有之，要根据具体情况来定。因为不同风味都有其固定的模式。比如广东风味中卤水、烧腊类是必不可少的，淮扬风味炖焖菜是不可少的等等。

（2）确定菜肴的数量　现代餐饮为了保证有足够的菜肴给顾客挑选，一般零点菜单中所选的菜肴不能少于 80 种，通常保持在 150 种左右。

（3）确定菜肴的用量、盛器　菜单中菜肴的用量一般都是与菜肴的价格相对应的，同时与餐具也对应。通常小份是提供给 1～4 人食用，中份是提供给 5～8 人食用，大份是提供给 9～12 人食用。

(4) 确定菜单的格式　首先要选择适合的类型，通常大菜单的编排可以使用以下几种类型：第一种是常用型，主要设冷盘类、海鲜及鱼虾类、肉类、家禽类、蔬菜类、主食类、汤类、甜品类和饮料类；第二种是粤菜型，由于粤菜风靡全国，其分类方法自然自成一派，主要是卤水烧味类、鲍、参、翅、肚类、海鲜类、畜肉类、家禽类、煲仔类、蔬菜类、汤羹类（老火例汤）、点心类、粥、粉、面、饭类和饮料类；第三种是改良型，这是近年流行的一种菜单制作，分类的方法比较随意，除了将冷菜、热菜、点心、汤羹、饮料分开外，热菜基本没有定式，将选菜的权利交给顾客，如海鲜类、蔬菜类都采用依照原料点烹调方法的形式。如下面一则菜单所示：

河、海鲜类
桂鱼（清蒸、西卤、刺身）
美国加州鲈鱼（广式清蒸、刺身、干烧、剁椒蒸、酸菜锅子煮）
河鳗（蒜子煲、红烧、豉汁蒸、香炸）
活梭子蟹（清蒸、姜葱、避风塘、芙蓉蛋蒸、花雕蒸）
花蟹（清蒸、姜葱炒、咸蛋黄焗、避风塘、牛油焗）
……………

以上菜单所有的烹饪方法都标注在原料之后，方便客人的挑选。另外，有些菜单还将菜肴主、配料的分量标明，让顾客能知道菜肴的内容。如下面一则菜单所示。

精美（家常）篇

新派杭三鲜(肉皮 150g　鱼圆 75g　猪腿 50g　肉圆 50g　大虾 25g
火腿片 15g　竹笋 25g)　…………………………………… 28 元
片制鸭下巴（鸭下巴 1 只）　…………………………………… 4 元
腊笋千层肉（腊笋 250g　条肉 300g）　…………………………… 28 元
荷叶粉蒸肉（炒粳米粉 50g　荷叶 50g　夹心肉 100g）　……………… 6 元/块
……………

其次菜单内容之间的比例要合适，一般冷菜∶热菜∶大菜∶点心∶其他的大致比例关系是 10∶30∶50∶5∶5；再次高、中、低档的菜肴搭配要合理，质好的占 25%～40%，中档的占 45%～50%，低档的占 20%～25%。当然，在菜肴编排时还应该注意，要根据厨房的技术实力和设备条件选择菜肴，菜肴不要无限制地增加，因为，客人大多不会将很多的时间花费在点菜上，况且，菜肴太多会使客人无所适从。同时菜肴太多会加重厨师的负担，容易出现缺售的现象，质量也会打折扣。另外菜肴太多会增加整个厨房员工的工作量，如管事部的洗涤工作、厅面的服务工作、传菜部（pantry）的上撤菜工作。在人手不足的情况下，每一次工作量的提高都预示着各项工作的质量会下降，反而事倍功半。

2. 小菜单的制作

小菜单的数量安排相对来说比较灵活，少则几道可以是一种纸卡插在台号牌上，多则几十道可以制成小些的菜单本，制作的方法基本和大菜单相同，但形式上可以不拘一格，既可以搞成带有一定主题的菜单，如中秋菜、重阳菜、淮扬菜、谭家菜，也可以搞专门的系列，如火锅系列、煲仔系列、锅仔系列。

零点小菜单的编排相对于大菜单来说比较容易，因为它可选菜的余地较大，在不同的季节、不同的节日、不同的主题下都可以制作，用以调动食客的食欲和弥补大菜单的不足。通常菜单内容安排并不复杂，如下列菜单是系列的豆腐菜：

汤羹类

拆肉豆腐鱼翅

西湖鲜菌豆腐羹

……

海鲜类

干烧桂鱼豆腐

三色虾蒸豆腐方

……

地方风味类

咸蛋焗豆腐

回锅肉豆腐

……

小菜单制作时还应注意几点：菜肴的数量不要太多，一般10～30个；最好要有相应的主题内容介绍或说明，以让顾客了解酒店或饭店菜肴推广的内容；有折扣或加收的项目应标注在显著位置。

当然，零点菜单的编排并非一成不变，随着经济的发展，人们需求的提高，满足顾客成为经营中不变的真理，新颖和符合现代潮流的菜单将会占主导地位，如日本的一些餐馆用硅橡胶制作的仿真菜肴可以说是一种以模型实物制作的菜肴，给人一种直观的印象。再如目前香港酒店中流行一种自助式零点小菜单，费用是固定的，以每位多少钱计，冷菜、点心自助，热菜即点即食，所有热菜写在一张点菜单上，随叫随点，菜肴按每人的量供给，如再需要可以再点，不另外加费，此种方式非常的经济和实用，对菜肴不构成浪费。

（三）宴席菜单的编排

宴席菜单的形式一般有几种，其中比较讲究的是商务菜单和庆典菜单（婚、寿等等）。

1. 商务菜单的编排

商务菜单顾名思义是在商务活动中使用的菜单，一般档次较高，讲究高质量的菜肴和服务，可以说设计的难度是比较大的，如果不具备有一定的专业素质是很难高质量完成的，这正是困惑许多厨师的地方。当然商务菜单的设计并非无章可循，如果我们先确定好菜单的数量就是先开了个好头，需要注意的是商务菜单原则上数量不要太多，以精细为主，有条件的话尽量分食。

商务宴席菜单的编排应讲究一定的原则，除了先确定人数、价格和特殊要求外，对内容的安排，一要使菜单中原料的种类尽可能不重复，二要使菜单中原料的烹法尽可能不重复，三要使菜单中菜肴的口味尽可能不重复，四要使菜单中使用的盛器尽可能不重复，只有这样才能使整个宴席菜肴有高低和起伏，不至于平淡无奇。

商务宴席菜单的编排首先应了解宾客的情况，这点是很重要的，不同国家、不同风俗、不同民族的饮食习惯、禁忌是不一样的，如果不加以了解会犯忌讳。如信奉伊斯兰教的人不食猪、鳗、甲鱼、螃蟹等食物，尽管我们认为是美味的东西，但给他们食用是犯忌的。另外不同的人群、不同的生理状态对饮食也有不同的要求，像老百姓与美食家对菜肴的数量要求都不一样。其次，确定菜肴的品种，宴会菜单和零点菜单的不同之处就在于它讲究上菜的内容和上菜的程序，星级酒店宴会菜单的内容通常要求热菜是八菜一汤，而社会饭店多是14～16道菜加一汤。这样我们就可以以下列的形式进行菜单的制作。

冷菜：上桌的形式有多样，可以是一个主盘配八个围碟，也可以是单独的八个单碟。在广东、福建地区，习惯上是拼盘形式。

热炒：通常提供二至四道热炒，是宴席中不可缺少的项目之一，热炒多以煎、炒、烹、炸、爆、熘、炝、灼等快速的烹调方法制成，在星级酒店由于数量的限制，所以热炒多为二只。

主菜：也称大菜，是菜单中的重头戏，一般有干货、海鲜、畜禽类、素菜及鱼类等项目。通常主菜中先上的多为干货制品，价高质美体现档次，如鱼翅、海参、鲍鱼、干贝等；主菜后的二菜、三菜可以从海鲜、禽肉、畜肉、水产类中选择，烹调的方法可以是烧、炸、熘、焖，四菜一般是清蒸鱼类，接着是素菜，素菜至少包括一道蔬菜，正常是两道素菜。

甜菜：根据酒席的需要可以有所选择。在东南亚、我国港台地区，多食用甜品，一般每道酒席中都必须要有，通常是菜肴结束后再上。

汤菜：只能有一道，宴席的汤要比团队会议的汤质量高，大多是浓汤，一旦是清汤必定是上汤。有些地方也将汤先上，或变成羹的形式先上，美名开胃羹。

点心：正常是两道，多为一甜一咸，一荤一素，一酵一酥。如果是以点心著称的饭店，点心的道数可以再增加。

主食：多为饭、面、粥类，一般宴席只上一道。

水果：宴席水果一定是加工过的或高质量的水果。

在编排商务宴席菜单时，对于品种的确定应当考虑到两种变化：一是菜单价格的变化，即一桌是多少钱。这时就要合理地选择价值相当的菜肴进入菜单。比如黄焖蹄筋、黄焖鱼肚和黄焖鱼翅同样可以作主菜，但黄焖鱼翅可以出现在价高的菜单中，而黄焖鱼肚只能出现在价中的菜单中，黄焖蹄筋只能出现在价低的菜单中。二是来宾人数的变化。如果菜单价格一定，来宾人数多，其数量和质量就会发生变化，比如10人1000元一桌和4人1000元一桌，菜肴的质量就不相同，因为10人桌是平均100元/人，而4人桌是平均250元/人，所以菜单设计时既要考虑到数量，又要考虑到质量。可以看出，人数和价格是宴席菜单设计中的两个变量，把握的好与坏会影响到宴席菜单的最终质量。最后，注意上菜的顺序，一旦菜肴确定其顺序就依照排菜的顺序上，通常是先冷后热，先菜后点，先炒后烧，先咸后甜，先淡后浓。下面是一则北京饭店的宴席菜单：

花式大拼盘
八冷菜
四调味
芹菜鱼丝
清炒鳝糊
黄扒鱼翅
牛头海参
生吃龙虾
豆瓣桂鱼
绣球干贝
三丝鸭卷
人参裙边汤
点心四样
八宝饭
水果拼盘

需要说明的是在宴席菜单制订后，一定要有精美的盛器和优良的服务对菜单进行相应的辅助，否则菜单设计的结果将达不到最佳。

2. 庆典菜单的编排

对于庆典菜单来说，编排的方法如同商务宴席菜单，只不过在菜肴的选取上要合乎各地的风俗习惯，必要时可以使用吉利的词语美化菜肴的名称。下面以婚宴为例来说明。

婚宴菜单在编排时一定要注意：一是依照一定的风俗习惯下单。二是防止忌讳的食物上座，如豆腐、大粉类食物。三是菜肴的名称尽可能吉祥。

婚宴对各地区的人们都是比较重要的，它要求菜单中要体现民俗或带有喜庆的内容，编排起来相对容易，只要套模式即可。如扬州一带的婚宴讲究三整，即整鸡（做汤用）、整鱼（做蒸菜）、整鸭（做烧菜）；另外，一定要有四炒菜和一只头菜（大菜），忌使用豆腐菜。由于风俗和习惯的影响，原则上菜肴的数量要多，最好能剩下来，这样主人脸上才有光，其实这是一种不好的习惯，应加以改进。广东和香港的婚宴就在名称上下工夫，原则上第一道要上乳猪或拼盘，第二、三道是炒菜，接着是鲍鱼、鱼翅，再下来是清蒸整鱼，最后是一道鸡菜。如下所示是一则扬州某饭店的婚宴菜单和香港某酒店婚宴菜单。

扬州某饭店的婚宴菜单

金陵嫩鸭
八位冷碟
白灼基围虾
银杏牛柳粒
避风塘花蟹
三鲜烩鱼肚
酸菜炖甲鱼
女儿红扒鸭
清蒸活桂鱼
鲜百合西芹
广州炒饭
龙凤汤
桂圆枣莲
美点双辉
时令水果

香港某酒店的婚宴菜单

鸿运乳猪全体
发财蒜子柱脯
富贵干烧虾
糖豆花枝带子
螺头鸡炖鲍翅
碧绿金钱鲍片
清蒸大青斑
金华玉树鸡
海皇炒饭
上汤水饺
美点双辉
雪蛤炖银耳
鲜果拼盘

当然，为了使菜单的设计效果达到最佳，商务菜单和庆典菜单也可以根据具体的情况在外部形式上进行适当的调整。比如，香港某酒店的商务菜单就带有一定的吉祥寓意，菜单如下：

大展宏图宴

万家增寿———————鸿运猪全体
事事顺境———————鲜带拌金蚝
胜意吉祥———————玉簪明虾球
意锦华归———————双冬扒菜胆
四季平安———————肘片炖鲍翅
时运亨通———————鹅掌美鲍脯
兴隆顺境———————清蒸海东斑
旺丁旺财———————京华茶皇鸡
锦绣糯米饭
龙牙伊府面
鸿运庆团圆
鸳鸯美点心

满堂喜庆宴

阖府安康———————川粤大拼盘
家家欢乐———————玉环瑶柱脯
平步青云———————云腿乳鸽柳
安居乐业———————锦绣炒虾仁
共度新春———————红烧鸡丝翅
贺岁增寿———————双菇扒时蔬
新年进步———————清蒸海石斑
春满华堂———————南乳吊烧鸡
幸福炒饭
金银伊面
核桃汤丸
羊城美点

如果将两菜单的首字连读即为“万事胜意，四时兴旺”和“成家平安，共贺新春”。再比如，香港的京港酒店对婚宴单进行了改进，就是将许多菜肴分成几个版块，然后再让客人进行排列组合，使客人选择的空间增大。菜单如下：

头盆：请自选一款
1. 鸿运乳猪大拼盘
2. 海蜇大红乳猪件
3. 鲜果甜心明虾沙律
4. 彩虹三星拱照大虾沙律（B）
5. 大红乳猪全体（B）
6. 鸾凤和鸣迎金猪（C）

两热荤　第一度：请自选一款
1. 香酥葡汁凤尾虾
2. 千岛蜜桃海鲜卷
3. 瑞雪珊瑚喜明珠
4. 红粉艳丽鲜虾仁（B）
5. 香酥玉带凤飞翔（B）
6. 红鸾星动添姿彩（C）
7. 琥珀海象戏珍珠带子（C）

第二度：请自选一款
1. 如意百合鲜带子
2. 翡翠蚌片鲜带子
3. 爱巢琥珀海中宝
4. 鸳鸯龙凤锦绣球
5. 金丝百花蟹钳（B）
6. 发财玉环瑶柱脯（B）
7. 碧绿明珠鲜带子（C）

鲍鱼：请自选一款
1. 鹿筋扣鲍脯
2. 海参扒鲍脯
3. 北菇花胶蚝皇鲍片
4. 红烧鹅掌扣鲍脯（B）
5. 虾子柚皮金银鲍脯（C）
6. 蚝皇原只鲜禾麻鲍（C）

鱼翅：请自选一款
1. 龙凤海皇大生翅
2. 金枝玉带海虎翅
3. 双喜红烧鸡丝生翅
4. 红烧海虎大生翅（B）
5. 鸿运亨通菜胆翅（B）
6. 珠联璧合炖勾翅（C）
7. 呈祥红烧菜胆勾翅（C）
8. 鸳鸯凤液津胆勾翅（C）
9. 鸾凤和鸣大生翅（C）

活鱼：请自选一款
1. 双喜斑
2. 双杉斑
3. 双星斑
4. 大青斑（B）
5. 大杉斑（B）
6. 海星斑（B）

家禽：请自选一款
1. 鸿运脆皮龙岗鸡
2. 情浓手烤鸡
3. 荔轩脆皮蒜香鸡
4. 婆娑椰林烧鸡
5. 鸾凤和鸣双喜鸽（B）
6. 白加德脆皮火焰鸡（C）

蔬菜：请自选一款
1. 金钱双宝蔬
2. 瑶柱扒双蔬
3. 玉竹扒翡翠
4. 珊瑚鸳鸯蔬
5. 云彩珍宝蔬（B）
6. 扇影现金蔬（C）

甜品：请自选一款
1. 百年好合
2. 莲子红枣茶
3. 凤凰马蹄露
4. 幸福团圆
5. 鲜百合绿豆爽
6. 琥珀核桃露

面类：请自选一款
1. 虾子干烧伊面
2. 幸福伊府面
3. 北菇上汤生面
4. 雪菜火鸭丝伊面
5. 上汤水饺生面（B）

饭类：请自选一款
1. 良缘锦绣饭
2. 彩虹虾仁炒饭
3. 银湖海皇烩饭
4. 福建炒饭
5. 鲍鱼鸡粒烩饭

点心：
鸳鸯双美点

生果：请自选一款
1. 合时鲜橙
2. 精美时令鲜果盘（B）

6. 虾汁海皇烩伊面

以上款式婚宴菜式可自由选择，每席供十二位用

(A) 每席3880元，可随意选择菜式，除列明 (B) 或 (C) 外

(B) 每席4080元，可随意选择菜式，除列明 (C) 外

(C) 每席4480元，可选择任何菜式

自助式婚宴菜单

（四）西餐菜单的编排

西餐菜单编排的内容包括前菜类（Hor d'Oeuvre），汤类（Soup），鱼类（Fish），主菜类（Middle Course）或肉类（Meat），冷菜或沙拉（Salad），点心类（Dessert）及饮料（Beverage）等七个项目。

前菜类：也称开胃菜、开胃品或头盘，是西菜中的第一道。其特点为，分量少，味清新，色泽鲜艳。现代欧美常见的开胃菜有鸡尾酒开胃品、法国鹅肝酱、俄国鱼子酱、苏格兰鲑鱼片、各式肉冻、冷盘等。

汤类：汤与其他菜的性质不同，具有增进食欲的作用，不吃开胃菜的客人可以先来一碗汤。

鱼类：鱼类可视为汤类与肉类的中间菜，味道鲜美可口。

主菜类或肉类：西餐的重头戏，烹饪方法较为复杂，口味最独特。材料多为大块肉、鱼、家禽或野味。注意以肉食为主的主菜必须搭配蔬菜使用，原因有二，一是减少油腻，二是增加盘中色彩。常用的配菜为各色蔬菜、马铃薯等。

冷菜或沙拉：生的蔬菜可以补充身体所需的植物纤维及维生素，因此将生的蔬菜做成各式的沙拉，可以符合人们节食和养生的需要。同时沙拉还可以作主菜类的装饰菜。

点心类：点心的品种主要包括各色蛋糕、西饼、水果及冰淇淋。

饮料：主要以咖啡、果汁或茶品为主，可以供应冷、热饮料，传统西餐菜单与新式西餐菜单对照见表5-2。

表5-2 传统西餐菜单与新式西餐菜单对照表

传统西餐菜单	新式西餐菜单
1. 冷前菜(Hor d'Oeuvre Froid) 2. 热前菜(Hor d'Oeuvre Chaud) 3. 开胃点心(Savoury)	1. 前菜类(Hor d'Oeuvre)或开胃菜
4. 汤类(Potage)	2. 汤类(Soup)
5. 鱼类(Poisson)	3. 鱼类(Fish)
6. 大块菜(Gross Piece) 7. 热中间菜(Entrée Chaud) 8. 冷中间菜(Entrée Froid) 9. 炉烤菜(Roti)附沙拉(Salad)	4. 主菜类(Middle Course)或肉类(Meat)

续表

传统西餐菜单	新式西餐菜单
10. 蔬菜(Legume)	5. 冷菜或沙拉(Salad)
11. 甜点(Entremets) 12. 餐后点心(Dessert)	6. 点心类(Dessert)
13. 冰酒(Sorbet)	7. 饮料(Beverage)

（五）自助餐菜单的编排

自助餐是靠菜肴的展示来吸引顾客的，因而自助餐的形式一定要吸引人，同时对自助餐台及设备的要求也比较高，同样要具有吸引力。通常餐台一定要进行艺术化的布置，要有主雕、鲜花和各种饰品进行装饰，餐具设备要具有保温和保鲜的功能。对于自助餐的主体内容——菜肴，一般有以下的要求：

① 选用能大批量生产且放置后质量不下降的菜肴。热菜要选用能加热保湿的品种。

② 选用大众化、大家喜欢的食品，避免使用个别群体喜欢的风味菜。

③ 尽量选用能反复使用且易存放的食品，比如冷食、生食、糕点类的食品。

④ 注意菜肴颜色的搭配，要挑选颜色比较鲜艳的菜肴。

尽管自助餐看起来比较随意，可以安排各种类型的菜肴上桌，但就其内容来看，应该分为以下几类：

冷食类：各种原料制作的冷菜。

沙拉与水果：各色蔬菜、水果沙拉、时鲜水果。

热菜：热汤及各种炖、炸、炒的鱼、肉、家禽、蔬菜等食品。

甜食：各色蛋糕、面点或其他甜食。

主食：各种米、面制品，如面包。

饮料：各色的饮料、酒类。

自助餐来自西方，由于此种餐饮形式比较自由，不受拘束，故采用的酒店、饭店较多。目前自助的形式也很多，有海鲜自助餐、西式自助餐、日本自助餐、中式自助餐，还有中西合璧的自助餐。当然，不管哪种形式的自助餐都要按照要求来进行选菜、编排，切不可随心所欲，违背原则。下面我们看一则西式鸡尾酒会菜单。

冷食单
(选二种)
烤牛胸肉
浸卤汁的鲑鱼
烟烤牛腰肉
烤鱼片

热开胃食品
(选五种)
大茴香鸡翅膀
椰子果和啤酒虾
鳕鱼饼和意大利南瓜
豌豆馅面包

烤火鸡胸肉
甜火腿

自助餐桌
(选五种)
加勒比腊肠和番茄
各式乳酪
生菜和汤
切片的新鲜水果
鳄梨沙拉和三角玉米饼
鹰嘴豆泥和填馅面包
莴苣片
新鲜土豆加酸奶油和鱼子酱
醋泡虾
鱼糕夹黄瓜片
夹心雪豆

茄子卷
干酪蛋奶酥球
墨西哥鸡翅膀
肉串
虾味吐司
菠菜馅饼
中国蒸饺
夹心葡萄叶

甜品桌
(选三种)
用巧克力覆盖着的草莓
巧克力松露
林茨夹心大蛋糕
蛋白杏仁饼干
大胡桃块
粉色小蛋糕

自助餐在经营中菜单还可以每天设立不同的主题，每周一轮换。在一周中采用不同形式的自助餐菜单，根据不同的主题来装饰、点缀餐厅，营造一种特殊的就餐氛围是一种新的经营自助餐的方式。下面是天府丽都喜来登饭店一周的不同形式的主题自助餐。

星期一：渔海归来之夜
Monday Fishermans Village
星期二：南美烧烤之夜
Tuesday South American BBQ
星期三：美国牛肉之夜
Wednesday American and U. S. Beef
星期四：亚洲美食之夜
Thursday Asian Continent
星期五：欧洲佳肴之夜
Friday European Continent
星期六：甜点精灵之夜
Saturday Sweet Dessert and Cooking with Fruits
星期日：家庭欢乐午餐（每位人民币 98 元）
Sunday Family Lunch RMB98 per Person

国际大荟萃晚餐
International Buffet

每位人民币 118 元
RMB118 per Person

第四节　菜单的定价

餐饮管理者在对菜单定价时必须考虑到菜肴价格与菜肴质量相符的问题，因为菜单的价格决定着顾客的购买行为和餐厅未来的客源人数，同时还关系到菜肴原材料成本的控制问题，关系到餐厅能否赢利的问题。菜单的定价对企业实现的经济效益有着非常深远的影响。菜单的价格就像杠杆一样调节着顾客的购买行为、餐厅的赢利行为，调节得好两者都可以达到最佳，调节得不好总有一方要蒙受损失。

一、菜单定价的原则

在管理比较规范的星级酒店，厨房的管理人员不是菜单定价的最后确定者，更多的是由财务部门统一进行核算，只需要厨师长提供菜肴的主配料的比例，这样能使菜肴的价格保持在一个准确的价位之上。而在社会餐馆中，厨师长大多成为菜单定价的主要负责人，他们往往凭借自己的经验，或“拍脑袋”即兴发挥，或参考同行业的菜单价格，不考虑自己的经营方针，盲目地借鉴，结果张冠李戴，失去了客人，丢掉了信誉。为此，对菜单定价时要掌握一定的原则和方法。

（一）依据餐饮的经营方式

非同类、连锁的餐馆、饭店的菜单价格不可能完全相同，因为经营方式上的差异，使他们都会选择适合自身的定价策略。具体可以从以下几个方面来看。

1. 经营的风味

经营风味上的差异，往往可以决定餐饮企业选择适合风味类型的定价策略。比如经营燕鲍翅的酒楼其独特的风味就已经显示了其所用原材料的价格肯定高于普通酒楼、饭店，经营火锅生意的饭店其独特的风味也显示了其所用原材料的价格肯定低于普通酒楼、饭店。当然，同一种风味类型的餐饮企业，由于技术力量和原材料进价的影响，其菜单的价格也会有差异。相对来说，品牌类风味菜肴的价格肯定会高于同类的菜肴，比如北京全聚德的烤鸭的价格就要高于其他烤鸭店烤鸭的价格。另外，连锁经营的餐饮企业也会选择不同消费水平不同的定价策略。比如肯德基、麦当劳同样的品种，在不同消费水平的城市价格不同。

2. 经营的档次

选择不同的经营档次（高、中、低档），显然，菜单的定价会不一样。这主要取决于原材料的进价和饭店所规定的毛利率，档次高的饭店原料进价成本较高，加之高的毛利率，菜单定价自然会高。反之，低档的餐饮企业原料进价成本低，有较低的毛利率，菜单定价自然会低。其实，不论价格高低，只要菜单中的菜肴价格与品质、服务相符都会顾客盈门的。

3. 经营的手段

由于餐饮企业属于服务性行业，它的产品不能大批量生产，而是根据顾客的指令进行小批量生产，加之服务员直接向顾客服务，其人工费用在餐饮价格中占很大比例，菜肴的价格自然不会低于同等类型的食品制造业。比如酒店生产的曲奇饼（Cookie）价格肯定高于超市购买的曲奇饼。甚至在有些高档餐厅使用精加工的手法生产菜肴，使加工生产的费用大大提升。比如现在有些星级酒店开设极品餐、私房菜等，使手工操作大于机械化操作，为此菜价也大大提升。其实在菜单定价的时候，有些手工菜由于手工费用高的问题，其毛利率会大大地超过其他菜肴的平均毛利率，比如淮扬菜中的三头宴、红楼宴从价格上要普遍高于其他类型的宴席。

当然，不是原料越精贵，菜价就越高。有时多数餐饮企业会采用低价位的菜设置高利润，而将高价位的菜设置低利润的做法。比如干丝成本价为 3 元，那么可以卖到 10 元，而澳龙成本 150 元，那么可以卖到 225 元。前一个是 3 倍多的利润，后一个是 1.5 倍的利润，看似前多后少，其实干丝赚 7 元，龙虾赚 75 元（不是纯利）。可见，菜肴的定价千万不能被固定的毛利率所左右，菜肴的定价是灵活的，不是机械的。

（二）反应餐饮的成本费用

西方一些经济学家认为，餐饮产品的价格范围一般应在下列三个因素中浮动：一是餐饮产品成本、费用规定的最低价格；二是餐饮企业同类产品的竞争价格，三是餐饮产品消费者的购买力的最高需求量的最高限价。违背了上述三种因素可能会导致餐饮经营上的失败。在给菜单定价之前，应该先了解菜肴价格的构成，然后清楚餐饮产品成本、费用的最低价格。

下面看看菜肴价格的构成。

1. 菜肴材料成本

菜肴价格的形成主要有赖于生产菜肴所需原材料的进价，这些原材料一般有水产类、海鲜类、禽畜类、水果类、蔬菜类、粮食类、调味品类原料，可以通过直拨、仓储的方式购进和使用。购进的所有原材料无论以什么方式存在，都构成了菜肴的成本，如果将成本与售价进行比值，就得到菜肴的成本率。一般档次越高的餐厅菜肴原料的成本率较低，通常占到售价的 30%。低档次的餐厅原料的成本率较高，通常占到售价的 60%～70%。也就是说高档餐厅用 30 元的东西，卖出 100 元的价格，可赚毛利 70 元；而低档餐厅用 70 元的东西，卖出 100 元的价格，可赚毛利 30 元。由此，毛利率与成本率相加应该为 1。

应该说，菜单的售价遵循下列的公式：

售价＝原材料成本＋毛利

成本率＝原材料成本/售价

毛利率＝毛利/售价

成本率＋毛利率＝1

可以看出毛利是各个餐饮企业所要追求的，它是由费用加税金加纯利构成的，即

毛利＝费用＋税金＋纯利

餐饮企业最终能获得多少纯利，既跟费用、税金等费用有关，也跟原材料成本有关，假如这些费用能相对固定，售价（菜肴的价格）越高，餐饮企业所获的毛利就越高、纯利也越高。当然，现实生活中，菜肴的售价不能盲目地加高，要考虑到顾客的购买力。缺少了顾客的购买，再好的菜肴价格也是空谈，更谈不上纯利了。

2. 营业费用

在营业费用中，诸如人事费、折旧费、维修费、水电费、燃料费、洗涤费、广告费、办公用品费、各式餐具费、其他（书报、邮费、运费）等费用都要折算到每只菜肴中，成为毛利的构成部分，其中水电费、燃料费，会随着经营状态的好坏出现变动。

营业费用中最重要的是人事费用，它常涉及员工的薪资、员工的福利、员工的服装及员工的餐费等四项。通常星级酒店，招聘人员的费用较高，它有较好的福利，配备服装及提供餐费，所以它的毛利肯定要高于福利相对较低的社会餐饮企业，菜肴的售价自然也要高于社会餐饮企业。

3. 财务费用

财务费用包括银行费用及贷款利息。企业难免因经营需要而向银行贷款，那么就要依据规定支付相当的利息，因此，在制定菜单价格时，应把这项费用也估计在内。

4. 营业税金

餐饮产品的定价除了营业成本和费用外，还要包括税金，共计有：

营业税，餐饮企业税收中最重要的部分，政府按企业餐饮收入的一定百分比征收。多在5%左右。

房屋税，按房屋原价值的一定百分比征收，多为1.2%。

所得税，按企业经营利润总额扣去允许扣除项目的金额后，依一定税率征收。

此外，还有印花税、牌照税、城市维护建设税。

我国港、澳地区及国外的一些餐饮企业有的税金是分开算，不加入到菜肴中，由顾客单独支付，比如新加坡在菜单的标价后面写三个“＋”号，就表示要收政府税、饮食税和服务税。

5. 经营利润

经营利润就是我们通常所说的纯利。大部分餐饮企业（提供福利的餐饮企业除外）都是以盈利为主要目的，期望能获得最大利润。然而，这并不是指在制定菜单价格时，加大

利润提高售价就最好。高利润固然很好，但同时也要顾及客人的接受程度和其他各方面因素。一般说来，售价与销售量成反比。

（三）选择适合餐饮的定价策略

对于餐饮企业的定价，决策者应该考虑适合自己的价格策略，保证成本、利润与经营理念上取得平衡，同时确保既不会因定价太高而让竞争者有机可乘，也不会因售价太低而利润微薄。

通常餐饮企业多会采用以下的定价策略。

1. 暴利定价策略

暴利定价策略也叫高价位策略，用时兴的话，叫撇脂定价策略。撇脂的原意是将牛奶上面的那层奶油撇出来。现在的意思是餐饮企业在新产品刚推出的时间段里，采用高价的策略，以使企业迅速盈利，犹如从鲜牛奶中快速把奶油撇取出来的效果。这类定价策略适合知名度高的品牌企业，实行这种策略通常要具备两个条件：一是菜肴的独特性，市场无竞争对手，容易在市场中占据主导地位。比如制作河豚鱼需要一定的去毒加工技术，以保证食物的安全。而餐饮行业中并非所有的饭店都拥有这项技术，所以掌握此项技术的饭店就容易从中赚取更高的利润。通常一条 20～80 元成本的河豚鱼制成品的价格可以翻几倍甚至几十倍。二是餐饮企业本身的品牌效应强，信誉卓著，具有一定的高消费顾客群。据笔者调查，在北京，全聚德烤鸭的价格要高于一般烤鸭专营店的价格，从中可以看出品牌店使用的价格策略。当然，暴利定价并非制定天价，其实际的内涵是对某一类型或品种的菜肴采用适合菜肴本身的最高价。目前在国内，餐饮企业如果不合时宜地制定天价，往往会带来更多的负面影响。因为多数天价产品在人们咋舌的“爆料”后，会带来更多的指责。从以下案例可知其中的缘由，据 2003 年 1 月 7 日的《扬子晚报》：“西安某饭店为 12 名客人精心准备了一桌 36.6 万元的满汉全席，创下西安宴席之最”。一时间各大媒体、报刊竞相报道，西安的这家饭店成为了焦点。但 3 天后的报道却出乎人们的意料，《扬子晚报》以《一桌饭 36 万出恶名——饭店营业额跌到最低》为标题进行了报道，文章中分析了生意下滑的原因：“由于消费者误认为该饭店属于那种‘没有数万元甭想进’的饭店，那些想花几百元吃饭的顾客根本不敢进门，饭店的营业额直线下滑，跌到了最低点。老板因架不住海外媒体的采访要求而藏身他处，而税务部门也特别留意 1 月 6 日那天的 36.6 万元营业款，要等饭店申报纳税之日仔细核查”。

一种定价的策略却出现了不应有的结果，其主要原因还是在价格上，离谱的定价，导致了适得其反的效果。

2. 渗透定价策略

与暴利定价策略相反，渗透定价策略是指餐饮企业将推出的餐饮产品以较低的价格投放市场的策略。为了促销新产品、出清存货或加快现金周转，餐饮业把菜单的某些价格定在比成本低或接近边际成本的价格，以扩大本类产品及相关产品的市场接受率，达到薄利多销的目的。餐饮企业采取渗透定价策略，最好具备下列条件，一是市场对价格的敏感度高时，采用渗透定价策略有助于拓展市场；二是要以增加销售量来降低餐饮企业产品的单位成本；三是餐饮企业要阻止其他的竞争者进入市场而采用低廉价格的策略，应具有一定的耐受力。曾几何时，杭帮菜以低价格、低成本运作的手法入侵上海获得成功就是很好的例子。

当然如何使新产品赢得应有的市场份额，还需进行必要的评估和测算，通常可以通过下面的公式计算得知：

$$M=U/P$$

式中，M 为市场性，U 为产品的效用，P 为产品的价格。

该公式表示，现有的和新开发的产品所具有的市场性（M）就是用顾客眼光里的效用（U）与顾客不得不支付的价格（P）相除所得的结果。从公式可以看出，产品所占市场份额的多少是需要较高的产品效用和较低的产品价格为前提的。反之，顾客认为缺乏吸引力而又价格高昂的产品，其市场性与销售的机会也会降低。当然，顾客对 U（效用）的评价会受年龄、个人喜好、社会地位、职业、收入等因素所左右。因此，产品定价的决策必须针对市场的需求，尽量激发顾客的购买兴趣。

3. 优惠定价策略

许多餐厅在新开张期间，为了将餐饮产品迅速打入市场，让顾客了解餐厅所经营的产品，吸引顾客消费，会暂时将价格压低，一旦过了优惠期，便将价格恢复正常。一般优惠的定价策略都是短期的，具体来说有折扣优惠、时段优惠、地点优惠等多种方法。

（1）折扣定价策略　折扣定价策略完全是利用消费者乐于享受各种优惠待遇的心理需求而制定的。在实际操作中，折扣定价策略包含了真实折扣和虚假折扣两种形式。真实折扣是经营者在原有菜肴价格的基础上给消费者实在的优惠比例，使客人在购买此菜肴时比原来便宜。而虚假的折扣是经营者用打折来吸引消费者，先提价再折扣，保持实际折扣的价格水平与原来核定的真实价格水平基本相当。由于消费者对此并不知情，所以无论真实折扣还是虚假折扣，都具有一定的吸引力。

当然，在具体的运用中，餐饮企业还实行一次性折扣和累计性折扣两种方式。比如：凡一次性消费 500 元以上给予 5%的折扣优惠、1000 元以上给予 10%的折扣优惠、2000 元以上给予 15%的折扣优惠，再如：每预订 12 桌 600 元以上的婚宴，将只收取 11 桌的费用，这就是一次性折扣。而累计性折扣如：凡累计消费 1000 元以上给予 5%的折扣优惠、2000 元以上给予 10%的折扣优惠，再如：凡累计消费次数 3 次以上给予 5%的折扣优惠、累计消费次数 5 次以上给予 10%的折扣优惠、累计消费次数 10 次后可免费就餐一次（金额 300 元以内）。

其实折扣的方法很多，远不止这些手段，实际工作中还可以采用回赠优惠券、免去餐费零头、发放实物礼品、赠送菜肴、免费享受特价菜等做法来吸引顾客。

(2) 时段定价策略　时段定价策略是根据客人就餐的不同季节、日期、时间等采取不同层次的优惠价格策略，包含的内容主要有：季节优惠、周末优惠、时间优惠等。比如以一天的不同时段为单位进行的优惠酬宾活动，香港包饺饭店上海自助餐就是以不同的时段来优惠顾客的：

中午自助餐（上午 11：00 至下午 3：00）——80 款上海菜任你食，成人 33 元、小童 25 元；

下午茶自助餐（下午 2：00 至下午 5：00）——所有上海点心任你食，成人 20 元、小童 15 元；

晚上自助餐（晚上 6：00 至晚上 12：00）——80 款上海菜任你食，成人 68 元、小童 48 元；

夜宵自助餐（晚上 9：00 至深夜 1：00）——80 款上海菜任你食，成人 58 元、小童 38 元。

再比如：以周末时段进行的优惠酬宾，香港京港酒店推出的中式海鲜夜宵自助餐广告单就有如下内容：由 6 月 3 日起，逢星期五、六、日，晚上 9：30 到午夜 12：00，荔轩中餐厅供应丰富中式夜宵自助餐，每位只需 98 元（原价 118 元）。另可特价 20 元享用欧洲 SKOL 啤酒 3 罐。

时段性优惠一般多用于生意较好的餐厅，这种做法既可以将餐厅的利用率大大地提高，将顾客分流，使较淡的时间段被充分利用，同时又能调节菜式结构，保证每日菜肴新鲜而优质。

(3) 地点定价策略　这是一种目前流行起来的按地点定价的优惠策略，也叫分价消费。即把包厢和大堂的消费价格分开，店堂与外卖的消费价格分开。

现在这种新兴的定价策略是店家考虑到顾客的消费能力及消费的环境而采取的手段，因此把大堂与包厢的消费价格分开。大堂往往是饭店的一块“鸡肋”——不设够不上档次，会失去婚宴这块市场；设了，多数时候没生意。如果用大排档的消费价格去经营大堂，容易赢得更多的大众顾客，而用星级饭店的消费价格去经营包厢，则能争夺高档的消费群。由于目前多数饭店的高档消费注重消费的私密性，无所谓价格的贵贱，重要的是包厢消费是否具备优质的服务和典雅的环境。

4. 心理定价策略

心理定价策略是最常使用的一种定价策略，利用得好可以满足顾客的消费心理。一般常用的方法有尾数定价策略、首数定价策略、固定数定价策略。

(1) 尾数定价策略　根据心理学的分析和市场调查的统计数据：在消费者心中，4.9 元与 5 元，9.9 元与 10 元，38 元与 40 元的对比定价，在理性认识时，这些价格是一回事，但消费者对这些价格的心理反应却是不一样的。他们认为 4.9 元比 5 元、9.9 元比 10 元、38 元比 40 元便宜。因此，针对消费者不同的心理反应，餐饮产品的定价应遵循一定的要求，通常有奇数和偶数两种尾数定价法。

针对奇数定价法而言，国外餐饮企业使用得较多。一项对美国242家餐厅所做的调查表明，58%的菜单价格以9结尾，35%的菜单价格以5结尾，6%的价格以0结尾。

美国心理学调查显示：价格在7美元以下的菜肴，其价格尾数通常是9，使消费者认为餐饮企业有意给他们1美分的折扣，如某菜肴的定价为3.99美元，顾客会认为该菜肴的实际价格是4美元，折扣为1美分。而价格在7美元以上10美元以下的餐饮产品的价格尾数通常为5，以使消费者认为餐饮企业给了他们5美分的折扣，因为价格高的菜肴应该有较大的折扣。当然，国外的有些消费者会认为以9为尾数的价格，是廉价餐饮企业的标志，与他们的身份和地位不相称。因此，以5为尾数的价格，更能满足这类顾客的消费心理。如果餐饮产品的价格超过了10美元，尾数为0也是常见的。如某菜定价为19美元，而不应定价为20美元。

而针对偶数定价法而言，我国餐饮企业使用得较多。根据我国餐饮企业的经营经验，中国消费者就餐图吉利，因而更容易接受6、8等较为吉利的数字，因此，餐饮企业在具体定价时必须充分考虑这些吉利数字。比如香港玉屏轩海鲜酒家的推介菜单有如下内容：精美小菜38元起计、清蒸大东星斑380元/条、姜葱炒肉蟹48元/500g、生猛澳洲龙虾8.8元/50g、白灼基围虾3.8元/50g。

尾数使用6和8，在我国港、澳、台地区及新加坡也多有使用，尤其是8与“发”谐音，有发财之意，符合中国人“讨口彩”的习惯。

(2) 首数定价策略　消费者通常会根据餐饮产品价格的第一个数字来作出消费决策，他们认为菜肴价格中的首个数字要比其他数字更重要，因为每一个首位数字会代表一个价格等级。如消费者会认为8.9元与9.1元两种价格之差要比8.7元与8.9元两种价格之差大得多。因此，餐饮企业应该了解消费者的心理，宁将菜肴的价格在同等级内调整，如菜价从8.2元调整至8.7元，也不要将菜肴的价格跨等级调整，如菜价从8.9元调整到9.1元。

(3) 固定数定价策略　心理学家的调查显示，有些消费者会把某一价格范围看成是一个固定价格。如他们经常会把8.6～13.9元看成是10元，把14～17元看成是15元，把18～23.9元看成是20元等等。快餐店使用固定数来定价菜肴，可以使顾客感觉到便宜和实惠。

二、菜单定价的方法

在实际工作中，菜单定价的方法有很多，但就准确的程度来说应该只有一种，那就是通过毛利率（或成本率）来计算得到真实的菜价。餐饮企业由于经营的规模和方式不同，一般会采用不同的定价方法。前面我们介绍过，星级酒店的菜单多是通过厨房对每道菜的原材料进行确认、核定数量、估算净料率，然后送交财务部门，由财务部门根据进价核算出原材料的成本金额，最后根据酒店的毛利率（或成本率）得出建议售价，最终酒店当局的决策者会根据具体的情况，采用合理的定价策略确定菜肴的最后售价，可以说对于一个新开张的酒店这项工作是相当重要，同时也是比较繁琐的。表 5-3 为一张成本核算标准配方卡。

表 5-3　　成本核算标准配方卡

菜名　　　　　　日期　　　　　　编号

原材料名称	单位	数量	单价	成本金额	备注
菜肴要求：				合计成本	
				建议售价	
				毛利率	

批准　　　　　　餐饮经理　　　　　　制单

（一）确定菜单价格的方法

餐饮企业在对菜单定价时，应该首先确定本企业所采用的原材料的成本率或毛利率。通常可以编制利润预算，以确定企业的利润率，加上企业比较容易确定的营业费用率和劳动力成本率，就可以得出标准的成本率。

即标准成本率＝计划利润率＋其他营业费用率＋劳动力成本率

一旦成本率确定，那么餐饮产品的价格就比较容易确定了。

通常我们把售价等于原材料成本除以成本率，即

售价＝原材料成本/成本率　或　售价＝原材料成本/(1－毛利率)

这里我们只需要知道原材料的成本，就可以算出售价了。事实上在厨房生产中，原材料的进价并非就是原材料的成本，很多外行人会在这上面犯错误。因为每一种原料经过加工后其真实的质量会减轻或增加（干货原料），这部分消耗的价值一定要加入成本之中，所以就引出净料率的问题（也叫出料率）。

净料率＝(净料质量/毛料质量)×100％

比如购进一只鸡，重 2.5kg，经处理后得到净鸡 1.7kg，此鸡的净料率为 68％，厨房一般认为，每 500g 出约 340g。如果从严格的角度考虑，每种原料都会存在净料率的问题，包括罐装（袋状）制品，都需要称量得出准确数字，但实际上，行业中已经将原料的

净料率列出，形成固定的数字，所以这项工作已经没有必要去做了。

那么计算原材料真实的成本，就应该先计算净料单位成本，即毛料的单位价格除以净料率，净料单位成本＝毛料单价/净料率。

然后将实际每份菜肴所用的数量乘以净料单位成本，再加上调味料、配料的成本，就是组成菜肴原材料的成本。实际工作中，调味料的成本多为估算。我们看一则菜肴售价的计算方案。

对“滑炒玉兰片”进行定价。已知饭店的成本率为40％，炒玉兰片使用的主料为黑鱼，黑鱼的进价为18元/kg，黑鱼出成鱼片的净料率为60％。炒一盘例份的玉兰片，需要主料0.25kg，已知配料作价3元，调料作价1元，计算“滑炒玉兰片”的售价。

原材料的成本＝(毛料单价/净料率)×净料数量＋配料成本＋调料成本

＝(18/60％)×0.25＋3＋1＝11.5元

售价＝原材料成本/成本率＝11.5/40％＝28.75≈28.8元

就是说一个例份（小份）的“滑炒玉兰片”的售价应该为28.8元。

综上所述，计算一份菜肴的公式其实就是：

售价＝[(毛料单价/净料率)×净料数量＋配料成本＋调料成本]/成本率

（二）菜单定价的种类

前面已经介绍过了，正规的餐饮企业一般都由专业的财务人员根据厨房提供的每只菜肴的具体数据，计算出菜肴的最后售价。事实上，许多社会餐饮企业没有专业的财务人员为其计算、定价，为此，常常也会采用其他一些方法。

1. 参考价格法

许多新开张的中、小饭店，在厨师确定菜单后，大多是参考同类饭店的菜肴价格，照搬照抄，有时会在价格上略有调整。由于是参考价格，对别人饭店原材料进价、操作工艺、原材料损耗等一无所知，所以就容易造成生产的盲目性，形成亏损经营。这种方法大多为估算价格，处理不当会引起顾客的投诉，或造成自身经营的亏损。当然如果是应急或参考使用，应考虑对菜单的价格进行一定的核实和计算，力求准确再使用。

2. 系数计算法

系数计算法其实和公式计算的方法大致一样，只不过是为了方便厨师心算菜肴的价格，而将复杂公式中的固定值变成系数，所得出菜肴的价格与实际价格大致相同。据笔者了解，行业中为了便于计算，厨师往往都将鱼加工成鱼肉的净料率定为0.6或0.5，其系数为1.7或2，将虾加工成虾仁的净料率定为0.3，其系数为3.3等，将40％的成本率定为系数2.5，50％的成本率定为系数2，60％的成本率定为系数1.7等等。比如用黑鱼肉制作炒玉兰片，已知饭店的成本率为40％，炒玉兰片使用的主料为黑鱼，黑鱼的进价为18元/kg，黑鱼出成鱼片的净料率为60％。炒一盘例份的玉兰片，需要主料0.25kg，已知配料作价3元，调料作价1元，计算“滑炒玉兰片”的售价。

根据公式：净料系数＝1/净料率　成本率系数＝1/成本率

原材料成本＝毛料单价×净料系数×净料数量＋配料成本＋调料成本

＝18元/kg×1.7×0.25kg＋3元＋1元＝11.65元≈12元

售价＝原材料成本×成本率系数＝12元×2.5＝30元

这种系数计算法将原有公式中所有的除法都变成了乘法，非常便于厨房人员心算，在针对一些应急的菜肴进行定价或核定某个菜肴价格时，就容易体现出优势。比如餐饮经营中，顾客需要消费时价的菜肴（由于季节的因素，使此类菜没有固定价格，需要与顾客面议），在顾客消费后，收银部门需要厨房给出合理的价格，就需要厨房的管理人员用应急的方法进行计算。

当然，菜单书面上的定价还是要通过适当的计算得出真实的结果，这对餐饮企业未来的成本控制会起到很好的作用。

3. 利润定价法

利润定价法除了考虑食品的成本外，另加上餐厅所追求的利润目标，将两者合并计算来制定菜单价格。此种方法的计算步骤如下：

预计食物销售额为	5000000元
营运费用（不含食物成本）为	3150000元
预期利润为	250000元

步骤1，预估食物成本

5000000－(3150000＋250000)＝1600000

步骤2，算出定价的倍数

5000000÷1600000≈3倍

步骤3，计算每道菜的售价

食物成本×定价倍数＝售价

假设沙拉的食物成本为25元

25(元)×3(倍)＝75元

这是一种从利润角度计算的方法，由于有许多数字是估算，缺乏相应的依据，可能倍数的大小会有出入，所以食品价格的准确度就大打折扣，尽管这是个简单的计算方法，但国内还是少用。因为国内较好的饭店的成本率多为40%左右，有时可达到30%，约是3倍的较少，目前香港的一些餐饮企业可以达到这个倍数。

4. 范围框定法

范围框定法是一种确定菜肴价格大致范围的定价手法，一般多用于修订菜单价格、制订菜价范围时使用，一般在修订菜单价格之前，需要做许多数字的统计工作。具体的方法是在确定各类菜肴的价格范围时，先把菜肴分成各大类别，根据竞争者餐厅或本餐厅以前的销售调查，算出各类菜肴占销售额的百分比以及顾客对各类菜的订菜率。其公式如下：

各类菜的平均价格＝综合人均消费额×该类菜占销售额百分比÷订菜率

如果某餐厅计划客人每餐人均消费额为30元，菜单菜肴的分类、每类菜的销售额百分比和顾客的订菜率见表5-4。

表5-4　菜单菜肴的分类表

菜肴类别		占销售额百分比/%	订菜率/%	计划平均价格/元	价格范围/元
冷盘		16%	40%	12	6～18
热炒	鱼虾类	56%：16%	100%：20%	24	18～30
	家禽类	15%	25%	18	12～24
	肉类	15%	25%	18	12～24
	蔬菜类	10%	30%	10	5～15
汤类		10%	70%	4.3	3～8
主食类		10%	100%	3	2～6
饮料类		8%	40%	6	2～10

根据上述公式：冷盘的平均价格＝30元×16%÷40%＝12元

在算出各类菜的平均价格后，根据对各类菜拟定的菜肴数，向上或向下调整，定出该菜的价格范围。

在各类菜的价格范围内，可以选择原料成本高、中、低档次搭配的菜，使各类菜在一定价格范围内有高、中、低档之分。如果鱼虾类菜肴拟定为12种，价格范围应在18～30元，高、中、低档菜的价格范围则可按下列方法分解：高档菜2种，28～30元；中档菜6种，22～28元；低档菜4种，18～22元。

如此，菜单价格被框定在一定的范围内。

本章小结

菜单是餐厅销售的名片，一份设计精美、赏心悦目的菜单展示的是餐厅的品位，是烹饪技艺的水准。学会安排菜单、设计菜单是每个厨房管理者必须具备的素质之一。

任何一份菜单的编写都不是随心所欲的，必须经过事先的筹划。餐饮企业在确定了自己的目标定位后，必须寻找自己的竞争对手和了解经营市场，在充分了解竞争对手和经营市场的前提下，广泛收集各种信息、资料，尤其是掌握经营对手的菜单资料，进行分析、考证，然后设计出自己所要经营的菜肴项目，只有做到有的放矢，才能保证在日后经营中的优势。

了解菜单的种类对筹划菜单很有帮助，其实各种形式的菜单代表的是各种各样的经营模式，在经营中，各个经营企业又以菜单的形式表现自己的经营内容。一个新开张的餐饮企业首先应该了解菜单，通过对菜单的分析、整理，然后进行定位，在确定可行的前提下，考察竞争对手，分析市场，预测菜肴流行趋势，最终形成书面文字。

菜单的定价对企业实现的经济效益有着非常深远的影响。菜单的价格就像杠杆一样调节着顾客的购买行为、餐厅的盈利行为，调节得好两者都可以达到最佳，调节得不好总有一方要蒙受损失。

习 题

1. 什么是菜单？何为菜谱？它们的区别在哪里？

2. 菜单的种类与作用有哪些？

3. 设计一份中型酒店的零点菜单。

4. 设计一份350元的团队菜单（要求写出各菜肴的烹法和口味）。

5. 设计一份冬令菜单，价格为800元/人，人数10人（要求写出菜肴的名称、口味及上菜顺序）。

6. 看下面一则案例，分析其中定价错误的地方。

某酒店的一份松仁玉米标价98元，顾客食用后结账发现不对，遂投诉给餐厅，餐厅认为没有问题，并坚决要客人结账。最后引发纠纷，客人将98元/份的松仁玉米投诉到报社，报社认为有欺客行为，要求酒店作出答复。几天后酒店总厨作出解释，玉米乃进口之玉米，价格为4.5元/听，松子为50元/500g的价格，炒一份松仁玉米需用玉米2听，松仁250g，这样成本为34元，加上调料5元钱，乘上2.5的毛利系数（40%的成本率），正好是98元。

第六章　厨房的原料管理

［**学习目的**］　了解厨房原料管理的基本方法及程序，掌握厨房原料控制的规律及表格设计，明白原料的选购、检验、储藏及盘存的基本原则。

［**主要内容**］　原料的采购，原料的验收，原料的贮藏与领用。

人常讲“巧妇难为无米之炊”，因此筹措原料是厨房生产开始的第一步。每个餐饮企业要从自己的经营目标出发，选择适合厨房生产的原材料，并确定质量标准，规定需要的数量，选择适当的价格，同时安排正确的贮藏、保管的方式，为厨房生产做准备。当然，选择质优价好的原料是我们在原料管理中的宗旨，因为这是厨房生产出高质量的餐饮产品的前提条件，就连古人对待原料问题时都说“司厨之功居其六，采办之功居其四”。可见，厨房原料管理的重要性。

第一节　原料的采购

管理学家认为：一个好的采购员可为企业节约5%的成本。随着科学的发达，餐饮企业内的分工越来越细，除了一些小型的餐馆是老板或非专业的亲属去采购，大型餐饮企业都有专门的部门，专业的人员去采购。一个餐饮企业采购员代表着餐饮企业的整体利益，经常手头掌握企业的一部分资金。因此，这些采购人员除了具备一定的业务经验外，他应该具备良好的职业道德。

在有些餐饮企业中，采购部门是隶属于餐饮部的，餐饮部门的管理者可以直接进行监督、管理工作，而有些餐饮企业，采购部门隶属于财务部门。当然，无论哪种情况，采购部门和厨房都没有从属关系。不过，采购部门对厨房的重要性是有目共睹的，而厨房在实际工作中，可以指导、监督采购部门的工作，又使得两者之间的关系非常紧密，有时厨房的管理者既可以充当采购员的角色，比如异地采办高档的干货原料；又可以充当监督员的角色。为此，了解采购的各种程序及方法是厨房管理者应该具备的基本知识。

一、原料采购的方式

原料采购的方式多种多样，餐饮企业选择何种采购的方式，其实完全依照厨房的生产规模和原料市场的具体情况。餐饮企业原料的采购方式一般可分为合同采购、报价采购、实地采购、招标采购等四种，以下介绍这四种采购方式。

（一）合同采购

所谓合同采购是指买卖双方达成一致性协议，签订合同进行采购。从目前的情况看，合同采购可分为长期合同和短期合同采购两大类型。

长期合同：主要用来采购餐饮企业用量比较稳定、数量较大的食品原料。它能够保证供应商提供稳定可靠的货品。合同条款对双方都会有制约，但作为餐饮企业一方在遇到质量问题时，可以有明确的责任承担者和索赔对象。同时，由于合同条款的限制，采购人员舞弊的可能性会降到很低。

短期合同：短期合同采购是一种较为正规的采购，它一般可以用来采购用量不稳定，但单位价值高的原料，比如鱼翅、燕窝等。

（二）报价采购

报价采购是指餐饮企业将所需的物品填写订购单，附带采购质量规格说明书向供应商询价，由供应商填写报价单或正式报价。通常供应商所填写的报价单应包括品名、价格、单位、数量、交易条件及有效期等。作为采购部门将各供应商报价单汇总，填写原料采购单，以供餐饮企业决策者选择，见表6-1。

表6-1 供应商评估表

	单价/(元/500g)	质量	可供数量/kg	结算期限	采购方式	信誉度
A供应商	￥5.60	去筋	10	10d	送货	好
B供应商	￥5.00	去筋	15	15d	送货	一般
C供应商	￥4.60	有筋	25	10d	不送	一般
D供应商	￥6.95	进口	不限	合同	送货	好

经过多方的权衡、分析和比较，餐饮企业的决策者会选择一个价格比较公道、质量相对好的供应商为本企业提供货品，当然，一般餐饮企业为了防止一家垄断，多会掌握两个或两个以上某一品种原料的供应商（有的企业规定不少于三个），见表6-2。从原料管理的角度出发，餐饮企业每月会让供应商们重新报价，在其中选出当月最适合的供应商，保持同类原料供应商之间的竞争，这样餐饮企业才可以从中受益。

（三）实地采购

实地采购是餐饮企业根据所需的原料及数量，直接到市场上进行选购。实地采购有两种形式，一种是本地采购，另一种是外地采购。

本地采购：本地采购是大型的餐饮企业和小型的餐饮企业多采用的手段之一，尤其是大型的餐饮企业，它们一般多选择供应商供货，缺少市场价格浮动的一手资料，有时容易被供应商左右价格，适时地选择本地采购可以及时了解市场行情，约束供应商的不良行为，同时还可以为厨房提供最新的原材料信息。

外地采购：到外地或产地直接进行采购，虽然要支出更多的交通费用、人工费用，但

表 6-2　　**××大酒店采购单**

编号　　　　　　　　　　　　　　　　　　　　　　　　　日期

从：　部门					至：采购部								
编号	品名	规格型号	数量/kg	上次单价	本期报价						本期定购		
					一		二		三				
					供应商	单价/(元/500g)	供应商	单价/(元/500g)	供应商	单价/(元/500g)	供应商	单价/(元/500g)	金额
	肉类												
	牛肋条肉	一级	20		A	￥6.5	B	￥6.2	C	￥6.4	B	￥6.2	
	牛排	一级	15			￥6.8		￥7.0		￥6.9		￥7.0	
	……	…	…			…		…		…		…	
1. 运输条件 2. 付款条件 3. 其他							备注						

申请部门经理　　　　采购部经理　　　　财务总监　　　　总经理

第一联：采购部　　　　第二联：收货部　　　　第三联：财务部　　　　第四联：申请部门

由于减少了许多中间环节，加之原料价格大大低于市场，因此采购的总成本还是比较低的，这对大型的餐饮企业、连锁企业非常合适。比如，上海、杭州的一些大型餐饮企业，都到广州、福建等地进行海鲜原料的实地采购，一般可节省 1/3 的原料成本。

（四）招标采购

招标采购是一种按规定的条件，由卖方投标价格，并确定时间公开当众开标，公开比价，以符合规定的最低价者得标的一种买卖契约行为。其步骤如下：

（1）发标　餐饮企业对所要采购的原料、物品的名称、规格、数量及条件等加以确认，填制发标单，刊登公告并准备出售标书。

（2）开标　把供应商投来的标书启封，审查供应商的资格，如果没问题再予以开标。

（3）决标　开标之后，必须对报价单所列各项规格、条款加以详细地审查，再举行决标会议公布决标单并发出通知。

（4）合约　决标通知一旦发出，这项采购买卖就告成立，再按照这个规定办理书面合同的签订工作，合同签订之后，招标采购就算完成。

招标采购具有公平、自由竞争的优点，可以防止舞弊，多适合大型的餐饮企业选用。

二、原料采购的程序

原料的采购其实有两个步骤，一个是订货，一个是购买。在餐饮企业中原材料一般是两个部门进行订货，即厨房和仓库，一般厨房负责直拨原料的订货，也就是鲜活原料的订货；仓库负责仓领原料的订货，然后统一交由采购部（或采购人员）去购买。下面分别介绍其采购的程序。

（一）厨房原料采购程序

厨房原料一般需要每天申购，前一天提出申购请求，求购第二天的原料。为了便于操作，厨房会固定在一个时间段进行申购。由于各餐饮企业经营情况不同，各厨房申购的时间段不尽相同，有下午提出申购的，有晚上提出申购的，从效果上看，晚上申购第二天原料比较科学。

厨房申购的原材料一般包括鲜活的动植物原料，这些原料用量大，贮存期短，为保持原料特有的新鲜风味，一般由厨房负责申购，而非仓库。

具体的申购程序如下。

1. 递交申请单

厨房需在每天的下午或晚上，对厨房里现存的食品原料进行清点，然后查看明日各种食品原料的需要量，并将预期的需要量与厨房现有的库存量进行比较，估算出明日需购进原料的数量，并填写厨房食品申请单，报餐饮部经理批准。有的饭店为了效率更高，认定厨房主管签字也可以。厨房食品申请单见表 6-3。

表 6-3　　厨房食品申请单

年　月　日

原料名称	规格质量要求	需求数量	备注
牛柳	进口	5kg	
猪仔肉排	一级	10kg	
肉蟹	鲜活	4kg	不带绳子
……			
小青菜		7.5kg	
西芹	进口	8颗	
……			

申请部门　　申请主管　　采购部门

第一联：厨房留存　　第二联：采购部

注意填写申请单时，要将所要采购的原料进行分类，将要求和规格填写清楚，以备采购部门查验。当然，餐饮饭店将原料采购单据直接进行分类，会减少厨师填写单据时出现的原料混乱现象。见表 6-4。

由于厨房食品申请单是提供给采购部参考的单据，所以多数餐饮企业的食品申请单设计的都比较讲究。只有少数小饭店考虑成本，采用一般的便笺甚至是废纸去填写采购单，这种做法是不可取的，一来比较容易丢失，二来不太容易核算每日的成本。事实上一些有实力的餐饮企业将每日所需要的各种原料提前印刷在无碳复写的纸张上，每日采购的原料

表 6-4　　**××饭店每日市场采购计划单**

年　月　日

肉　类			水　产　类			蔬　菜　类		
品名	单位	申购数量	品名	单位	申购数量	品名	单位	申购数量
禽类			豆制品					
品名	单位	申购数量	品名	单位	申购数量			

申请部门　　　　　申请主管　　　　　采购部门

本单一式三联，验收、采购员各一联，留存一联。

表 6-5　　**每日市场单**

申请日期

送货日期

序号	品　名	单位	库存	已订货	订货	供应商	单位价格
	蔬菜						
122003	鲜芦笋	kg					
122011	银芽	kg					
122014	紫菜头	kg					
122017	西蓝花	kg					
122022	津白	kg					
122024	包菜	kg					
122028	西芹						
……	……						

准备　　　　总厨证明　　　　成控组　　　　采购主管

只需打勾，免去了厨房许多誊写的工作，既简洁又高效。格式如表 6-5。当然，随着未来厨房电脑的广泛使用，无碳复写的申购单可以直接在电脑上进行操作，利用本店的联网传输给采购部，其工作效率会更高。

2. 处理申请单

签过字的采购单送交采购部后，负责厨房采购的人员会一一地将各种申购原料进行划分，挑选出需特殊购买的原料和一般的原料、明日购买的和次日购买的、急购的和缓购的，然后填写每日原料订购单，再交部门主管签字。当然，也有一些饭店采购部将各种申请单进行处理后，直接在申请单上签署意见就实施采购，无需主管签字。

3. 供应商选择

采购部在采购原料之前，一般会选择供应商提供的报价表，根据不同的报价，供应商的资金实力，供应商的供货信誉及基本素质，选定最佳供应商。

4. 实施采购

当采购部决定向供应商或供货单位订购原料时，采购部要制订正式的订购单或订货记录向供应商订货，此单一式两份，一份是给采购部，验货时交给收货部，以备收货时核查，验完货后收货部将单交还采购部备存。另一份是给供应商的，以作为送货的依据。见表 6-6。

表 6-6　　每日食品订单

编号

需货部门：

供应商：　　发单日期：　年　月　日

交货日期：

品　名	规格、下单数量	实收数量	品　名	规格、下单数量	实收数量

发单人：

5. 处理票据

当验收完毕，验收人员必须做到以下几点：一要开具验收单；二要在供货发票上签字；三要将供货发票、原料订购单、验收单一起交给采购部，再由采购部转到财务部审核，经审核无误后，定期支付货款。

（二）仓库原料申购程序

仓库原料的申购不一定像厨房要每天进行，只是到库存量达到最低界限时，才填写采购单。当然，仓库中所存放的各种物品、原料的第一次申购不是在库房，而是由厨房主管填写采购单，一旦仓库有了存货，仓库保管员就会根据物品、原料的缺失情况下单补货。

仓库一般申购的原料、物品多为冻制品、调料制品、干货制品及厨房使用的物品。这些原料、物品都具备贮存、摆放的功能。

具体的申购程序如下。

1. 填写申购单

仓库一定要了解各种物品库存的最低限量。所谓库存的最低限量，是为保证厨房的正常供应，减少资金积压而确定的订货库存量。它主要根据各种物品的每日消耗数量、保存期限、进货难易以及从订货到入库的间隔天数等因素加以确定。一般只有现存货数量接近或达到最低限量点时，仓库保管员才会填写申购单申购，这样可以减少资金的占用。

仓库填报的申购单通常称做PR单，即采购单（Purchase Requistion），通常有三家供应商的报价，至于报价是由采购部提供。通常厨房需完成第一次申购物品（无库存的）或需仓库贮存的原料、物品，这时要填写PR单，以后厨房需要物品的申购只需通知仓库即可，由仓库直接下PR单。

2. 审批

仓库原料、物品的申购与厨房申购不尽相同，由于厨房申购的都是日进日出的原料，为减少不必要的手续，直拨类的原料只需下厨房食品（非物品）申请单，由厨房主管或餐饮经理签字即可。而仓库的原料、物品必须经过询价，要同时有三家供应商的报价，尤其对新购物品或原料应该按照这个程序来进行，甚至对一些大宗的物品，价值超过2000元的（各餐饮企业规定不一），需总经理或董事长来审批、签字。当然，凡是经过询价确定了合同关系的供应商，此采购单只需仓库主管签字，如果是厨房用品，订购数量需厨房主管审定，然后报餐饮部经理批准确认即可。

3. 采购部订购

采购部或采购人员根据PR单的要求，先报出三家供应商的价格，没有三家需说明原因，再选出质量上乘和价格合理的一家。采购部经理审批后，交财务总监和总经理签字后做PO单（Purchase Order），即订购单，与供应商签订订货货单或合同，经批准后采购部门除自己留存一份外，还应送交请购部门、仓库验收、财务各一份，然后安排采购事宜。

4. 验货与付款

供应商送到的货物，需收货部、厨房主管进行验收，合格后，由财务部核准按合同规定的期限付款。

采购程序见图6-1。

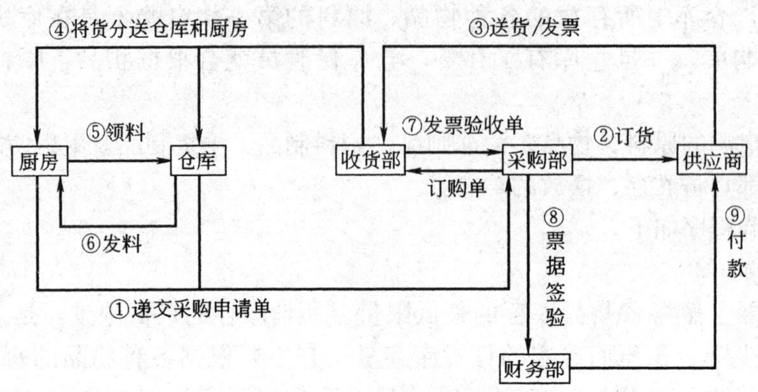

图 6-1 采购程序示意图

三、原料采购的管理

采购工作尽管是采购部门去操作的，但作为原料、物品的使用部门——厨房，有权对采购的原料、物品进行监督和管理。通常监管的方面主要有质量、数量和价格三方面。

（一）采购质量的管理

在原材料采购中，对质量的理解应该包含两层意思：第一是原料品质的质量概念，就是我们通常将原料的部位、产地、等级、外观、色泽、新鲜度等定为质量标准的参考因素。为了避免口头上描述产生的理解误差，使原料规格质量不稳定，通常采用书面的形式加以说明，这就需要编撰标准采购规格书。此规格书需要根据菜单中提供菜肴的要求编写。使用固定菜单的餐厅，在一段时间内其菜肴相对稳定，原料的标准采购规格书也相对稳定。如果菜单变化或市场条件变化，采购规格书就应部分调整、修改或重新制订。如表 6-7 所示。

表 6-7　　标准采购规格书

品 名	规 格	质 量 说 明	备 注
牛腰肉	0.5～5kg	带骨切块，25cm。符合原商业部牛肉一级标准，油层 1～1.5cm，肉色微深红，无不良气味，无变质和溶冻迹象	冷冻运输
猪里脊	1.5～2kg/条	每条猪里脊不得超过规格范围，不得带有脂肪层，新鲜的或冻结良好的，无异味	送货时应予以低温冷冻
箱装肉用鸡	1～1.25kg/只	去头、颈、爪、内脏，并将肫、肝、心整理后装入腹腔内，冻结良好，外观白净无异味	运输时应低温
……			

第二是原料使用的质量概念，厨房的管理者往往会忽略这点。比如，要煲一个老火例汤，需要加入一定数量的猪肉，这里的猪肉可以是里脊肉，也可以是猪瘦肉，就原料质量

而言，里脊肉最好，价格也最高，而猪瘦肉，质量与价格都低于里脊肉。但同样用于熬汤，两者的效果几乎没有差异，从成本的角度考虑，厨房管理者会考虑采用猪瘦肉，就此时而言，猪瘦肉的使用质量应该是最好的。在厨房生产中，这种例子还不少。

当然，我们不能把采购规格书当作“万金油”，厨房管理者更多的时候应该灵活掌握原料的质量概念，做好质量的控制、监管工作。由于市场原料的变化因素太大，厨房管理者只有不断地学习，掌握一些最新的鉴别原料质量的手段，才能以不变应万变。比如，有些供应商将发好的鱼肚浸入猪油，猪油冻起后，可以使原料增重；福尔马林浸泡海参，可以使海参增大、富含水分等等，这些都是不法商贩最新使用的手段，如果管理者缺少足够的认识，那只有加大餐饮企业的损失。

（二）采购数量的管理

原料采购数量的管理其实需要厨房管理者对采购人员进行必要的指导，使原料的供给既充足又不额外剩余。对日进日出的厨房物品、原料进行管理、控制确实难度很大，因为谁都难以预测物品、原料消耗的数量。鉴于此，对原料分类管理可能是一个好的办法。一般餐饮原料可分为易坏性原料和非易坏性原料两种。

1. 易坏性原料的采购数量

易坏性原料一般多为鲜活原料，这类原料需要尽快地消耗使用掉，然后再购买，保持原料特有的新鲜程度。这类原料的采购方法有两种，一是根据实际用量采购，即需要每天检查厨房原料的库存，对单价大、价值高的原料需要准确地清点，而对单价小、价值低的只需要估算。由此，确定出每天大致需要的量，一般可以通过简便的计算来进行。

原料需购量＝应备原料量－现存量

当原料价值不是太大，但消耗量大，所需数量比较稳定时，我们可以采取另一种采购就是长期订货采购，这类原料一般会有一个固定的消耗，可以与供应商规定协议数量，定期送，除非有特殊情况需要增减，再另行通知，这样，既避免每日清点的麻烦，又能保证不缺货。比如鸡蛋类食品。

当然，实际工作中对采购的控制与管理，并非只是和采购部门打交道，和前厅及营销部门也需要适时地沟通，比如鼓励顾客提前预订，可以出台相应的奖励机制，与就餐活动进行捆绑。在×日之前的预订，可以优惠或得到×酒的奖励，将顾客举手之劳的预订活动与顾客的利益挂钩，使顾客得到实惠。从生产经营来看，饭店的预订越多，厨房原料采购的数量就比较稳定，原料稳定厨房生产的量控制就越好，浪费就越少。长久以往，厨房生产的量可以保持在一个相对稳定的基础之上，从而尽可能做到“零”储存，既能保证原料的新鲜度，又不积压原材料成本，这其实是对易坏性原料的采购数量的最佳控制。当然，如果增加厨房包装化半成品原料的存储，也可以达到控制原料数量的目的。因为包装化半成品原料，既具有储存的特性，有保藏期、保质期，又处于毛料和成品之间，离成品只一步之遥，可以减少突来顾客引发的菜肴上桌缓慢的不利因素。可以预见，未来厨房生产中使用包装化半成品的可能性会大大提高。因为既要菜肴出品质量好，又要出菜的速度加快，还要应付突如其来的零散客源，防止造成缺货，包装化半成品可以起到一箭双雕的功效。

2. 非易坏性原料的采购数量

非易坏性原料不易变质，为减少工作量可一次性采购较大数量贮存起来。非易坏性原料一次采购量多少，采购间隔天数多少，可根据餐饮企业的具体情况选择不同的方法。总体说来它比易坏性原料容易控制。

（三）采购价格的管理

在原料采购中，价格的管理是比较主要的工作之一。由于市场每天都会有价格的波动，所以原料的价格要固定在一个数值上是不可能的。任何一家餐饮企业都希望得到最优惠价格的高质量原材料，那么就需要我们要有相应的措施来保证。具体方法如下。

1. 执行每周询价的制度

多数大型的餐饮企业都是由供应商提供生产必备的原材料，供应商提供的价格一般情况下会比市场的价格略高，这跟餐饮企业需要供应商送货消耗人力费用和提供相应的税票有关。尽管餐饮企业可以让供应商有高于市场均价的价格，但并非让其无限制地去抬价、随意报价，餐饮企业的职能部门必须要有一个制约的手段，那就是要求总厨、采购部经理、餐饮部经理、成控部经理一定在每周内到市场去询价，了解最新的市场价格动态，掌握最新的价格信息，为每月的定价工作做准备。

2. 遵循每月报价的制度

上面提到了，市场价格波动是必然的，那么，餐饮企业就必须做出相应的对策，坚持每月供应商报价制度。每月的报价包括可能情况下每周蔬菜、水果、鲜肉类、鲜禽类等鲜活类原料的报价和调料、水产、冻肉类、冻禽类等冻制品的每月报价，分别由各供应商填写自己经营品种的最新价格，然后由采购部组织召开由主管部门、厨房和供应商参加的定购会，根据询价的结果确定最新的原材料价格，最后形成本月的报价单，报价单如表 6-8。

表 6-8 **××酒店食品报价表**

××××年×月×日

名称	规格	本期价格	上期价格	名称	规格	本期价格	上期价格
茼蒿		0.80	1.00	进口西芹		5.00	5.50
冬瓜		0.30	0.20	白瓜		1.10	1.50
菠菜		0.90	1.20	青瓜		1.10	1.50
黄芽菜		0.60	0.80	西蓝花		3.00	5.00
莴苣	净	1.00	1.20	茄子	山东	1.80	1.20
……				……			

财务总监： 成控：

采购部： 餐饮部：

3. 建立现金采购的制度

大多数餐饮企业为了保证更多的流动资金，一般不会采用现金去购买各种原材料，大多采用供应商送货方式，企业结账的时间为一月到几个月不等。如果按月不能及时结到账，供应商会有意抬高价格，这也必然造成部分原料价格的上扬，所以餐饮企业采购的形式不能只依赖于供应商送货，有时要采用部分原材料现金采购的制度，尤其是对于急需之用品的采购。现金采购的好处是可以时刻了解原材料市场的新动向，可以避免餐饮企业急需原料时供应商抬价，这样可以节约不必要的资金浪费。

4. 建立价格否决制度

质（质量）价（价格）相符是原材料采购的基本原则，为了保证原材料的质价相符，可以设立“三级”否决制，即采购经理、厨师长、餐厅经理三方对原材料质量和价格的否决制度。如果餐厅经理对菜肴出品的质量和售价不认可，即可以投诉厨房，由厨房承担相应的菜肴损失费用，而厨师长对原材料的质量和价格不认可，即可以投诉采购部，由采购部承担相应的原料损失，而采购部门对原材料的质量和价格不认可，可以对供应商实施一定的“惩戒”。比如货品“白吃”，或者推迟结账日期等等。

当然对于原材料的管理，首先要提到的是原料价格、质量和数量之间是存在着相互依存的关系的，比如价格与质量应该是相符合的，原料不能价格高而质量差；价格与数量之间也要保持一种平衡关系，价格高的原料在采购中进货的数量就要控制到一定的范围之内，不要盲目多进，这样会更多地积压资金。理清它们之间的关系才能更好地对原料进行更合理的管理。其次不能忽视对供应商的管理。由于供应商不是餐饮企业的员工，而原材料质量、数量、价格的第一关又来自于他，其重要性可想而知。为此拉拢供应商，为供应商寻找双方合作的利益点，成为餐饮企业原料管理的重点。这样可以避免和杜绝采购及厨房等相关人员的吃、拿、卡、要等不良作风，减少餐饮企业不必要的经济损失。目前，国内的部分餐饮企业采用的是每年对各类供应商进行评比，属于质量信得过的供应商予以进货上的优先考虑或提前结账的日期等优惠政策，提高供应商为餐饮企业着想的意识，杜绝假货或劣质货。

第二节　原料的验收

尽管我们花了很大的精力去进行采购，按质量标准订购了各种原料，但如果没有一个很合理的验收制度和程序，那么前面所做的任何工作都成为徒劳。为了不使验收工作出现一人说了算的不合规矩的现象，一般餐饮企业会责成收货部、成控组和厨房组成三方验货小组，尽可能避免与供应商接触的采购人员来验货。

一、原料进货验收的要求

原料验收工作是餐饮生产前的一项重要工作，对此项工作的安排千万不能草率和随意，许多餐饮企业成控上的失败与验收工作不到位有很大关系，所以对于验收工作人员和场地的安排也要提出一定的要求。

（一）验收人员的要求

在一些大型的餐饮企业中，会专门设立收货部，配备专职的验收人员，它们隶属于仓库。而在一些中、小型餐饮企业多从仓库、厨房或成控组专门抽调人员兼职做验收人员。无论是何种形式的收货人员，必须要具备以下的要求：

① 身体健康，讲究清洁卫生。

② 熟悉验收所使用的各种设备和工具。

③ 通晓原材料的采购规格和标准。

④ 具有一定鉴别原料的能力。

⑤ 熟悉企业的财务制度，会处理各种票据。

需要说明的是验收人员需来自比较懂行的仓库、厨房或专业培训的人员，千万要防止使用采购人员兼职的做法。

（二）验收场地和设备的要求

大型的餐饮企业都会设立专门的验收场地，它的位置应该是货物出入比较方便的地区，并靠近贮藏室、仓库或厨房加工场所。这样便于货物的搬运，缩短货物搬运的距离，同时也保持餐饮企业内部的环境卫生。如果有条件的餐饮企业还要设立验收办公室，便于开出各种票据、账单和存放一些验收的工具。一般验收的工具有称量器具，大到磅秤，小到台秤、天平秤，还有验收的辅助工具，如切割刀、榔头、推车、箩筐、筲箕、起货钩等。

二、原料验收的程序

前面提到过验收工作一定是验收人员、成控人员、厨房人员三方在场，保证收货的质量和防止违规操作，验收的成员应该有具体的分工，厨房人员主要负责原材料的质量，成控人员和验收人员主要负责原材料的数量、价格，使每日进入的原料符合订购原料的基本要求。一般餐饮企业的验收工作都是定时定点的，通常采用的验收程序如下。

（一）核对采购计划

当供应商送来原料时，验收人员首先要核对送到的原料、物品是否和订购单上的计划相符，有无特殊的说明，防止原料或物品的名称与实际订购的不同，然后核对价格是否与采购部提供的价格相符。

（二）核查原料数量

核查原料的数量，主要采取点数或称重的办法。

有包装，比如罐装、袋装、瓶装的食品可以通过外包装上显示的数字进行核查，如果数量比较多，是整箱购进的，可以开一或两包进行验数处理，然后统计总数。

对于鲜活原料或没有专门进行包装的原料，需要进行称量。在对鲜活原料处理时，对于水分过多的原料，需要沥干水分后再进行称量，比如蔬菜类、水产类和海鲜类原料，需要用筲箕将水分沥干后再进行称量。

（三）检查原料质量

原料质量的检查一定要仔细，一定要符合标准规格书上的要求，同时也要具有一定的灵活性。

由于多数供应商为了达到价格有竞争力，会压低价格，有些甚至会低于成本价，亏掉的部分供应商不会贴补，他必然会在重量上做文章，可以将原料的实际重量加大，比如注水的鸡、注水的冬瓜、注水的青椒等等，一般有专业经验的厨师都很容易被蒙骗，所以厨房验货人员除了掌握必要的原料规格质量外，对于被不正当手法处理的原料也要有心理准备。

另外，造假原材料的猖獗也给验货带来一定的麻烦。目前市场上一般存在有包装的造假原料和无包装的造假原料，比如有包装的假食粉、假松肉粉、假粉丝等，无包装的福尔马林浸泡过的干货原料，以猪血充当鸭血，以小龙虾仁冒充河虾仁，以虾黄冒充蟹黄等等。作为有包装的原料，可以通过对比真货商标、字迹、印刷等办法来鉴别，罐装制品可以通过凸打或凹打的痕迹来鉴别，甚至有时可以开袋或罐来品尝。对于无包装的原料，鉴别的方法就要通过观察原料的光泽、颜色、弹性、气味等物理性质与已经经过验收的正品原料比对，看是否一致，所以厨房验货人员的工作绝对不轻松。

由此，厨房验货人员除了要具备专业知识外，防范假冒、伪劣产品的能力也要加强，同时还要提高工作的责任心，通过各种检验手法，将劣质、假冒及不符合要求的原料排除在厨房之外，保证未来厨房生产产品的高质量。

（四）填写收货单

经过检验合格的原料，需要收货部的验货人员填写每日食品收货单，如表 6-9。填好的收货单一联给供应商，这是他们将来报销的凭据，一联交财务部存档，一联给采购部做账，一联给成控组，一联自己留存，以备日后核查之用。

表 6-9　　每日食品收货单

编号

供应商：　　日期

收货部门：　　采购单号：

货物名称	单　位	规格型号	数　量	单　价	金　额	备　注
合计金额(大写)						

收货人：　　收货文员：

第一联：财务部　第二联：成控组　第三联：收货部　第四联：采购部　第五联：供应商

（五）退货处理

退货的情况一般有两种，一种是送货数量比订购数量多。这种情况经常会发生，比如订购的是5kg羊肉，送来的是6kg羊肉，这时就要根据需要退去多出来的货。一般这类退货一定要考虑是否厨房急用和多出来的原料、物品对生产有无影响，对于不易保存、价格较高、加工不太方便的多余原料一定要进行退货处理。另一种是送来的原料不符合厨房原料的规格要求而退货的，对这类原料的退货一定要坚决，同时还需要供应商及时地补足符合要求的原料，以保证正常的生产。假设供应商不能做到，那采购部门就要考虑换人了。

当然，验货者也不要因为一些小的缺点而随意退货，因为供应商一般不愿意与太注重细枝末节的买主继续往来，尤其在遇到缺货、应急时，可能还需要供应商的积极配合，否则关系太僵，也会造成厨房生产的困难。

（六）处理原料

经过检验合格的原料，一般会分成两个去向，一个是直拨原料直接进厨房，另一个是仓储原料直接下总仓。进入厨房的原料，收货部的验货人员会将每日食品收货单填写好，交由厨房的厨师长签字确认；而进入仓库的原料，厨房人员会填写领料单去仓库领取。这样，不同类型的原料就进入不同的生产、贮存区，整个验货工作宣告结束。

第三节　原料的贮藏与领用

原料经过验收工作后，一部分进入厨房，一部分进入仓库，除去当日即被使用转化成产品的原料，大部分原料都需要贮藏。

一、原料贮藏管理

现代餐饮企业中除了仓库（总仓）有必要的贮藏设备外，厨房也会配备一定贮藏原料的设备或设施，比如贮藏干货、调味品的干调仓库，冷藏原料的各式冰箱，既可冷藏又可冷冻的活动冰库。

（一）干调库管理

通常厨房的干调库房是属于总仓下属的二级库房，主要作用是贮藏原材料、物品。由于要存放干货原料及米面、罐头、袋装调味料等，因此对库房的环境条件要提出一定的要求。首先库房的温度要保持在18～21℃之间，相对湿度控制在50%～60%之间，如果存放谷物类原料相对湿度还可以再低些，以防霉变；其次通风设施要好。按照标准，干调库房的空气每小时应交换4次；再次仓库照明保持在2～3W/m^2。

另外对干调库的管理还需做到以下几点：

① 干调仓库应设温度计和湿度计，如有超越许可范围的现象及时作出调整。

② 避免将物品置于地上而导致细菌污染，物品要放置于货架上，离地面至少 0.15m，离墙壁 0.05m。

③ 不要让排水沟或污水管经过干调库房，防止热水、蒸汽增加湿度，使原料受潮。

④ 各种原料要按类别排列好，并贴上标签。将非食用的物品与食品原料分开放置，比如洗洁净、肥皂、杀虫剂等。

⑤ 原料进入库房需标明进货日期，遵循“先进先出”的原则，保证不积压原料。

⑥ 所有散装的原料，最好能放入有盖的容器中。常使用的原料要置于易取到的位置上。

⑦ 控制领取原料的人员，非领用人员禁止入内。

⑧ 定期清扫、清理库房，保持卫生干净、物品摆放整齐。

（二）冷藏库管理

厨房使用冷藏设备的目的是利用低温抑制细菌、微生物的繁殖速度，保持原料的质量，使其短期内不会发生变质、腐败的现象。因此，冷藏冰箱的温度一般控制在 0℃～−5℃之间，而蔬菜、水果冷藏的温度多在 2～7℃之间。

作为厨房的生产人员必须了解不同原料的不同冷藏温度、湿度。通常，10～60℃最适宜细菌繁殖，在食品贮藏中属于“危险区”，因此，一般的冷藏设备都必须将温度控制在 10℃以下，如表 6-10。

表 6-10　各类食品原料冷藏温度、相对湿度要求表

食品原料	温度/℃	相对湿度/%
新鲜肉类、禽类	0～2	75～85
新鲜鱼、水产类	−1～1	75～85
蔬菜、水果类	2～7	85～95
奶制品类	3～8	75～85
厨房一般冷藏	1～4	75～85
自然解冻	−3～3	60

需要注意的是冷藏不是万能的，有时候原料冷藏不当照样会引起腐败、变质，所以在了解必要的贮藏条件之后，还应该掌握一定的冷藏管理的方法：

① 冷藏的各种设备每天要检查，查看原料保鲜的状况，保证各类原料在适宜的温度下。

② 冷藏冰箱或冷藏室中原料要有规律地摆放。必要时使用保鲜盒，使散乱的原料摆放有序，便于拿取和存放。同时要留有一定的空隙，保证冷气的流通，避免由于冷气不流通，造成原料堆积温度过高而引起腐败。

③ 熟制品一定要放凉后才能放入冷藏冰箱，避免未凉食品提高冷藏室的温度；生熟

原料要分开放置，有条件的厨房，熟制品可以使用专用冰箱，如果没有，熟制品一定要放置于生食品之上。注意冷菜间的保鲜冰箱只能放置熟制品。

④ 对不经常使用的原料要标明冷藏日期，要及时地将其推销掉。

⑤ 冷藏冰箱和冷藏室一定要定期清理，不要等到冰箱有异味了，才开始清理，这时可能有的原料已经被不良气味污染，必将造成原料的损失。

⑥ 定人负责每个冷藏冰箱的清洁、卫生工作。

（三）冷冻库的管理

冷冻库的温度一般都控制在－18～－23℃之间。在这种温度下，大部分微生物和细菌都得到了抑制，它可以使原料保持更长的时间。

对冷冻库的管理具体的方法如下：

① 对新鲜原料冷冻，必须先要经过速冻，再进行冷冻贮藏，否则原料质量会大受影响。

② 控制好冷冻库的温度，千万不能随意地调节。

③ 一次性准备好所要冷冻或领取的原料清单，避免来回开启冷库大门的做法。

④ 冷冻原料一经解冻，不要再次冷冻贮藏。否则，原料的质量会急剧下降。

⑤ 入冷冻库贮存的原料一定要有抗挥发性的包装材料，以免水分的缺失造成原料冻伤。

⑥ 原料一定要上架，并摆放整齐。

⑦ 专人定期清理冷冻库，保持冷气的通畅与干净卫生。

二、原料领用管理

一旦厨房生产需要库存原料来补充时，就会产生领料活动。一般从仓库领取原料多需要开具食品领料单和物品领料单，因为仓库存放的原料除了饭店的日常用品外，贮存厨房的东西多为干货、冻品、调味料、粮油等食品原料及厨房使用的各种工具、物品，厨房应该根据需要来开单，见表6-11。需要注意食品领料单和物品领料单一定要分开填写和申领。

表 6-11　　食品领料单

部门：　　日期　　编号

现　存	申　请		项　目	货品编号	发货数量	成　本
	数　量	单　位				
合计						

申请　　批准　　发货　　收货

第一联：财务部　第二联：仓库　第三联：成控组　第四联：申领部门

领料活动通常每天都会进行，一般对领料的管理主要有以下几点。

（一）定时领料

定时领料的好处一般有两点，一是便于仓库保管员每天有充足的时间整理仓库，检查各种原料的缺损情况，不必要成天忙于原料的发放工作；二是可以使厨房原料的领取工作更加有效率，每天将缺需的原料进行统计，在一个时间段去集中领取，既有效还不混乱。一般餐饮企业都规定每天早上 8：00～11：00，下午 3：00～5：00 为领料时间。

（二）按需填单

厨房从仓库领取或内部调拨的各种原料都会计入每天的营业成本中，所以通过食品领料单或内部调拨单领取的原料切不可多填，多填只会加大经营的成本，增加对原料保管的时间和人力，对厨房的成本控制不利。需要注意的是，填写的物料领料单的物品成本是不计入原料成本中的，它属于经营费用。当然，尽管食品领料单与物料领料单非常相似，但我们不能因此将物料与食品混同，这样只能使仓管工作更加复杂，而且加大成本核算工作的难度。

（三）作好留存

由于食品领料单或内部调拨单都涉及到当日的经营成本，所以作为厨房的管理者要想保证当天成本核算的准确及月底成本控制的成功，必须对每日的食品领料单及其他成本单据进行留存，切不可丢失。

三、原料盘存管理

为了成本控制的需要，贮存的原料定期要进行盘存，这样可以知道每月原料的消耗和存留，可以得到每月真实的原料成本，从而算出每月的成本率，用以考核厨房是否完成企业每月规定的指标。

（一）盘存的方法

我们知道原料直拨给厨房，或成为仓储原料被领用，成为厨房生产的主要原料，除一部分转化为餐饮产品外，每天都会或多或少地存留下来，每到一个月肯定会有相当数量的原料以存留的形式存在着，由于这部分原料在一个月中已经分次打入到成本中，所以在月底的成本核算中应该将其从成本费用中减掉，到底有多少余留的原料成本呢？这必然需要进行盘存工作，通常我们将对厨房剩余原料的盘存称为实物盘存，而将对账目进行核查的方法叫账面盘存。

通常厨房中原料的存留，是通过实物盘存的方法进行的，由于不可能每天对厨房原料的消耗进行记录，所以只使用实物盘存的方法。而仓库由于每天都有账面的原料出入库记录，所以盘存时要实物盘存和账面盘存相结合，这时管理者查验时要注意账面存货与实际存货的差异。通常在非常理想的条件下，账面存货与实际存货会保持相同，但实际两者或多或少存在着差额。造成这个差额的原因主要是两方面，一是操作上的失误，如领料原料称量的数字有出入或四舍五入掉了，或记录上出错了等等；二是管理不善的原因，保管人员未收到领料单就发货。保管不善造成原料变质、员工偷拿等。通常两者之间会有一个浮动关系。账面存货和实际存货的差异不应超过核算期间发货总额的1%，如果超过，管理者就要追究入库、存储和发货等环节操作人员的责任。

（二）盘存的实施

如果要使原料盘存的数据更加准确有效，原则上每10d进行一次盘点，即一旬盘点一次，比较合理和科学。如果确实没有精力和人手，可以考虑每月进行一次盘点。

在厨房进行实物盘存时，一定要由仓库主管、成本总监、总厨及有关人员进行盘点，没有这种职务的企业则由相应职能的人员实施。千万避免一个人盘点的行为，防止出现漏盘或多盘的可能，造成成本核算的不准确。

厨房的盘点一般比仓库要复杂，因为厨房原料比较零散，且多为净料，缺少标准的包装型原料，所以盘存实施时应该注意以下几点：

① 对待厨房中出现的净原料，比如鱼片、菜心等，应该有两种盘存的手段：一是将净料转化为毛料，真正的数字应该是毛料的重量；二是将毛料的价格转化成净料的价格，盘存填写净料的重量。

② 遇到包装完整的整袋、整箱、整桶的原料可按其规定的容量标准计算。对完整的原料可以记数，对已开封的原料，根据用量的多少来确定数量，用得多的需要称量，用得少的只需要估算即可。

③ 盘点高档原料时，要使用称量工具，保证大额原料的成本出入不要过大。比如燕、鲍、翅的价格每500g都在上千甚至上万元，相差几两，就是几百或几千元的价格。

④ 对低值易耗品，可以使用估算的方法进行计算。

可以看出，厨房的盘点工作一定要仔细加小心，最好使用称量工具，除非特殊情况不好计算，才使用估算的方法。这样得到的数据才最接近真实，才能得到当月真正的成本及真正的毛利。由于许多饭店的奖罚制度跟毛利是挂钩的，所以千万不能马虎。厨房盘点格式见表6-12。

表6-12 厨房盘点表

类别	名称	规格	单位	单价	上期盘存	本期盘存	金额
砧板	海参	1#	500g	150.00	0.24	0.12	18.00
砧板	海参	4#	500g	130.00	0.24	0.12	15.60
……							
冷菜	三明治	进口	根	16.00	0	1.5	24.00
冷菜	鸽子	450g/只	只	14.00	8	16	224.00
……							
白案	吉士粉		听	22.00	6	2	44.00
白案	鸡蛋		500g	2.20	8.5	30	66.00
……							

本章小结

保持产品质量的稳定，需要厨房从原材料采购开始。古人云：“司厨之功居其六，采办之功居其四”，讲的就是要重视原材料的采购。现代的餐饮企业需要建立一整套原料采购、验收、贮藏及领用，以及表格设计、程序操作、审批签字制度，以保证厨房生产有序和正常地进行，保证成本控制有效和合理地完成。

厨房管理者应该具备基本的采购知识，这样既可以充当采购员的角色，又可以充当监督员的角色。

验收工作不是一人说了算的，一般餐饮企业会责成收货部、成控组和厨房组成三方验货小组，尽可能避免与供应商接触的采购人员来验货。

厨房的人员及管理者一定要掌握必需的原料贮藏知识，这是成本控制能否成功的前提。同时必要的领用、盘存原料制度，也是保证成本控制成功的基本要素。

习 题

1. 餐饮企业原料的采购方式有哪些?
2. 试述厨房原料采购程序。
3. 如何进行原材料的采购管理?
4. 请设计一份你理想中的“市场采购申请单”。
5. 试述厨房原料盘存的过程及方法。

第七章　厨房生产管理与运作

［学习目的］ 了解厨房生产管理的基本方法及程序，掌握厨房生产控制的手段，明白各种类型的就餐形式及厨房实际生产的过程。

［主要内容］ 厨房生产的阶段管理，厨房生产的重点管理，厨房生产的实际运作，厨房各岗位人员生产的程序。

厨房的生产工作绝不是人们想象的由一个或几个人从原料加工到烹调制作全程操作的工作，而是要经过必要的分工，即将生产工序分成若干个岗位，每个岗位按照生产的规律为上一个或下一个工序服务，并严格按照一定的生产工艺流程进行操作。厨房生产管理就是要对每个岗位或环节分阶段进行规范，并使各岗位之间保持一定的协调关系，为最终生产高质量的产品服务。

第一节　厨房生产的阶段管理

厨房生产的最终目的是通过生产管理的有效调节作用，生产出让顾客满意的有质量的产品。现代餐饮对产品质量的界定一定是以顾客的满意程度为前提的，所以质量的概念应该是：提供的产品或服务不断与顾客的期望和需求相吻合。质量应该是一个动态的概念。那么在对厨房生产的每个阶段进行质量管理时，一定要掌握这个原则。

一、加工阶段的管理

加工阶段包括原料的初加工和深加工。初加工是指对冰冻原料的解冻，对鲜活原料的宰杀、洗涤及整理的过程，而深加工是指对原料的切割成形和腌浆工作。在具有加工功能的厨房中这些工作是在一起的，而在无专职加工厨房的餐饮企业中，深加工一般属于砧板岗位的工作。

（一）加工质量的管理

加工质量主要包括制订冰冻原料的解冻质量、原料加工的净料率和加工的规格标准及腌浆原料的标准等几方面。

冰鲜原料的解冻可以依照表7-1中方法进行。

原料加工的净料率，一般包括鲜活原料的净料率和干货原料的涨发率两个方面。原料的净料率、涨发率越高意味着原料的利用率越高，原料的净料成本就越低。现代餐饮企业

表 7-1 几种常用的解冻方法

解冻方法	时间	备注
冰箱的冷藏室	6h	时间充裕时采用，以低温慢速解冻
室温	40～60min	视当天气温而定
自来水	10min	时间不充裕时采用，但必须与密封包装一起放入水中，以防风味及养分流失
热水解冻	5min	时间不充裕时采用，但必须与密封包装一起放入水中
微波解冻	2～3min	一般视原料体积来定，1kg 原料需 3min

强调的低成本运作，就包含原料加工的利用率，首先是加工的技术要过硬，无论处理原料或涨发原料都要有很高的出货率；其次是对于加工剩下的下脚料，充分地再利用，使原料的成本进一步降低，把实惠留给顾客。比如，禽类的肠脏、血，鱼类的皮、骨等看似无用之物，可进行再加工使原料得到充分地利用。这种做法可以使我们延伸对传统的原料净料率概念的理解。

对于原料加工，我们应该制订一定的标准，使每位加工人员能够按照标准进行，这样加工出来的原料半成品有一定的规格质量。比如家畜类、家禽类、水产类应有成形标准，如表 7-2 列举的是猪的加工成形标准，其他类型的原料加工成形的标准基本相同。

表 7-2 猪的加工成型标准

成品名称	用料及部位	加工成形规格	适用范围
肉丝	里脊、弹子肉、盖板肉、肥膘	长 8cm、粗 0.3cm×0.3cm	炒、熘、烩、煮
	里脊、弹子肉、盖板肉	长 10cm、粗 0.4cm×0.4cm	炸、烧
肉片	里脊、弹子肉、盖板肉、腰柳	长 6cm、宽 4.5cm、厚 0.3cm	炸、熘、烩、煮
	五花肉、肋条肉	长 8cm、宽 4cm、厚 0.4cm	卤、拌
……	……	……	

对于深加工的原料，由于存在着一定的技术难度，就更需要规定人员按照标准来操作，这样可以保证原料质量的稳定。比如腌浆原料时一定要按照配方来，每个餐饮企业经营的风味不同，其所使用原料腌浆的配方也就不同。

原料除了“浆”外，还可以将“糊”建立标准，避免因人而异地盲目操作。

（二）加工数量的管理

在加工型厨房中还主要依据厨房砧板岗位下的预订单，如表 7-3。而没有加工型厨房的餐饮企业往往会根据餐厅预订情况、前一日餐厅销售情况，预测加工的数量。如果是运转正常的餐饮企业其根据难易来呈现梯队的，比如容易加工的且不易摆放的葱、姜类，一般会切少量作配料，而洗净的葱、姜会准备一部分存放好，随时根据需要再进行切配，千万不要一次性加工出来，葱、姜这样的原料就会呈现毛料→净料→成品料这样的梯队产品；

表 7-3 **加工原料预订单**

订料时间： 交料时间：

品　名	单　位	数　量	实 发 数	备　注
猪肉片	kg			
猪肉丁	kg			
菜心	kg			
……				

订料部门： 订料人： 发料人：

再如海参，干货涨发一般需要 2～3d，甚至更长的周期，一般来说海参应该有干货→半成品→成品（发好的）三种梯队产品，这样原料的供应会十分及时，一旦成品没有了，半成品原料就会填补上去，那新一批的干制海参也要下锅了，如此循环。因此原料贮备的量原则上是预售产品的 2～3 倍。

在现代厨房，为避免加工占用的人手过多，有许多有条件的厨房会更多地使用袋装化的半成品原料，由于这种原料是加工过的，有时甚至是处理好的半成品，又具有很好的储存功能，所以在短期内可以不担心数量问题，使用非常方便。可以预见，未来厨房半成品原料的使用频率会加大，比如袋装的蛋皮、袋装的黄鱼鲞、袋装的虾胶等。

二、配份阶段的管理

配份就是将加工成形的或腌浆好的原料，经过一定的组配，形成一个或一组未烹调菜肴和宴席的过程。配份阶段看似简单，实际上是非常重要的一个工作岗位，其重要性体现在以下几方面：通过配份工作为下一步烹调做准备，使菜肴或宴席初步成形，确定烹调的风味，控制原材料成本。它像一个中间枢纽一样决定着未来菜肴形式和风味的走向。

（一）配份质量的管理

保证配份工作的高质量，必须要进行以下的工作：

（1）保证菜肴、宴席原料搭配的合理性　许多菜肴讲究一定的搭配，完全来自于砧板配份的工作。不合理的原料搭配会导致菜肴或宴席不被顾客接受，最终影响餐饮的生意。尽管为了满足顾客的需要，现在杭菜的搭配给人耳目一新的感觉，比如丝瓜配油条、茄子配刀豆、鸭血配鱼圆、竹蛏配鳝丝，改变了以往许多固守的配菜模式，但从搭配原则上还是应该遵循一定的规律，比如豆腐与菠菜、螃蟹与柿子、苋菜与甲鱼等搭配就不合理。

（2）保证菜肴、宴席原料搭配的统一性　任何一家餐饮企业最忌讳的就是配菜标准的不统一，同样一份“三鲜锅巴”，可以有火腿、鸡片、肉片这样的“荤三鲜”，也可以有笋片、木耳、蘑菇这样的“素三鲜”，到底选择哪种配料形式，餐饮企业一定要规定下来。

通常对于一个餐饮企业的厨房来说，厨房的厨师长是确定标准的决策者，他必须要每个配菜的厨师都知道菜肴配制的标准，所以一定要编排一个菜肴配置标准单张贴于显眼之处，供厨房的配菜人员参考。其式样见表7-4。这其中规定了主、配、调料的内容及分量。

表7-4　　菜肴配置标准单

菜　名	主料　　配料
金牌纸包鸡	仔鸡400g　银杏100g　香菇50g　锡箔纸12张
过桥生鱼片	黑鱼片300g　酸菜100g　野山椒50g　粉丝100g　香菜20克
红扒鲢鱼云	鲢鱼云12只　豆腐12块　粉皮100g　菜头12只　蘑菇12个
龙须石榴球	虾胶300g　马蹄丁少许　威化纸12张　飞老皮丝少许
……	……

另外各种料头的配制方法也要固定下来，也可列表让所有的配菜人员都能知道，使最简单、最容易随意操作的料头也保持一种标准，见表7-5。

表7-5　　料头配制表

红烧料	原只菇、姜片、火腩、笋片、蒜、陈皮、葱
红炆料	火腩、蒜子、姜丝、蒜蓉、陈皮、葱或豆腐
油泡料	甘笋花、姜花、白菌片、蒜片、葱白
炒料	甘笋花、姜花、白菌片、蒜片
………	………

只有保证原料搭配的统一，才能稳定菜肴的质量，才能让顾客感到货真价实。

（3）保证菜肴、宴席原料搭配的灵活性　此灵活性是建立在规范的配料制度上的，如果突然有顾客点取菜单上没有的菜肴，那这时应该如何对待客人呢？显而易见，要满足客人的要求，按照客人的要求去搭配原料。比如有些顾客在宴席中要求多上鱼类菜肴，这时要改变约定的规矩，满足客人；有些零点客人要求在牛肉汤中加入番茄，而不加香菜，那配菜时加番茄不放香菜就是标准，必须注意，不可死守教条。这样满足顾客的需要就成为提高菜肴质量的关键所在，这也应了前面介绍的质量概念。

最后在菜肴配制过程中，还应该注意规范一些配菜的行为，比如主、配、调料分开放置；宴席、零点菜分开放置；不同的宴席菜归类放置，这样即使在生产忙碌时，也可以清晰地知道配菜的程度，防止漏单，同时为下一道烹调的顺利操作做准备。其实这一切有条理的工作都是为厨房生产高质量的产品做前期准备。

（二）配份数量的管理

一份菜确定多少数量，大多根据饭店的要求来定，首先是选什么尺寸的盘子，每盘菜中应放多少数量的原料；再次是饭店的档次，可以有多大的利润，是以实惠为主还是以高档为主，每盘菜肴的最大量是多少等等。一旦经营的思路确定，就要进行合理的管理，明确菜肴的量的标准。通常会制订菜肴配置标准单。

菜肴配置标准单依规定是由饭店的总厨制定，经餐饮经理批准，然后提供给砧板厨师，以作配菜时菜肴数量的标准和依据。一般说来，标准菜单应写清菜肴的名称、主料、配料的分量，多以克重计，当然标准菜单除了标明原料的克重外，也可以使用片或个的计数单位，以便于配菜时好把握，比如“大煮干丝”这道菜，直接可以确定使用几只菜头或几片笋作配料。

这种标准单的设计有利于厨师配菜的准确性，有利于成本的控制和核算，减少菜肴的缺斤少两。

实际操作中砧板厨师在组配单只菜肴时，可以依标准单的数量将原料称重后配放在不同的配菜盘中（或码斗中），通常要分类放置，如上好浆的主料与配料分开，配料与调料分开，这样炉灶厨师操作起来比较方便，忙起来看料头就知菜肴如何加工；而在桌数较多的宴席菜肴组配时，则可以将原料称重后放在不同的长方盘中或大的盛器中，使原料的数量准确而有效，避免过去凭经验和感觉，造成的数量上的浪费，尤其是减少原料在大型宴会中的浪费。这也为每月能保持一个良好的成本控制做好了准备。

确定了菜肴的量还应该明确菜肴使用哪种型号的盘子，正常情况下，饭店菜单上反映的菜肴都分例份（小份）或大份，有时还有中份。这样，标准单就只能代表一种类型，通常以例份为多，比如例份用 6in（1in＝2.54cm）盘子，主料的量多在 150～200g，配料的量在 50～100g；中份用 8in 盘子，主料的量在 250～300g，配料的量在 100～150g；大份用 10in 盘子，主料的量在 350～400g，配料的量在 150～200g。行业上有时为避免麻烦，也可将例份的量分别乘 1.5 为中份或乘 2 为大份。不过，以上的数量仅供参考，因为现在有许多饭店的大、中、小分量的确定完全依照饭店自身的要求，有的饭店将例份菜肴的量分别乘 2 为中份或乘 3 为大份，实行薄利多销的原则，以让利给顾客。

三、烹调阶段的管理

烹调阶段是确定菜肴色泽、口味、形态、质地的关键，是形成菜肴风味、风格的核心环节，是厨房技术实力的根本体现。

烹调阶段是厨房生产的最后一道环节，如果说前面各环节会发生错误，后一道环节可以弥补的话，烹调阶段基本上不存在弥补的可能，所以对烹调阶段的质量管理应该慎之又慎。

（一）烹调质量的管理

在中餐菜肴的烹制中，保证菜肴质量的最关键的两个因素是，菜肴的味道和菜肴的温度。所以对烹调质量的管理应该从这两方面入手。

1. 菜肴的味道

菜肴的味道，其实包含菜肴的滋味和质感两方面，通常人们说某菜味道一般，既说的是菜肴口味一般，也说的是菜肴口感一般。比如某店炒的肉丝不好，可能是这份肉丝口感太老，不嫩造成的，往往人们会笼统地称其味道不佳。这实际上既有炉灶厨师加热不当的原因，也有砧板厨师加工不当的原因。为此把握菜肴的口味，一定要加强操作的合理性和调味的规范性。

掌握了基本的烹调知识，还要制订一定的操作规程。由于厨房炉灶岗位经过了一定的分工，每个岗位应该掌握本岗位烹调的特点。

头炉主要负责头菜、大菜，那么烩菜的程序就应该清楚。比如红烧大鲍翅，炉灶的程序是鱼翅预热→上汤调味→勾芡→兑色→淋汁于原料上。

二炉、三炉主要负责炒、爆、熘类的菜，那么炒、爆、熘的程序就应该清楚。比如，滑炒类菜肴应该先滑油或过水锅→调味→勾芡。熘类菜肴应该先将原料走油→调味→勾芡→淋稠汁。

尾炉负责炸类、主食类菜肴的烹调，那么炸类菜的程序就应该清楚。比如，炸类菜应该使用高油温或低油温处理，不需要勾芡，炸好后调味。

上杂厨师负责菜肴的煲、炖，那么烧、炖的程序就应该清楚。比如烧类菜肴应该先预制（过油、焯水、油煎）→中等时间烹（大火→中、小火→大火）→调味→勾芡。实际烹调中会烧八成熟，不勾芡，冷却保存，客人点菜后上笼蒸或再加热，最后勾芡淋汁。炖类菜肴要先将原料焯水→长时间烹（大火→小火），保持汤或浓或清。

针对调味的规范性，应该按照一定的配方将调味料进行处理，有了相对规范的调味、工作程序和细化的分工，厨房烹调的随意性会大大降低，餐饮产品的风味质量会保持一个相对的稳定。当然，必要的监督还是要在厨房生产中存在的，比如有些饭店有专职的品尝员把关菜肴的风味质量，不合标准的一律在未上客人餐桌前退掉，不使投诉的影响面扩大。

2. 菜肴的温度

菜肴的核心味确定了，那么菜肴的外部因素——温度一定要保证。具体的方法有：

（1）缩短上菜时间　缩短上菜时间的方法很多，在厨房设计时，将餐厅与厨房安排在一起。在厨房组织安排上，分工尽可能细化，使厨房每个岗位进行专职的加工，原料成菜的速度会大大加快。如果餐厅经营面积过大，可以使用现代化运输工具，比如电瓶车，或服务人员穿上旱冰鞋进行服务。

（2）运用冷藏、热藏手段　对菜肴温度的处理，一种是使用热藏的手段，一种是使用冷藏的手段，保证原料在适宜的温度下，使口感和风味达到最佳。一般热藏可以使用保温柜、保温车，既可以保温餐具，也可以保温菜肴，有时为了防止原料过分脱水，也可以加上不锈钢的盖子。而冷藏多用冰块、冰屑或冰柜保藏食物，如刺身、冰淇淋、布丁等。

（3）运用特殊器皿　当然，温度的控制还可以使用一些特殊的餐具或器物来辅助，尤其在冬季其保温的效果非常好。比如锅仔、小火锅、瓦煲、铁板、卵石、石锅、巴西明炉等。这都会对菜肴的风味起到一定的影响。

（二）烹调数量的管理

菜肴烹调的数量完全根据点单或预订单的人数或桌数而定，对于点单来说，烹调时应该看清点菜者的人数，选择客人需要的分量进行烹制。一般说来，这部分工作砧板配份时已经做好，炉灶操作者主要是起监督作用，防止砧板将大份误配为小份，把小份充当大份。对于预订的宴席单来说，要根据最后走菜时确定的数量进行烹调，多下的部分要退还给砧板，防止成本的增加。其实许多餐饮企业的厨房管理者，对桌数较多的宴会多出的原料不以为然，认为都已经赚回来了，事实上，节约每一份原料是厨房管理的首要责任。另外，对鲜活原料的管理要具有一定的灵活性。比如宴席的桌数为 26 桌，备 2 桌。那么，宰杀的活鱼应该是 26 条，剩下 2 条等确认后再杀也来得及，否则多杀的鱼不被用掉会加大当天的成本。另外，针对宴席中经常出现的 800 元/桌，10 个人；与 80 元/人，6 个人，应该有不同的质量和数量，首先两种宴席的标准是一样的，但由于 6 人人数少，菜肴的数量应该减少，但标准不低，就需要菜肴的质量要提升，所以针对宴席的不同情况，烹调数量的控制就不同。

当然，在前台预订时，宴席桌数较多时，一定要让客人确认保证人数，这个保证人数是指，一旦到席人员低于此数时，宴席结账按保证人数结，这样会保证厨房烹调数量的稳定，而不至于过多地浪费。

第二节　厨房生产的重点管理

在搞好厨房日常的生产和运作的同时，应该加强厨房生产某个环节、某个阶段的质量管理，尤其针对一些重要的任务、重要的人物、重要的活动进行专项生产，以此扩大餐饮企业的知名度，提高对重大事情的接待能力。

一、重点岗位、重点环节的管理

通过对厨房生产及产品质量的检查和考核，找出影响或妨碍生产的环节和岗位，设立为重点，及时地分析其中的原因，使之经改善后能够提高工作效率和产品质量。比如，许多餐饮企业都面临厨房菜肴出品慢的问题。通过图 7-1 的每个环节和岗位的分析，可以很容易地找到出菜慢的原因，然后加以改进，必然能提高菜肴的出品速度。这种重点岗位、重点环节的分析方法在实践中是一种非常有效的管理手段。

在实际工作中，可以涉及的原因是很多的。一旦一个问题或投诉出现，就需要用重点岗位、重点环节的这种管理方法，设定出各种原因，然后一一排除，最后找到最为关键的点，加以重点解决。

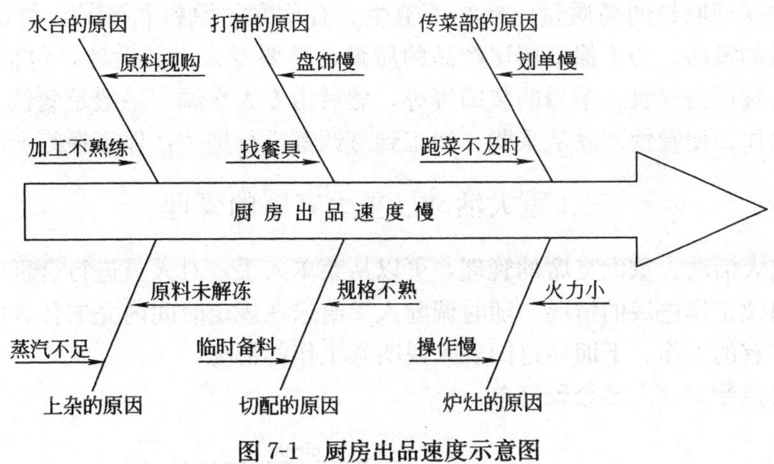

图 7-1 厨房出品速度示意图

二、重要客情、重要任务的管理

每个餐饮企业都会遇到重要的任务或重要的客情接待，有时可能是重要的贵宾客人，对待这类的餐饮活动餐饮企业一定要重视，因为它可以扩大企业的影响力，同时也为餐饮企业积累宝贵的经验。

那么，对待重大客情、重要任务应该如何做呢？首先应该先全面地了解本次活动的实质。要重点了解贵宾食客的口味和喜好，最好要建立相关的客史档案。这种客史档案可以前厅、厨房都准备，前厅主要负责客人的口味喜好、禁忌，而厨房主要是收藏菜单，以防下次到来菜肴重复。客史档案如表 7-6。

表 7-6 用餐客史档案表

公司名称	用餐次数	接待等级	用餐金额	客人口味	客人禁忌	备 注

当然，客史档案是通过私下了解或观察客人进餐活动中所表现出的喜好而制定的，不要直接去询问贵宾客人，这样显得没有礼貌，同时客史档案的记录要尽可能保密，不要对外宣传。对于厨房来说，使用过的贵宾菜单一定要保存好，并注明日期，为客人的下次到来服务。

其次对特殊原料进行特殊购买。对所用但缺货的原料要特事特办，注明贵宾的字样由专人采购，并保证原料的高质量，杜绝不卫生、有危害的原料和产品，再次实行专人烹调、专人跟进的策略。为了保证厨房产品的质量，需要专人为其设计，包括菜肴的色泽、原料、口味，餐厅的气氛，菜肴的装饰等等，然后由专人烹调，一般是餐饮企业技术水平较高的人员操作，使餐饮产品从采购、加工到烹调都进行把关，保证最终产品的质量。

三、重大活动、重大宴席的管理

厨房对重大活动、重大宴席的管理，可以从菜单入手，对人员进行合理的分工，这期间要检查各岗位工作进展的情况，随时调配人手给未在规定时间内完成任务的岗位，配合协作其完成应有的工作。下面通过图表来说明其工作的情况。

假设厨房接受150人宴会预订单：

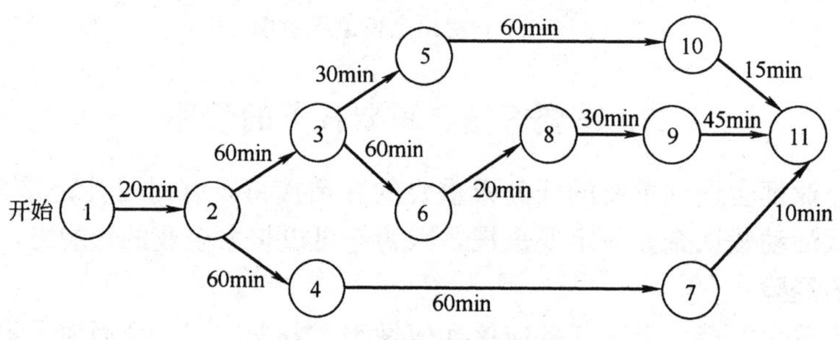

图7-2 宴会生产计划图

图7-2中的结点○代表宴会工作的项目，即若干个可以明确划分的工作点。箭线代表两个工作项目之间的活动，即实际工作。箭线上的数字表示该项工作所需的时间。从图上可以看出，这项工作共有1235、1236、1247三条线路。把各条线路中各段箭线上的时间加起来，就是总的工作时间。经计算1235→185min、1236→235min、1247→150min，其中1236所需时间最长，就是影响整个工作进度的关键线路。这样一来，厨房管理者可以很容易地调整整个工作中的人力、物力，找出最优方案以便用最短的时间、最少的成本和人力，得到最大的效果。也可以通过表7-7列出的工作顺序，进行督察和协调工作。

表7-7 安排厨房工作的顺序

数字序号	选 项	需要完成的目标	估计的时间/min
1	1→2	计划菜单	20
2	2→3	砧板、上杂依单申购	60
3	2→4	冷菜依单申购	60
4	3→5	上杂备料	30
5	3→6	砧板备料	60

续表

数字序号	选　项	需要完成的目标	估计的时间/min
6	4→7	冷菜备料、加工与拼摆	60
7	5→10	上杂烹调	60
8	6→8	菜肴上浆	20
9	7→11	冷菜上菜	10
10	8→9	菜肴预加工	30
11	9→11	菜肴烹制、上菜	45
12	10→11	上杂岗出菜	15

第三节　厨房的生产运作

通过对厨房生产各阶段及重点岗位的管理，我们只是介绍了厨房生产的一般管理工作，要真正地清楚厨房生产的实质，还应该对各种餐别的实际运作程序作进一步深入的了解。

一、零点餐的生产

在大多数餐饮企业中，零点餐的生产是基础。除非是零点与宴席分开的厨房，一般餐饮企业的各种餐饮形式都会将零点餐作为生产准备的基础，然后选择菜肴，编写菜单，形成团队餐、自助餐、商务宴席餐等等。

（一）生产前的准备

零点顾名思义就是针对零散客人，而非团体或享受套餐客人，点取菜肴的一种餐饮形式。在大多数饭店中都会提供这种餐饮形式，并依照饭店提供的零点菜单，向前来进餐的顾客提供各种风味的美食。由于每天来店就餐的零散客人数量难以保证，客人喜欢点取的菜肴也难以预测，同时饭店提供的菜肴不能有缺货的现象。所以将厨房每天生产的重点定为零点菜肴的准备，一点都不为过。一来它是其他餐饮形式菜肴的基础，二来它代表餐厅经营的形象，可以这么说零点生意好的餐厅，其他餐饮形式肯定好；而其他餐饮形式好的餐厅，零点生意不一定很好。

每天砧板厨师准备零点餐的第一步是查点零点菜单，看前一天售卖的情况，检查当天菜肴有无缺售，然后根据原料采购的情况，安排人员进行加工，尽可能地保证当天菜肴能够齐全，如果确有缺售的现象则需要通知传菜部进行沽清（就是没有的意思）。每天的沽清工作是由餐厅的传菜岗，在固定的时间（班前会前）向厨房提出，砧板的主管根据开餐前准备情况，告之传菜员工菜肴准备的程度，是否有缺售的情况，是否有特别推荐的菜肴，是否有摆放时间较长的需要急推的菜肴。这时传菜人员会将得到的各种信息填写在一张沽清单上。如表 7-8 沽清单。

表 7-8 **沽清单**

年 月 日

游水海鲜							炖品部(例汤)					烧味部						沽清		
澳洲龙虾	本地龙虾	生虾	老鼠斑	苏眉	青衣	红斑						乳猪	烧鸭	豉油鸡	叉烧	一品鸡	烧排骨			
蔬菜类										急销部					是日甜品点心					
鲜芦笋	西蓝花	小塘菜	金针菇菜	西生菜	菠菜	西芹	茄子	凉瓜	蜜豆											

传菜员工会及时地将沽清单上墙，并通知餐厅主管。餐厅主管会在班前会上通知零点服务人员，哪些菜会出现缺售，哪些菜肴需要急推，哪些菜肴特别推荐，今天的例汤是什么等等，零点服务人员会在菜单上注明。这样形成一个很好的信息渠道，不至于顾客点菜时遇到点空的尴尬状态。同时还能保证积压的菜肴和特色的菜肴及时地提供给客人。

尽管这种方法多是南方的餐饮企业，主要是经营粤菜的餐饮企业采用，但其良好的沟通方式是值得各大菜系、风味，在厨房管理与运作中学习的。

（二）生产的实施

厨房生产的开始是从传菜部接到点菜单开始的。在实际工作中，由于餐饮企业经营的项目不同、经营的规模不同，点菜单的种类也不同，那么，其生产实施的方式也有所不同。

1. 宾馆、酒店类的生产实施

宾馆、酒店多使用以下形式的点菜单，见表 7-9。

此单一般一式三联，第一联（白色）给收银员，第二联（蓝色）给厨房，第三联（红色）给传菜部（传菜员），纸张为无碳复写，比较方便。其纸张顺序一般是固定的，字迹清楚的应该给收银员，最不清楚的给传菜部。

服务人员根据客人点菜的要求，先将点好的冷菜送入厨房，然后将点取的热菜及其他品种送入厨房。厨房的传菜部接单后，分单。

表 7-9　　订单

部门

编号

台号 TABLE	人数 PERSONS	服务员 WAITER	日期 DATE
数量 QTY	品名 DETAILS		

① 通常下单的服务人员是将冷菜、热菜和点心及主食分开写的，这时需要传菜部人员将它们归类，将蓝联分别发送给厨房冷菜、打荷和点心厨师，红联留做划单用。

② 确认菜单目前的状态，及时地通知厨房人员是否出菜。通常前台点菜服务员会在单据上写明“即”或“叫”，“即”的意思是马上走菜。“叫”的意思是等客人叫再走菜。有时客人催菜还可以使用“快”的字样，表示菜要快走，这时传菜人员要提醒厨房。

③ 配发台号夹，一般是有几个菜配几个台号夹。

厨房各岗位厨师接到单后，根据单上的要求，分别进行生产，原则上冷菜厨师要先出菜。打荷厨师接到单后，要将点单通知砧板厨师，砧板厨师接单后，根据点单上的要求进行配菜。比如客人点的海鲜是克计的，要按克配给；蔬菜是按例、中、大点的，要按例、中、大配给；禽类菜是按只计算的，要按只配给。所有配好的菜，夹好台号夹要送交打荷人员，打荷人员按单的要求和先后的顺序，通知炉灶出菜，每出一道菜肴，打荷的厨师要将单上的菜划去，防止漏上。烹调好的菜肴要经过传菜部再传递到餐厅，传菜部人员要对台号夹，确定菜肴是否上桌，然后在单上划去上过的菜肴，并确认菜肴是否上齐，如有短缺可以催叫菜肴，那么一个零点菜肴的生产实施宣告结束。由于厨房生产远非一个菜肴生产这么简单，它是多个菜肴交叉重复的过程，所以实际生产中，对打荷、传菜部人员的素质要求极高，否则难以完成正常的零点生产的工作。

2. 社会餐饮、酒楼类的生产实施

社会餐饮、酒楼多使用以下形式的点菜单，见表 7-10。

此类零点点菜单是按照菜肴出菜的顺序排列的，一般冷菜在最下端，热菜其次，最上端一般是点心。在每个项目的分界处用虚线分开，可以撕下，主要是加快上菜的速度。比如客人点好了冷菜或刺身，及时地传递到厨房，再去为客人点热菜和点心。这样，利用点菜的时间差，让厨房去完成冷菜和刺身的制作，减少顾客等待的时间。通常此点菜单是一

表 7-10　　点菜单

<table>
<tr><td colspan="4">点菜单(结账单)　　　　编号：
台号　茶位　餐别　服务员　开单　　月　日</td></tr>
<tr><td>人数</td><td></td><td>台号</td><td>入厨时间</td></tr>
<tr><td>点心</td><td colspan="3"></td></tr>
<tr><td>人数</td><td></td><td>台号</td><td>入厨时间</td></tr>
<tr><td>厨房</td><td colspan="3"></td></tr>
<tr><td>人数</td><td></td><td>台号</td><td>入厨时间</td></tr>
<tr><td>刺身</td><td colspan="3"></td></tr>
<tr><td>人数</td><td></td><td>台号</td><td>入厨时间</td></tr>
<tr><td>冷菜</td><td colspan="3"></td></tr>
</table>

式四联，第一联（白色）给收银员，第二联（蓝色）给客人，第三联（红色）给传菜部（传菜员），第四联（黄色）给厨房。

另外南方经营粤菜的酒楼也使用另一种形式的点菜单，如表 7-11 所示。

表 7-11　　点菜单

<table>
<tr><td colspan="2">(酒楼名称)　　　　NO.
咨客存根　　　　经手人：</td></tr>
<tr><td colspan="2">点菜单
台号：　　茶：　芥：　　经手人：</td></tr>
<tr><td>台号
NO.</td><td>台号
NO.</td></tr>
<tr><td>台号
NO.</td><td>台号
NO.</td></tr>
<tr><td>台号
NO.</td><td>台号
NO.</td></tr>
<tr><td>台号
NO.</td><td>台号
NO.</td></tr>
</table>

此点菜单一般一式四联，第一联（黄色）给厨房，第二联（绿色）给收银员，第三联（红色）给客人，第四联（蓝色）给传菜部。这种点菜单每一个台号都是可以撕下来的，这样无论客人从什么菜肴点起，都能尽快地通知厨房，使厨房做好准备。这种点菜单一般是先由咨客（迎宾员）来填写，主要填写台号，客人人数，点的茶种类及芥辣。芥辣是餐前小食，餐前小食都是由厨房提前准备好，交给传菜部，由传菜部人员提前用小碟分好。一般咨客填写人数，通常用“正”来表示，传菜部人员通过点菜单上的表示，掌握4～6 人上两碟，7 人以上上 4 碟的原则，根据人数来派发。菜单的内容一般需要点菜服务人员根据客人的要求来填写。假如 023 号台的客人点半只文昌鸡，此种菜单的填写如表 7-12。一般服务人员主要填写菜肴的数量（分量）、名称及进单的时间，为厨师操作提供依据。

如果点菜单已经分送给各部门后，客人要求加菜，还可以使用加菜单，如表 7-13。

表 7-12　　点菜单填写方式

台号:023　　张三(经手人) 11:00 文昌鸡　　半只 NO. 00112

表 7-13　　加菜单

(酒楼名称)加菜单 NO. 00112		
台号:023	经手人:张三	日期：　月　日
白灼芥蓝　例 11:30		

事实上不管哪种形式的酒楼式点菜单，在客人点菜后都强调速度。由于众所周知的原因，社会性的酒楼、饭店生意多好于宾馆、酒店，它们面对的顾客多希望速度快、菜肴实惠，为此使用可以撕下的单据，并及时分发到厨房任何一个岗位的做法是明智的举动。当然厨房接到传菜部传来的菜单，其生产的步骤如同宾馆、酒店，其操作的程序对厨房来说是一样的，这里概不赘述。

需要注意的是现代化科技在厨房中的使用，使电脑点菜成为可能，目前许多宾馆、酒楼都广泛地采用电脑点菜机来操作，既方便又节省人力。其性能前面已经介绍过。这里主要介绍其点菜的过程。

电脑点菜的前提条件是要求菜单必须经过编号处理，使一个号码对应一个菜肴。这样在操作时，服务人员只要输入编号就可以解决问题，这种操作免去了手写的麻烦，菜肴的信息几乎同时传到厨房，厨房传菜部根据接受机打出来的菜肴，进行分单。其形式如图 7-3 的单据。此单据表明的是 2000 年 6 月 14 日，荔轩餐厅在 13 点 34 分 58 秒点了一例份编号为 T204 的烧肉。当然，接受机打印出来的菜单可以是一个菜肴也可以是一组菜肴。

Lychee Garden-Chinese R T204 14-06-00　荔轩烧味 Time：13：34：58　FAY 1　烧肉　例

图 7-3　电脑打出的点菜票据

可以预见，随着科学的进步，未来厨房使用电脑点菜会越来越多，服务人员脱离手写单的时代已经不远了。

3. 点心厨房的生产实施

如果是专营点心的店（粤式点心专用）一般多使用以下形式的点菜单。见图 7-4。

点菜单

台号 人数 编号

名档 厨房

酒水 主食

年 月 日 签名

台号 人数

正面

小点 4 元/份						
中点 5 元/份						
大点 6 元/份						
特点 7 元/份						
顶点 8 元/份						
超点 9 元/份						
优点 13 元/份						
金点 15 元/份						

背面

图 7-4 点心点菜菜卡

此点菜单是一张卡片，正反面内容不同。顾客就座于点心店时，咨客（有的酒店叫领位，即将顾客引导到餐桌前的服务人员；也有的叫迎宾，即专门负责迎送客人的服务人员）会给你一张点菜卡，准确地说它还是一张结账卡。服务人员会通过手推车的形式，向顾客推销各种形式的点心，一旦客人看中某一道点心就可以随意拿取，凡拿好了的点心，服务人员都会在其相应的价格处盖个章，表示客人取用。一个章说明取了一份，两个章说明取了两份，以此类推。当手推车上的品种减少或没有了，服务人员会及时地到厨房去取，保证点心品种的齐备。客人吃完后，可以粗略地计算用餐的价格，然后让服务人员凭此单去收银台结账，非常方便。这其实也是一种中式的自助就餐形式。

点心厨房的厨师在进行生产时，有着和热菜不同的出菜程序。由于大部分点心可以提前制作，还可以进行蒸汽保温，所以这部分点心能够直接进入餐厅售卖，而无需即点即做，耽误顾客的时间。只有少数的特色点心或小吃需要现做，比如粤点中的肠粉、淮扬的汤包等。为此，厨房中应该将更多的人力集中在现点现做的点心上，保证正常的出品速度。

在处理这部分单据时，点心厨师一定要看清进单的时间、就餐的人数及顾客需要的分量。制作时要分清台号，按照顾客的要求不要混淆，制作好的点心一定要与点单一同传给走菜人员，防止错上或漏上。

二、团队餐的生产

餐饮企业所接的团队餐主要来自于各种类型的会议（低档次的会议）及各种形式的旅行团队。由于团队餐的主要目的是填饱肚子，很少饮酒，通常价位也不高，所以经营起来相对简单。当然，对于团队餐应该给予足够的重视，由于会议和团队多数是外来人口，所以团队餐经营也是一种广告宣传。

（一）接受团队预订单

团队餐的接收主要是营销部门发出的团队预订单，由于有一定数量的人，需要一定数量的客房、一定数量的餐桌，所以必须要提前申请预订。团队申请表如表 7-14。

表 7-14　　团队申请表

□预订
□更改
□取消

自：营销部

旅行社　海南总商会

联系人　张三
电话　66448888

团队名称　　企业家坐资交流会
国籍　中国　　预订文件　传真文件
到达日期　26 日　11　月　95 年　　离开日期　29　日　11　月　95 年

房间要求	单人间	双人间	司陪间	套房
房间数量		28		
房价		￥380.0 元/人		

总房数　28　　总人数　35
用餐要求

日期	NOV. 26 95	NOV. 27 95	NOV. 28 95	NOV. 29 95
地点	风味餐厅	风味餐厅	风味餐厅	风味餐厅
早餐		4 桌￥300 元/桌	4 桌￥300 元/桌	4 桌￥300 元/桌
中餐	2 桌￥600 元/桌			
晚餐	4 桌￥600 元/桌	咖啡厅 50 元/人 自助餐 100 元/人	咖啡厅 50 元/人 自助火锅 60 元/人	

付款指令：
备注：每桌 10 人为标准。　　批准人：　　营销总监：
发出人
绘制人：　　批准人：　　前厅部经理：

厨房管理者一旦接收到团队预订单，首先要确定团队的规格及就餐的时间。因为多数团队人数较多，开出采购原料和制作菜肴需要一个时间，如果规格较高，还要考虑重新开出菜单，并报上审核；其次要看团队有无特殊要求。如果有要及时注明，防止生产操作时遗漏。比如有回民就餐就要注意不要犯忌；再次通知厨房做好接待的准备工作。通常团队人数不会少，一旦出现遗忘而没能提供必要的餐饮服务，这造成的负面影响是巨大的，所以厨房的管理者一定不能疏忽大意。

（二）开出菜单或挑选菜单

厨房在接到营销部门发的旅游或会议团队的通知后，就应该着手处理团队菜单。团队菜单处理的手法有两种。一种是提前根据营销部提出的餐食标准，编写 3～4 组，每组至少 2～3 套的团队菜单，比如 200 元/桌，A 单、B 单、C 单；300 元/桌，A 单、B 单、C 单；400 元/桌，A 单、B 单、C 单。这样供营销部推荐给客人选择，确认后附单在预订单之后，供厨房生产之用。另外一种就是根据客人的要求现编写菜单。注意多数团队菜单要求不高，只要能满足果腹的需要就可以了，为此编写团队菜单时一定考虑菜肴不能花哨，不能过多油炸及酸甜口味，因为这样的菜肴不下饭。要多些炒、烧、炖、焖类的菜肴。如果有规格档次较高的团队餐，就要考虑桌数与自己的承办能力是否相协调，一旦确定，其菜单编写就要按照相应宴席的标准进行，而非通常的大众菜单。

（三）生产的实施

厨房按照菜单的要求提前准备原料，经砧板的配置，交给打荷的人员。通常团队餐不喝酒，菜肴不需要像宴席一样一个个上桌，大多在客人到位前 5min 将菜肴上齐，所以厨房准备原料时，应该将烧焖类的菜肴提前烧好，并放入保温柜保温，或加盖保温。而其他的菜肴在客人到位前 15min 开始烹调，由服务人员将各种菜肴依次上桌，并盖好盖子，待客人到后再开盖。冬季要注意使用保温设备，防止食物变冷。

在团队餐生产中还应该注意的一个问题就是饮食禁忌问题，许多客人来自五湖四海，有些人会有饮食上的禁忌。一般的处理方法是如果人多，食谱中就应该不安排猪肉、猪肉制品、猪油、猪血及猪肉汤等原料；如果人少，可单独安排餐饭，保证客人的需求。

三、庆典餐的生产

庆典餐主要包括婚宴、生日宴及其他形式的祝贺宴席，如谢师宴、及第宴等。近几年由于竞争的需要，庆典餐的操办成为餐饮企业首选的营销项目，尤其是宾馆、酒店，自身具备优越的硬件条件，更不会轻易地放弃。原因有三，其一任何一种庆典是人生中的大事，人们都不可能草草操办，需要“有面子”的消费场所；其二众多来宾的光临，可以让百姓了解酒店，提高酒店、宾馆的知名度；其三较之商务酒席宴款，庆典餐多是百姓个人出资的行为，对酒店来说资金很容易回笼。为此重视庆典餐的生产，加大对庆典餐的包装和促销是目前餐饮企业新的营销思路，是完成预算中的销售额的最佳途径。

（一）接受预订

由于庆典餐都是选择固定的日子，尤其像婚宴多为良辰吉日，那么选定某一天（吉利日子）订餐的人肯定较多，因此多数客人会提前进行预订。

顾客订餐的形式一般为电话预订和订餐处预订两种。面对这两种预订接受的方法是差不多的。预订人员一定要问清宴席的类型，是婚宴、生日宴还是其他形式的庆典餐；宴席的时间，是否有人已预订；宴席的具体桌数，看有无合适的厅房；餐费的标准，提供几种价位让顾客选择；主要人物是谁，准确的姓名，主要为营销部进行宣传而用。将所询问的各种信息如实地填写在预订单上，最后预订人员一定要提醒顾客选日交取订金，并确认菜单。由于这类餐食多选择好日子，所以预订的时间跨度较大，有些可能在一年前就进行预订，故饭店要选用宴会预订日记。见表7-15。

表7-15　宴会预订日记

日期/星期	时间	地点	主办单位	重要客人	人数	标准	酒水	工作餐	特殊要求	变更情况	联系人
月　日 星期一											
月　日 星期二											
月　日 星期三											
月　日 星期四											
月　日 星期五											

续表

日期/星期	时间	地点	主办单位	重要客人	人数	标准	酒水	工作餐	特殊要求	变更情况	联系人
月 日 星期六											
月 日 星期日											

（二）确认菜单

庆典餐的菜单，诸如婚宴、生日宴的菜单一般是提前设计好的，其内容应该符合当地人们的风俗习惯。比如江苏扬州地区的人讲究婚宴的菜肴中要有“三整”，整鸡、整鱼、整鸭；香港婚宴单中一定要有鸡菜、鱼菜，且鸡菜要求是最后一道上；江苏徐州地区婚宴单中一定要有拔丝菜等等。还可以提供一些相应的服务项目。

（三）生产的实施

庆典餐的准备工作并不复杂，如同零点、团队生产一样，按照确定的菜单去配置菜肴。当然，由于庆典餐的特殊性质，在生产实施中应该注意以下几个要求：

① 原料一定要新鲜。由于是喜庆的宴席，不新鲜的原料会带来更多的投诉。

② 每个菜肴的数量要多。由于参加庆典餐的人多是普通老百姓，人们比较讲究实惠。

③ 菜肴需要装饰和点缀。由于是庆典宴席，必要的气氛烘托是需要的，有时根据技术实力还可以安排主桌的雕刻欣赏（有奶油雕、食品雕、冰雕）等。

④ 菜肴原则上要现做，不能现做而提前做好的菜肴，一定要注意保温。一般提前做的菜肴多为烧、焖、炖类的。

⑤ 上菜的速度要控制好。各地对上菜速度的要求一般不一样，比如扬州地区人们更习惯上菜速度越快越好；而港、澳地区原则上是吃完一道上一道。这样在安排菜肴准备与烹调的时机上就有所不同，厨房的管理者一定要清楚这点。

四、商务餐的生产

如果说餐饮企业通过零点餐做人气，通过团队餐、庆典餐做销售的话，那么商务餐就是餐饮企业做的档次。因为商务餐无论在服务、菜肴价位、菜肴质量上都是高出其他餐食形式的，可以这么说，各种形式的商务餐为餐饮企业打造品牌形象做出了很大的贡献。

（一）接受预订单

商务餐顾名思义是商务活动中进行交际而举行的宴筵活动。它讲究规格，讲究程序，绝不能随意和草率。顾客大多会提前向用餐企业进行预订，希望能有好的用餐环境，有高质量的服务，有精品的菜肴。而餐饮服务部门会根据预订的要求，更加充分地准备，以取得宴会的成功。高级商务会议餐的宴席预订单一般比较讲究，预订单的格式如表 7-16。

表 7-16　××大酒店宴会预订单

编号　　　　日期 21/02/04

主办单位：××大酒店 联 系 人：××总经理 单位地址： 联系电话： 宴会形式： 宴会地点：风味餐厅	宴会日期：04 年 2 月 29 日 时　　间：会议 10:00～12:00 午餐 12:00～14:00 预计人数：26 人 保证人数：26 人 价　　目：会议咖啡、茶及曲奇￥32.00 元/位 午餐：1000.00 元/席 付款方式：签单
菜单：维扬六小碟 龙井虾仁　鱼圆汤 油爆鳝筒　扬州蒸饺 松仁鸭方　黄桥烧饼 无锡排骨　翡翠烧卖 松鼠戏果　水果拼盘 清炒时蔬 摆设：长方中空型，主台放鲜花一盆，会议台上摆放座位牌、咖啡杯及文件夹内放笔记本及铅笔 咖啡台 9人 5人 告示牌	1. 营销经理：请于 2 月 28 日前做好以下告示牌 一个放在酒店大堂入口 一个放在南楼电梯入口 一个放在会议室门口 座位人名由老总提供。 2. 管家部请安排当天十二楼的卫生。 3. 楼面负责会议室位置的摆放及服务，28 日前做好。 4. 西饼屋准备新鲜精美的曲奇饼。 5. 风味餐厅安排午餐菜肴的出品及服务。 6. 工程部请于早上 9:30 把南楼客梯调至 12 楼会所即可。 注意：与会客人是市内各酒店总经理，请安排贵宾式服务。

致送：总经理　　宴会经理　　销售部经理　　工程部经理　　管家部经理

普通的商务餐的预订相对比较简单，通常是询问客人订餐的时间、需要的厅房、选择的餐标、就餐的人数等要素，然后填写在预订表上。这种预订表一般根据各饭店的情况有所不同。见预订表 7-17。

（二）编写菜单

接到预订部的预订后，就需要编写菜单。目前编写菜单的任务可以由厨房或餐厅来做。传统的做法都是厨师来下菜单，因为厨师了解当天的菜肴，知道如何对菜肴进行合理

表 7-17　　厅房预订表

地点	时间	标准	人数	单位	备注	服务员
包 1						
包 2						
包 3						
包 4						
……						

搭配，清楚每日的创新菜及各种急推菜肴，唯一的缺点是厨师不了解顾客的喜好，确认菜单后修改的过程比较麻烦。所以在南方的许多餐饮企业里，编写菜单的工作改由楼面来做，这是一种流行的做法。因为楼面服务人员对客人比较了解，知道熟客的喜好、口味，针对性很强，由楼面下单，在被客人确认时修改也比较方便，后厨可以减轻很多压力，可以将所有的心思放在生产上，与客人打交道的事情全部交给楼面。

当然，无论是传统的做法或流行的做法，编写菜单的方式是一样的。首先要从预订部了解客人订餐的餐标和就餐人数，了解这两个要素很重要。目前订餐标的方法有两种，一种是定价格，不管人数，比如 800 元/桌，10～12 人；另一种是定每人的价格，比如 80 元/人，6～7 人。第二种对人数的要求较严，多人和少人都会对餐标有很大的影响。根据不同的餐标进行菜单的编写工作，通常使用统一的格式。在餐标的安排上一定要注意档次的体现。比如 800 元/桌和 80 元/人是同一个档次级，尽管可能 80 元/人，5 人和 400 元/桌，10 人的价格总数是一样的，但 80 元/人，5 人享受菜肴档次与 400 元/桌，10 人是完全不一样的。原则上 80 元/人，5 人菜肴要少而精，质量要高。再次对菜肴的分量一定要标注清楚，比如，要分位、分客的应写清，为打荷厨师、传菜部人员提供配套服务做准备。最后编写好的菜单一定要给订餐客人确认，只有等客人确认后才能组织生产。

菜单格式多有竖写法和横写法两种，竖写式菜单格式如图 7-5。竖写式菜单格式一般一式三联，第一联（白色）给厨房，第二联（红色）给厅房，第三联（蓝色）给传菜部。收银由于有预订的固定餐标，故不需要菜单。

横写式的菜单格式比较简单，只要标明酒席的餐标、参加的人数和单位就可以。不过一般商务餐根据档次的高低，还需要在餐桌上摆放制作精良的菜单卡，其形式可以有多种多样，可设计成扇形、书形、手卷形、台历形，也可以使用竹、绢、玻璃、瓷器等材质，总之一个目的就是营造良好的进餐氛围。

（三）生产的实施

商务餐的生产一定要做好充分的准备。首先在客人到来之前半小时，应该将冷菜摆放在餐桌上。客人一到应该将冷菜的主盘端上桌，如果是看盘，待热菜到之前，将其再撤下

××酒店

营业台　　　　　　　　　　　　　　　　　　　　用餐日期　　年　月　日

每席 席人入单日期二〇〇年 入单人										客人名称 台号厅号

图 7-5　竖写式菜单格式

来。客人在享用冷菜的时候，厨房应该静候传菜部的通知。一旦接到走菜的信息，打荷厨师就要开始递菜，递菜一定要按照菜单的顺序进行。事实上，没有哪家厨房每天只接待一桌，往往各种类型的商务宴席都是交错地到来的，走菜也是在交错地进行，这时就需要打荷厨师具有非常好的记忆和经验，合理安排每桌宴席的上菜速度。传菜部人员也应该配合打荷厨师，及时催叫未上或等待很久的菜肴，保证宴席菜肴的节奏。为了保证宴席良好的节奏，打荷厨师应该提前做好以下准备。

（1）备好餐具　提前将厅房使用的各种餐具摆放在固定的位置。

（2）备好花草　将雕好或牙签插好的各种花和点缀草摆放在固定位置上，要用淀粉面团将花和草固定在一起，点缀时就会比较方便。

（3）备好粉浆　将宴席中需要提前拍粉、挂糊的原料进行处理，防止生意忙时没有充足的时间。粉浆的配置也要依照配方进行调制，要先将各种粉按配方数量称好，然后再混合在一起，使用时只需调入清水即可。

（4）摆好菜肴　一般要将各个厅房的菜肴分类摆放，最好一个厅房的菜放到一起，以便拿取时比较方便，同时还可以查点漏、缺上的菜肴。

（5）查点菜单　一要尽可能地记住菜肴，二要将砧板送过来的菜肴查点，看有无漏配的。

实际上，打荷厨师还要做的工作还很多，遇到不同的情况需要有不同的处理方法。打荷岗位就像“交通警察”一样，指挥着厨房的餐饮生产活动，厨房的管理者一定要了解这个岗位，在商务餐生产中给予更多的监督与协调。

五、年夜餐的生产

随着经济的发展、人民生活水平的提高，过年到饭店用餐的家庭、百姓越来越多，在饭店预订年夜餐成为一种时尚。年夜餐尽管不能成为餐饮经营的主体，因为它每年只有一次，但每一次火爆的状态，使餐饮企业的经营者又不能割舍。随着近几年的年夜餐的越演越烈，餐饮经营者逐渐开始认识到这个新兴的餐饮形式，并更加重视。有的城市的餐饮企业将年夜餐包装外卖或登门操作，取得了很好的经济效益。看来，很多企业已经不止是看到年夜餐的一夜效应，而是将其作为长远发展的对象。

年夜餐其实从其内容和实质上看，还是普通的宴席或商务餐，与其他的餐饮形式别无二样。但如果从生产上看，年夜饭的生产有着自己独特的地方，它不同于商务餐的零零散散，用餐时间跨度大，有充分调剂菜肴的时间；它也不同于婚宴、团队餐，婚宴、团队餐可以同时上菜。年夜餐实际上是客人在一个相对集中的时间段用餐的活动，用餐量很大，一般的餐饮企业是爆满，更多的是超负荷，而且每桌客人来的时间间隔较短，使厨房调剂菜肴的时间几乎没有，这给厨房生产带来了相当的困难。

基于上述的因素，年夜餐这种特殊的餐饮形式就应该有特殊的生产方式来保证餐饮经营的正常进行。在开始正常的生产之前，前期的辅助工作一定要到位。首先菜单的制定要掌握一定的原则。

① 由于生产量较大，菜单中菜肴的安排要有可操作性，其复杂程度要根据餐饮店的设备条件来定。比如，冬天天冷如果有保温柜，才可以安排炸类的菜肴。因为炸类菜可提前做好放入保温柜中，现来现炸是绝对不可以的。

② 年夜餐的菜单一般会以套菜的形式出现，通常会有几个价位的套餐。考虑到年夜餐的复杂性，一般提供的套餐种类不要过多。

③ 菜单中所安排的菜肴的制作不要集中在一个岗位上，通常要将制作分流。比如上杂、烧烤、点心都可以分担部分菜肴的制作。

④ 不同价位的菜肴可以有交叉，保证不同类型菜肴的量不要过多。

⑤ 菜单中应该多安排烧、焖类菜肴，如果有保温的器具也不妨考虑使用。比如锅仔、巴西明炉等器具。

确定了菜单，就需要进行具体的生产实施，其步骤如下：

① 与餐厅一起将所有预订的年夜餐绘制成座位示意图，分别划分区域，并编号以便走菜时菜肴能上对地方。

② 将客人预订的菜单进行归类，统计出各标准的餐桌数。

③ 将菜单中将要制作的菜肴进行分类，归类分摊给相应的岗位烹调。

④ 将人员进行重新分工，每人各负责一个菜肴，并告知菜肴的数量及价位、台号。比如上杂负责蒸、煲仔类菜肴；点心负责鱼类菜肴；炉灶主要负责炒菜；烧烤主要负责烤类菜肴。

⑤ 增加打荷人员和传菜部人员，分别划分工作区域。必要时安排好通讯工具，比如对讲机、喇叭、耳机等等。

⑥ 重新布置厨房布菜的位置，保证上菜的通畅和快速。

⑦ 厨房的管理者一定要注意协调工作，一旦走菜，各部门要一起行动。

由此可以看出，年夜餐的生产已经与传统的厨房生产有了区别，最重要也是最简单的操作手法就是面对大批量短时间涌入的顾客，人员分工要更加具体、更加仔细，以至于落实到每一个菜肴上。

第四节　厨房人员的生产运作程序

厨房人员是生产的主体，为此，了解厨房人员工作的程序十分必要。由于分工不同、生产目的不同，使得各岗位都有适合自己岗位的运作程序。这些运作程序可以规范或纠正员工工作中的各种操作行为，使厨房生产向餐饮企业既定的目标发展。下面分别介绍各岗位人员的工作运作程序。

一、厨房管理人员的运作程序

厨房管理者在厨房生产运作过程中，主要充当的是决策、监督、控制、指导的角色。面对厨房每日的各种生产任务能够统筹安排，做好生产计划；对员工的不规范操作能予以指导和纠正；对于一些突发事件能很好地处理、解决。下面的运作程序是厨房管理者每天所应该做的最基本的工作。

（一）总厨师长工作运作程序

8：30 签到，查看当日客情情况，制定菜单。了解前日营运销售情况，根据预订、销售季节等恰当地制定当日出售品种。查看各点的工作人员到岗与签到情况，布置有关工作。

8：40 开部门晨会。

9：10 开例会，传达总经理工作指令，把各点情况综合分析，更好地加强厨房生产。

10：00 到各点检查工作情况、卫生状况（包括出勤、在岗、工作状态、仪表仪容等），签当日各种单子（领发货等），分派各点厨师长工作任务。

10：10 查看初加工状况。①原料的出料率；②原料的加工质量（鱼鳞、鸡毛、肉切的形状等）；③当日所进原料质量；④卫生情况。

10：20 查看案板与炉灶工作情况。①案板送到炉灶的原料的质量情况；②查看冰箱卫生，原料新鲜度；③原料备货是否充足；④原料换水与否（水发原料）；⑤炉灶卫生、加工半成品是否符合要求；⑥餐前准备工作。

10：30 查看冷菜点心工作情况。①原料备货与品种、数量；②能否及时供应；③卫生情况；④餐前准备工作。

10：50 查看西厨工作情况。①工作人员状态如何；②品种准备情况；③能否及时供应、是否符合要求；④卫生情况如何。

11：00　准备开餐。各点巡视、查看营运情况，处理各点需协调之事，保证正常运转。

14：00～16：00　制定工作计划，综合各点销售情况

16：00与10：00同。

16：10与10：10同。

16：20与10：20同。

16：30与10：30同。

16：40与10：50同。

17：00准备开餐。

20：30开餐结束，检查收尾工作。①总结当日营运销售情况；②制定次日工作计划；③检查存余食品存放；④检查电、水、气关闭情况；⑤对各点厨师长进行考核。

（二）厨师长工作运作程序

8：00检查员工出勤情况和签到情况，查看交班日记，布置有关工作。

9：00巡视厨房各点的工作情况（员工的定岗、定位、出勤），了解中午客情，分派各点领班工作。检查初加工间的工作状况，检查切配间的工作状况。

10：00根据例会要求布置中厨房工作，根据客情预报，检查原料的数量、质量、切配搭配情况。掌握售缺情况并及时通知餐厅。

11：00巡回员工的工作情况，确保菜肴数量、质量，保证色、香、味、形符合规格标准。开餐高峰时，合理调配人手并对重要宾客或特殊要求的菜肴亲自操作，以保证及时出菜，及时处理客人对菜肴的投诉。

14：00检查厨房区域的卫生及收尾工作。了解晚餐的客情，布置有关工作。了解明日客情，及时通知各点，填写申购单及领用单。

16：00同10：00内容。

18：00同11：30内容。

21：00收尾工作。检查剩余食品的存放，查看各点的清洁工作，检查门、窗、橱柜、冰箱、冰库的关闭情况，检查煤气阀和鼓风机的关闭情况，对各点领班进行考核。

二、厨房各点工作人员运作程序

厨房各点的工作人员在厨房生产中，主要完成的是些具体的工作。下面的工作程序是员工每天必须要做的工作。

（一）加工间运作程序

加工间早班工作人员，每日早上必须将各岗位所订原料（含当日必需的小料、葱姜蒜）核查并将各岗位所需原料加工完成后，分送到位，中午开餐前，加工间工作人员有义务协助各岗位完成走餐工作，开餐结束，加工间工作人员将本岗位卫生打扫干净，并备足

晚餐原料，办理交接班手续。晚班人员到岗后，仔细检查原料、存量，需要增订和补订的原料及时增补备齐，并根据各点原料订单加工完成、备好，分送各点（下午 17：00 之前，将各点明日定货单收齐由领班交购），并及早将各点的葱姜蒜备齐，晚上开餐时加工间工作人员协助各点正常走餐，走餐完毕工作人员把岗位卫生打扫干净（包括下水道、地面墙壁、水台、工作柜、冰箱等）。

（二）砧板运作程序

砧板工作人员每天早上准时到岗，到岗后把冰箱整理干净，将昨天所剩原料（换水的换水）填补备齐，对售缺原料及时增订（下订单给加工间，由加工间领班转交采供部），然后将中午餐前所必需制成的半成品的原料及早交给炉头，由炉头加工成半成品，再由砧板人员放入货架排放整齐，将中午开餐前所必需的原料加工齐备（包括葱姜蒜）送与炉灶。中午开餐前，由砧板领班将当日菜单与前台服务员对照，开餐时做到配菜合理、规范，尽量满足客人的要求，使客人有宾至如归的感觉，遇到一些需要现杀活宰的原料时要及时通知加工间人员，将鲜活原料尽早宰杀处理好，便于出菜快捷。开餐结束将主配料收拾回冰箱。将案板水台、砧板收拾干净，查看冰箱，对售完的原料及早加补订单，使各种原料在下午开餐前能够及早补齐。砧板下午上班前检查冰箱，将冰箱内缺的原料（或来不及补订的原料）及早在开餐前对菜单时通知前台主管或领班，晚上开餐时与炉灶厨师合作，将菜肴以最快的速度、最好的质量完成，送至客人桌上，尽量满足客人的一切要求，贯彻客人就是上帝的宗旨。晚餐开完后，将各种主配料及半成品放入冰箱，将案板水台及工作柜、货架打扫干净。

（三）炉灶运作程序

炉灶工作人员每天早上到岗后，将炉灶卫生打扫干净，将调味品填补齐备，将案板送来需要在炉上加工的原料进行加工，并且要保证成品质量与卫生。开餐前做好餐前准备工作，开餐时做好与案板师傅的配合，将案板配好的菜肴及时上火加工，及早将菜肴送至前台（有些客人要求特殊制作的菜肴也要尽量满足）。上菜时根据客人的需要，按正常的上菜程序走菜，开餐结束将炉火熄灭，将调味品盆刷洗干净并加盖，工作台上收拾干净。

（四）点心间运作程序

早班人员到岗后，首先检查冰箱，对昨天售完的原料下订单补齐，打扫岗位卫生，将每天必需的原料准备出来，并保证质和量，在备齐各种原料的情况下，宴会所需的点心也要加工出来。开餐时将各点所需的点心尽快制作好，并由服务员送至客人手中，使所做的每道点心都能使客人满意。开餐结束将各种半成品或原料放入保鲜冰箱和速冻冰箱，下班前做好岗位卫生，并与上晚班的人员办理交接。晚班人员上班前检查冰箱内的成品售出情况，如果有缺售的成品，将晚餐所必需的点心加工出来，并在下午5：00之前，下明天的备货单给加工间。晚上开餐时配合零点和宴会进行走餐及尽全力使客人满意。晚餐结束将明天早上要做的点心、馅心准备妥当，将案板卫生打扫干净，并写出交接班日记。

（五）冷菜间运作程序

冷菜间早班工作人员，每日到岗后先到加工间领取当日所订好的原料，将每日所必需的冷菜加工出来，有些需要特殊加工的原料必须由领班以上人员完成。原料加工过程一定牢记生熟分开，避免交叉污染。原料加工好，可以放入冰箱，也可以放在货架上用干净的纱布盖上以免污染。开餐前，将备好的成品及时发放到餐厅并准备好接零点的工作，协助服务员走好餐。走餐完毕做好岗上卫生，并将晚上所缺的原料填补齐备，开餐前将没有的冷菜下单给前台服务员（开餐前一定要与服务员对一下菜单）。晚餐前将所需的冷盘交给服务员，并做好接零点的准备。开餐结束，将岗位卫生打扫干净（下午 5：00 点之前将明天所缺原料订单交加工间），写好交接班日记。

本章小结

餐饮业不同于食品制造业，首先餐饮产品的口味标准不一样，不同年龄、不同生理条件的人对餐饮产品的口味要求都不一样，有时同一个菜肴或同一种原料在不同的地区生产加工，都会出现不同口味；其次餐饮产品具有即时性，餐饮的生产、销售和消费几乎是在同一个时间内发生。餐厅供应的菜肴一般不会预先生产好、储存起来等待客人来购买，而是要根据客人当时要求的品种和数量来生产。由此，餐饮产品的生产具有自己独特的操作流程。事实上，我们需要餐饮生产能像食品制造业一样具有标准化的生产工艺、流水线的作业、稳定的产品质量，但同时我们也需要保留餐饮业自身特有的个性特点。

厨房生产的最终目的是通过生产管理的有效调节作用，生产出让顾客满意的有质量的产品。为此，厨房的管理者一定要了解厨房生产中的加工、配份及烹调程序，掌握各种形式的餐食生产，学会安排和协调，并能够采用先进的手段对重点的生产过程进行控制，这样厨房生产才能有条不紊。

习　题

1. 如何做好加工阶段的菜肴质量管理。
2. 什么是配份？配份阶段原料的质量怎样控制。
3. 试述烹调阶段的数量管理。
4. 重点控制的内容有哪些？如何查找上菜速度慢的原因。
5. 试谈零点餐的生产过程。
6. 将所给出的菜肴按顺序填入下列单据中（菜肴：水果拼，香煎鳕鱼，翡翠玉米羹，水晶虾仁，风味烤鸭）。

××酒店

营业台　　　　　　　　　　　　　　　　　　　　　用餐日期　年　月　日

台号	席人 人单人 二〇〇　年	入单日期	扬州炒饭									冷菜	客人名称 台号 厅号

7. 简述年夜餐实施的步骤。

第八章　厨房的卫生安全管理

［学习目的］ 了解厨房卫生与安全管理的基本内容，掌握厨房卫生控制的手段，明白厨房安全的必要性及必备的灾害预防措施。

［主要内容］ 厨房的卫生管理，厨房的安全管理。

1995 年 10 月 30 日国家颁布了《中华人民共和国食品卫生法》，后经修订成为我国关于食品卫生方面的专门法规。制订的法规成为规范厨房生产、保障食品卫生状况的有力武器，厨房中每一个员工都应该积极遵守，以维护餐饮企业的形象和保护消费者的人身健康。

第一节　厨房的卫生管理

厨房卫生的管理事实上是从采购开始，经过生产过程到销售为止的全面管理。它主要包括环境卫生、厨房设备及器具卫生、原料卫生、生产卫生、个人卫生等五方面，每一个厨房管理者都应该在这五方面加强管理。

一、环境卫生的管理

厨房环境包括厨房的生产场所、下水、照明、洗手设备、更衣室、卫生间及垃圾处理设施等，具体的卫生质量主要体现在以下几方面。

（一）墙壁、天花板及地面

厨房墙壁、天花板应该采用光滑、不吸油水的材料建成，地面应该采用耐久、平整的材料铺成，要经得起反复的冲刷，且不受厨房高温的影响而开裂，一般以防滑无釉地砖为理想。一旦墙壁、天花板、地面出现问题应该及时维修，并保持良好的状态，以免藏污纳垢，孳生蟑螂、老鼠等。理想的保持卫生的方法是：墙壁每天冲刷 1.8m 以下高度，每月擦拭 1.8m 以上的高度；地面每天收工前要进行清洗、冲刷。

（二）下水道及水管装置

凡有污水排出以及由水龙头冲洗地面的场所，均需有单独下水道和窨井，要保持通畅，避免阻塞。下水道的形式通常有两种，一种是明沟式的下水道，有铸铁或不锈钢的盖板，进行卫生清洗时，最好将盖板掀开，将下水道进行冲刷，保证厨房正常的气味；另一种是暗沟式下水道，有排水口，一般情况下用水冲刷后，最好用墩布擦干保持地面的干爽。当然不论下水道是何种形式，有条件的厨房最好在通往下水道的排水管口安装垃圾粉碎机，这样可以保证下水道的通畅，防止堵塞污水溢漫而污染食品和炊具。

饮用水管与非饮用水管应有明显的标记，饮用水管与污水管道要防止交叉安装。通常水管壁要定期地进行清理，防止过多的油垢沉积，尤其是炉灶上使用的水管。

（三）通风和照明

厨房的排烟罩、排气扇需要定期清理，尤其是排烟罩，油垢的沉积会带来火灾的隐患，多余的油污会聚集下滴污染到食物和炊具。排气扇的定期检查、清理可以有效地保证其正常的工作，避免排汽不善造成油烟、水汽沉积而污染食品。

照明设备的完善是保证正常卫生清洁工作的一个前提条件，昏暗的灯光只能使卫生清洁工作更加困难。另外灯具一般都要配有防护罩，防止爆裂造成玻璃碎片飞溅，而污染到食品或伤及他人。

（四）洗手设备

每位厨房的工作人员的双手都是传播病菌的主要媒介，在厨房中多设置洗手池是比较好的做法，比如在更衣室内、卫生间内、厨房的各个岗位上。这样的做法，一来可以保证员工在任何时候都保持双手的干净，二来清洁卫生时也有很大的便利。

（五）更衣室和卫生间

职工的便服常会从外界带入病菌，因此不能穿着上班，也不能随意挂在厨房的任何一个角落，餐饮企业设立员工的更衣室就是要使员工有一个干净、清洁的卫生状况去投入到生产工作中，一般更衣室有专门的柜子存放衣物，有淋浴间保证员工上下班时的清洁。

餐饮企业设立卫生间也是给员工创造一个清洁自己的环境，卫生间设备齐全，保证员工如厕后不将病菌带入厨房，甚至污染食品。

（六）垃圾处理设施

厨房的垃圾是每天都会有的，处理不当容易造成卫生条件的下降，更容易招引苍蝇、蟑螂、老鼠，是污染食品、设备和餐具的危险因素。为此，每天产生的垃圾要及时地清理，使不良的气味不至于污染空气、食品。通常垃圾桶要使用可推式带盖的塑料桶，里面要放置大型的垃圾塑料袋，这种袋子比较结实，不宜破漏和滴撒污物。垃圾及时清出厨房，可以摆放在专门的垃圾站里，大型的餐饮企业可以设置垃圾冷藏室，配备垃圾压缩机或使用垃圾粉碎机。

（七）杜绝病媒昆虫和动物

除了上述的卫生质量要保证外，采用一定的消杀措施防止病媒昆虫和动物（比如老鼠）等侵入也是保证卫生质量的一个方面。当然，无论哪种措施都应该以保证食品安全为前提，不要将杀灭病媒昆虫和动物的药水或诱饵污染到食物上，更不要产生对员工的伤害。有条件的餐饮企业应该在厨房设计时就考虑到堵住这些病媒昆虫和动物进入厨房的渠道。比如封闭窗户、堵住各种缝隙、采用自动门、下水道铺设防鼠网等等。

二、厨房设备、工具及餐具卫生的管理

厨房设备、工具及餐具卫生的状况不佳，也容易导致食物中毒事件的发生。比如砧板处理不当会产生霉变；餐具用脏抹布去擦反而会污染菜肴。厨房设备、工具及餐具的卫生往往容易被管理者忽略，他们更多的注意力放在了原材料上，所以有时出现问题时会不知所措。通常，厨房设备、工具及餐具的卫生要求应该从以下几类去考虑。

（一）加工设备及加工工具、用具

这类设备包括刀具、砧板、案板、切菜机、搅肉机、切片机、各种盛装的盘、盆、筐等，由于它们直接接触生的原料，受微生物污染的机会增加，如果加工后不及时地消毒和清洗就可能会给下次加工带来危害。比如木制砧板的霉变、铁制刀具的生锈、机械设备未清洁干净的杂物都可能对加工的原料产生污染，导致原料的卫生指标下降，甚至产生致病的危险。为此，使用过的任何加工设备、工具、用具应该及时地进行清洗、处理，保证下次使用不构成对原料的污染。

（二）烹调设备及相关工具

对于烤箱、电炸炉之类的烹调设备，长时间使用会产生不良气味，需要将污垢、油垢及时地清理掉，否则会污染到食品上，给人以不洁的感觉。

而对于有明火的炉灶，应及时地清理炉嘴，长时间不清理的炉嘴容易生成油垢，一影响煤气或燃料的充分燃烧，易产生黑烟，造成厨房气味不佳和黑色粉尘的数量；二工作的效率大大降低。

对于锅具而言，应该每天进行洗刷，尤其是锅底。锅底的黑色粉末极易使炉灶操作人员的工作岗位显得污秽不堪，甚至把干净的抹布变成黑布，如果去擦抹餐盘会造成食品的污染。另外，炉灶上使用的各种工具、用具也要经常清洗，以保证光洁明亮。比如调味罐、灶台、调味车、手勺、漏勺、笊篱等等。

（三）冷藏设备

原料放置在冷藏设备中，只是短暂保藏，不能成为万无一失的保险箱。由于低温只能抑制细菌的生长、繁殖，不能杀灭细菌，所以不要过分依赖冷藏设备。如果冷藏设备卫生状况差，会使细菌繁殖生长的机会大增，即使温度较低，有时都会产生不良的气味，使原料之间相互串味，相互污染。因此，除了正常地处理冷藏设备中的原料外，保持冷藏设备的内外环境的卫生也是维护原料高质量的一个重要因素。

冷藏设备原则上每周至少要清理一次，其目的是除霜、除冰，保持冷藏设备的制冷效果，保持冷藏设备良好的气味。清理时，关掉冷藏设备的电源，待其自然化冻除霜或使用水来冲刷除霜，然后擦干设备。重新打开电源，待设备制冷。千万注意不能使用硬物去敲打、撬扳设备，防止损坏设备。另外每天都应该对冷藏设备中的原料进行整理，保证通畅

的制冷效果，同时将设备内的污物清理干净，对设备常触摸的地方进行擦拭，使之保持清洁、干净，降低污染原料、食品的几率。

（四）餐具、储藏设备及其他

餐具是盛装食品、菜肴的器皿，其卫生状况的好坏直接关系到食品、菜肴的卫生质量。为此，任何一家餐饮企业都会设立专门的清洗餐具的部门，但注意并不是每个餐具清理部门都能保证餐具洗涤后的卫生质量，所以加强清洗设备的现代化和人员操作的规范化是保证餐具卫生质量的前提条件。不过，还应该注意有经清洗、消毒的餐具，并不能保证菜肴出品时还能有良好的卫生状况，因为不合理的保管和操作人员不正确的处理手法都会导致餐具被再次污染。如裸露储藏、脏抹布擦盘等。为此，厨房的管理人员一定要在每个环节上防范餐具被污染。

三、原料卫生的管理

生产原料的卫生状况是厨房最应该关注的要素之一。原料的卫生状况如何，除了应该鉴别原料是否具备正常的感官质量外，更主要的是要鉴别原料是否被污染过。通常要鉴别的污染是生物性污染和化学性污染。

（一）生物性污染

原料在采购、运输、加工、烹制、销售过程中，要经历很多环节，不可避免地要遭受病菌、寄生虫和霉菌的侵害。要预防和杜绝原料的生物性污染，应该采取下列的措施：

① 采购原料要尽可能选择新鲜的，降低被各种致病因素侵害的可能性。比如死掉的鳝鱼很容易造成食物中毒。

② 在原料运输过程中，要做好防尘、冷藏和冷冻措施。尤其是长途运输的原料一定要进行必要的冷藏或冷冻处理。

③ 严格执行餐饮生产人员个人卫生制度，确保员工的身体健康。有传染病、皮肤病的员工应调离餐饮行业。

④ 保持厨房良好的环境卫生，保持各种设备、器具、工具及餐具的卫生。

⑤ 严格规定正确的储存食品原料的方法，避免食品原料遭受虫害、变质的危险。

⑥ 培训员工掌握必要的鉴别原料被污染的专业知识及相关的法律法规，及时发现及时处理，杜绝被污染的食品原料直接上桌危害顾客的行为。

（二）化学性污染

目前原料的化学性污染主要来自于原材料种植、饲养过程中所遭受的各种农药、化肥及化工制品的侵害。为此我们必须做好以下的防范。

① 对水果蔬菜要加强各种清洗操作，努力洗掉残留在水果蔬菜上的各种农药和化肥。有时可以使用具有表面活性作用的食品洗涤剂清洗，然后再用清水漂洗干净。

② 有些水果、蔬菜可以去皮操作，降低化学污染的几率。

③ 选用符合国家规定卫生标准的食品包装材料及盛装器具，不允许采用有毒或有气味的食品包装材料和盛装器具。

④ 将硝酸钠和亚硝酸钠进行严格的控制，能不用尽量不使用。如果一定要使用，其用量应该控制在硝酸钠每千克食品不超过 0.5g 的范围内，亚硝酸钠每千克不超过 0.15g。

⑤ 坚决弃用被污水污染过的水产原料及注水原料。凡是在食用时有柴油、煤油味的食物一定要弃用，这可能是被污水严重污染的原料。

四、生产卫生的管理

生产阶段是厨房卫生工作的重点和难点所在。由于生产的环节多，程序复杂，在原料转变成产品的过程中，会受到各种不同的因素的影响，控制不好就容易形成对成品卫生的影响。

（一）加工生产的卫生管理

厨房加工从原料领用开始。对于鲜活原料验货后，应该立即送给厨房加工，加工后应该立即进行冷藏处理，长时间摆放会改变原料的品质，尤其在夏季更应该注意。俗语“香六月、臭七月”讲的就是对原料适时处理的问题，即六月的原料从内部开始坏起，尽管外面还闻不出臭味，一旦原料出现异味而不被发现，那其实是最危险的，最容易造成食物中毒事件的发生。对于冰鲜原料领取出库后，要采用科学、安全的解冻方法进行处理，待解冻后要迅速地进行加工，加工后适时地保藏，保证原料卫生质量的稳定。对于罐装原料，在开启时要注意方式和方法，避免金属、玻璃屑掉入原料中。对于蛋、贝壳类原料，要先洗净外壳再进行处理，不要使表面的污物污染内容物。同时加工时也要防止壳屑进入原料中。对于易腐败的食品加工，要尽量缩短加工的时间，大批量加工原料应逐步分批从冷库中取出，以免食品在加工中变质。

对菜肴配置时注意使用清洁的盛器，最好将盛装生原料的器具与盛装熟原料的器具分开，不要混装。有时考虑空气中细菌对原料的污染，需要放置的原料要加封保鲜纸。

（二）冷菜生产的卫生管理

冷菜生产的卫生管理非常重要，首先在厨房布局、设备配置和用具安排上都要考虑与生的原料分开。其次，切配食物的刀具要专用，切不可既切生食，又切熟食。各种用具、砧板、抹布也要专用，切忌生熟交叉使用，而且这些用具要定期进行消毒。譬如砧板可以使用酒精烧制，杀死表面的细菌，抹布需要用消毒液进行消毒处理。再次操作的手法要尽可能简单，不要将熟食在手中摆来摆去、摸来摸去，将被污染的几率降到最低。最后装盘工作不可过早，装盘后不能立即上桌的应使用保鲜膜封存，并进行冷藏。生产中剩余的产品应及时收藏，并尽早用掉。

（三）烹调生产的卫生管理

烹调生产一定要考虑加热的时间和温度。由于原料是热的不良导体，在加热时更多地应该考虑食品内部的温度，是否达到杀死细菌的最低温度。为此通过合理地控制加热的时间与温度，来保证菜肴成熟后的风味质量和菜肴的卫生质量。成熟后的菜肴一定要盛装在干净的餐盘中。

对烹制好但只是备用的原料来说，保证其不变质是厨房生产的一个难点。如果处理的不当，熟制原料也容易发生变质。尤其在春夏、盛夏、夏秋之交的季节里，高温会给富含蛋白质的原料带来更多变质的可能。烧开烧熟的原料是比较忌讳用不干净的器物去搅拌或翻动的，通常操作人员会忽略这点，因为这会给细菌带来更多的机会，加之有油的保护，原料温度不能迅速下降，成熟原料的内部就容易达到细菌最理想的繁殖温度。鉴于此，防止原料腐败的方法有两种，一是将原料烧开后，迅速进行降温，让原料的内部温度迅速脱离细菌繁殖的温度区域；二是加盖烧开原料后，关火，不要再开盖，使锅内空气细菌被杀死，同时外界空气中的细菌不能进入锅中。

五、个人卫生的管理

我们知道厨房生产中有各种因素影响厨房卫生的状况，其中比较重要的一个因素就是员工的个人卫生状况。因为人是生产产品的创造者，他不可避免地在生产中跟各种原料、设备去接触，假如员工个人卫生状况差，必然直接或间接地影响产品的卫生质量，进而危及到用餐的顾客。为此，建立良好的个人卫生习惯及监督员工的卫生状况是厨房产品卫生得以保障的前提条件。

（一）卫生管理

厨房人员的卫生意识可以通过以下三方面来培养。

1. 个人卫生管理

厨房工作人员应该养成良好的个人清洁卫生习惯，在工作时应穿戴清洁的工作衣帽，防止头发或杂物混入菜点之中。经常接触食物的手要经常清洁，指甲要常剪，有些工作接触熟食，需要戴手套操作。严禁涂抹指甲油、佩带戒指及各种饰物进行工作。一旦工作人员手部有创伤、脓肿时，应严禁从事接触食品的工作。

2. 工作卫生管理

通常厨房中是禁止员工吸烟的，吸烟既易使环境被污染，也易造成食物被烟灰、烟蒂污染的可能。与熟食接触的员工应该佩带口罩，防止唾液污染食品。品尝菜肴的员工，不要用手抓食，应该使用清洁的调羹、手勺，舀放在专用的碗中进行操作。对于现场操作的工作人员来说，使用干净的手套进行操作可以预防对食物的污染。餐具如果摔落在地上，如没破碎应清洗干净后再使用，如果破碎要及时清理，防止碎片混入其他原料、菜肴之中。另外，员工在操作中，不要挖鼻子、掏耳朵、搔头发、对着食物咳嗽、打喷嚏等，保持一个良好的工作习惯。

3. 卫生教育

对新员工来说，卫生教育可以让他们对餐饮企业生产的性质有所了解，知道出现卫生状况不佳的原因，掌握预防食物中毒的方法。对在职员工来说，可以时时地提醒要绷紧卫生生产这根弦，及时发现问题，及时补救，有效预防食物中毒的发生。对各位管理者来说，卫生教育可以使自己也保持高度的警惕，防止员工发生各种违规的操作。

（二）健康管理

厨房从业人员的健康状况是保证食品卫生状况的前提，有再好的卫生习惯，而没有健康的身体是不行的。为此餐饮企业在厨房人员招聘之时，强调身体健康是第一要素。应该在员工取得了防疫机构检查合格的许可后，才允许其从事餐饮工作。对患有脓疮、外伤、结核病、肝炎等可能造成食品污染的有疾病人员，则一定要将其排除在餐饮队伍之外。

厨房管理人员及企业人事部门的工作人员应该对餐饮从业人员的健康资格进行审查，对不合格的一定不能录用，同时要督促健康合格人员定期到防疫机构去进行健康检查。通常是每年检查一次。

第二节　厨房的安全管理

厨房的员工每天都要跟诸如火、加工器械、蒸汽等容易造成事故或伤害的因素打交道，如果不具备一定的防范意识和遵守安全操作规范，肯定会产生事故，一旦事故发生很容易使餐饮企业造成财产和人员的伤害，其危害程度是不可估量的。为此，厨房管理者在生产经营中时刻要加强和规范安全意识，保证厨房员工的安全，避免企业蒙受损失。

一、预 防 火 灾

火灾应该说是厨房最易遇到且伤害最大的灾难之一。诱发火灾的因素很多，比如未熄灭的烟头、电线短路漏电、燃气外泄、烹调操作不当、机械过度工作产热、故意纵火等多方面。尽管火灾是易发的灾难，但如果了解起火的原因，事故的预防还是可以做到的。火在厨房产生要具备三个条件：火源、氧气和可燃物质。当三个条件具备时，便会发生火灾。那么如何预防火灾呢?

（一）火灾的预防

火灾的产生是有诱因的，杜绝火灾的诱因就可以有效地预防火灾。具体的做法如下：

① 厨房内每个员工必须遵守安全操作规程，并严格执行。

② 厨房的各种电动设备的安装和使用必须符合防火安全的要求，严禁员工野蛮操作。厨房的用电线路一定要分清照明电线路和动力电线路，千万不能混用。线路的布局要合

理，尤其炉灶线路的走向不能靠近灶眼。另外设立漏电保护器，防止短路引起的火灾和对员工的意外伤害。

③ 厨房内煤气管道及各种灶具附近不要堆放易燃物品。使用煤气要随时检查煤气阀门或管道有无漏气，也可设置煤气报警器，发现问题及时通知专业维修人员，杜绝不闻不问的马虎行为。

④ 在烹调操作时，锅内的介质（水、油）不要装得太满，温度不要过高，严防因温度过高或油溢、水溢而引起的燃烧或熄灭火的事件，这都能诱发各种伤害。

⑤ 炉灶、烟罩要定期清理，防止油垢过多引起火灾。一般饭店炉灶会有管事部人员每天下班后清洁，而烟罩通常每季度要由专业人员清理。

⑥ 任何使用火源的工作人员，不能擅自离开炉灶岗位，防止无人看守，烧干原料而引发火灾。

⑦ 搞卫生时防止违章操作将水浇洒在电器设备上，预防漏电、短路事故发生。卫生工作结束后，厨房要设专人负责检查各种电器、电源开关，并关好各种电源和燃气阀门。

（二）火灾的疏散

一旦火灾发生，除了实施灭火外，员工的疏散工作也是必要的。通常可以按照下列的规程操作。

① 厨房负责人一定要检查每一个灶眼，确保每一燃烧器都处于关闭状态。

② 必须关闭和切断一切电器、用具的电源开关。

③ 打开消防通道，迅速疏散厨房的员工。

④ 确认无事后，厨房负责人才能离开。

二、预防意外伤害

厨房的意外伤害都是因为员工疏忽大意或设施布局不合理造成的。意外伤害会影响到餐饮企业的声誉，也会伤害到员工，造成工作人员非正常的减员，同时关系到厨房生产的顺利进行。

厨房意外伤害主要是由摔伤、烫伤、割伤、电击伤等原因造成的，因此，必须了解各种安全事故发生的原因和预防方法，才能加强管理。

（一）摔伤

摔伤的原因往往是地面不平、地面有坡度、地面上有汤汁和食物、障碍物的磕绊等，使人滑倒、磕碰而产生伤害。为了防止此类伤害的发生，生产操作时应注意以下几点：

① 保持地面的平整，需要铺垫的要进行铺垫。如有台阶，在台阶处用醒目的标志表示出来，以防不留神被绊倒。

② 在有坡度的地面和员工的出入口，应该铺垫防滑软垫。

③ 一旦在操作中出现了水渍、油渍、汤渍及食物，一定要及时清理，最好用墩布擦

干，千万不要再用水冲洗。如在操作繁忙时，应急的方法是在地面上撒些盐，可以有效地防止人员滑倒。

④ 在工作区域的各个通道及出入口处，千万不要摆放各种物品，要及时清理障碍物，以免发生不必要的碰撞。

⑤ 运送各种货物的推车不要堆放过多的货物，以免挡到视线，撞伤他人。

⑥ 员工在厨房爬高时，要借助专用的梯架，切不可选用不安全的纸箱、货箱等不可靠的物品来充当垫衬物。

⑦ 有拐角的箱柜，尤其是正好在头顶位置的，应该将拐角进行垫衬，防止员工的头与其发生碰撞。

⑧ 切忌在厨房中奔跑，尤其到出入口处更应该放慢速度，以防跟进来的人相撞。

⑨ 厨房应该有足够的照明，避免因光线昏暗引起事故。另外厨房还应该配备应急照明灯具，一旦厨房突然停电，可以作应急照明使用，防止在黑暗中造成伤害。

⑩ 在易滑倒处，张贴“告示”。

（二）烫伤

烫伤在厨房操作中是经常遇到的。由于操作人员的粗心大意，会碰触到高温蒸汽、滚烫的炉灶、沸腾的水、滚热的油、不冒热气的汤等等。为了防止烫伤，生产操作时应注意以下几点：

① 无论烧水或加热油，水或油都不要加得太满，防止移动时，热水或热油溢洒出来。

② 烹调时，各种器具不要靠近炉灶，防止器具发烫，而操作者还不知晓的现象。比如漏勺柄、油罐的边缘等。

③ 使用蒸汽柜、烤箱时，要先将门打开，待饱和气体或热空气散掉，再用抹布去拿取菜肴，切不可空手直接去取。打开有盖的热食时，要先放热气，再进行下一步操作。

④ 进行油炸操作时，要将原料的水分沥干，防止水分四溅，造成伤害。一般操作者会使用漏勺作遮挡物，挡住四溅的油分。操作者下料的方法要正确，原料应该从锅边滑下去，而不要扔原料，溅起的油花会烫到自己。

⑤ 任何厨房的操作人员在工作中要保证正常的穿戴，千万不要赤膊、光脚穿鞋，防止危害发生会加重伤情。

⑥ 经常检查蒸汽管道和阀门，防止蒸汽泄露出现伤人事故。

⑦ 点燃气体灶时，要先排净多余的气体后，再打开总阀，点燃气体。

（三）割伤

割伤主要是因为不正确使用刀具、碰到尖锐的器物等。为了防止割伤，生产操作时应注意以下几点：

① 锋利的刀具要统一保管。一旦不使用的刀具要套上刀套，切不可随便乱丢，尤其是丢在黑暗处，极易造成伤害。

② 使用机械刀具或一般刀具进行切割时，精力要集中，切不可说笑、打闹。

③ 使用的刀具应该锋利，不锋利的刀具反而容易造成伤害。

④ 清洗刀具时要带上抹布，切不可将刀具与其他原料放在一起清洗。清洁刀口时，要使用抹布去擦拭。

⑤ 开过盖的罐头，要带抹布去打开开口，切不可用手直接去扳，以免造成划伤。玻璃器皿开盖后，一定要小心瓶口，不要随意乱摸，如有缺口很容易划伤手指。另外破碎的玻璃器皿，尽量不要用手去处理，以免划伤。

⑥ 各种金属盛器的边缘一定要是卷边的，如果有的卷边不好，需用抹布去端取，切不可空手去端，以免割伤。

⑦ 使用机械设备时，应仔细阅读说明书，按规程去操作。切不可直接用手去触摸，防止出现大的伤害。比如搅肉机填塞肉时，应该使用专用的塑料棒，而不是用手。

⑧ 厨房所有的机械设备都应该配备防护装置或其他的安全设施。

（四）电击伤

电击伤的原因主要是电器设备老化、电线有破损处或电线接点处理不当等。用湿手去触摸电器有时也会造成电击。为了防止电击伤，生产操作时应注意以下几点：

① 所有的电器设备都应该有接地线。

② 所有电器的安装调试，都由专业的电工来操作。

③ 各种电器设备员工只需进行简单的开关操作，不要触摸电机及无关的部分。

④ 定期检查电源的插座、开关、插头、电线，一旦有破损，应立即报修。

⑤ 使用电器前，要保持手的干燥，不要用湿手去操作电器设备。

⑥ 容易发生触电的地方，应有警示标志。

当然，为了预防各种不安全因素，厨房必要的训导是不可少的，比如对待操作“不图快，不省事”；对待工作要三心：“留心、小心和用心”，这样及时提醒员工注意，以防不测。另外，厨房还应该配备一定的药物，以备紧急状况之用。比如创可贴、烫伤膏、诺氟沙星等常备药。

本章小结

厨房管理如果只注重产品质量的生产，而忽视厨房卫生与安全的管理，那将是一种片面的管理。无论何时、无论何地卫生都应该是厨房生产需要遵守的第一准则。也就是说厨房从环境、设备、原料、生产乃至个人都要保持良好的卫生状况，这样餐饮产品才能洁净而没有污染。

厨房卫生的管理事实上是一种从采购开始，经过生产过程到销售为止的全面管理。每一个厨房管理者都应该从整个程序上加强卫生管理。目前比较流行的方法就是实施 HACCP 系统控制，通常在实施过程中要遵循餐饮业营运的食品安全规则，对其中的关键点进行控制与管理，这样为顾客提供的食品才能安全可靠。

厨房的员工每天都要跟能源、机械打交道，容易造成事故或伤害，如果不具备一定的防范意识和遵守安全操作规范，肯定会出现事故，一旦事故发生很容易导致餐饮企业财产损失和人员伤害，而且其危害程度是不可估量的。为此，厨房管理者在生产经营中时刻要加强和规范安全意识，保证厨房员工的安全，避免企业蒙受损失。

习　题

1. 什么是 HACCP 管理体系？查找相关的资料去说明 HACCP 管理体系。

2. 看下面一则故事。

这个人向着他的妻子及朋友吼叫着："我们刚吃完看起来、闻起来、尝起来都不错的豪华晚餐，为什么我的喉咙紧绷，脸及耳朵发红，呼吸低沉？我怎么这么渴?"，"我也是"，其他人也这样说。当他们走向转角的杂货店买罐装汽水时直说："那地方——再也不去了"!

相同性质的抱怨在那地方迅速传开。地区调查员就在这附近"吃的地方"展开调查。他站在角落观察那些为烹调食物而忙碌的厨房工作人员，注意到厨师不断地用他的长柄勺在菜肴中加入位于调味品桌下面大锅子里的东西。

猜猜这些人吃到了什么东西？如何预防这类物质的污染。

3. 下面一则案例讲的是食物中发现订书针，如果你是个厨师长，你来判断一下它从哪里来？如何杜绝这种现象的发生。对当事人你如何处理。

某饭店有单位宴客，在酒席进行中一客人在鱼翅盅里赫然发现了一枚订书针，客人的涵养较高，他只是用汤匙挑了一下，就再没吃，也没动声色。服务人员站立在旁边，已经看到，惊出一身冷汗，在上下一道菜，撤换鱼翅盅前忙问到："不再用了?"，客人仅用筷子指了一下。服务员机敏地说了声"对不起"。到厨房一看，一枚订书针明显在那里。为什么会有订书针呢？

4. 下面一种情况，作为厨师长的你面对危机该如何处理。

××社会饭店的厨房烟罩已经很久没有清除了，厨师长小汤几次在例会上建议将请专业人员清理烟罩，饭店的老板考虑到费用问题，迟迟不肯作出答复。一次，厨房炉灶厨师油炸菜肴时，嫌火大，将锅端离炉口，可能锅有些滑，没拿稳，锅有些晃，少许油泼出到炉膛中，于是火苗一下就蹿起，由于烟罩油垢厚积，加之排风设施开着，火借风势一下就烧起来了。厨师们见状作鸟兽散……。

5. 预防火灾的方法有哪些？

6. 如何在厨房中防止意外伤害的发生。

第九章　厨房的成本控制

［**学习目的**］　了解厨房成本控制的基本内容，掌握厨房成本控制的手段，学会厨房成本控制的基本计算方法。

［**主要内容**］　厨房成本控制的作用，厨房成本控制的基本内容。

餐饮经营的最终目的是赚取合理的利润，而每日的利润是由每日的营业收入减去每日的成本支出而实现的。我们知道餐饮企业每日的营业收入是通过餐厅售卖厨房生产的餐饮产品和各种饮料而得到的。如果加大促销的手段，可以更多地实现营业的收入，也就更多地实现利润。与此相反，如果控制每日的成本支出，使其支出更加合理、得当，将会使利润空间变得更大。由于餐饮企业的收入来源主要是厨房产品和饮料，而容易产生成本波动的主要是厨房产品。为此，将厨房每日生产的餐饮产品的成本进行合理的控制是一项必不可少的工作。

第一节　成本控制的作用

成本控制是餐饮管理的核心之一。成本控制的好坏对餐饮企业经营的成败具有至关重要的作用，这是显而易见的。为此，成本控制的重要作用至少可以在以下几方面表现出来。

一、实现利润的前提

科学的成本控制可以提高厨房的管理水平。有时将同类型的餐饮企业进行比较，营业额高的，不一定实现的利润就高；相反营业额低的，不一定实现的利润就低。这完全体现出其中的管理水平，体现出各个餐饮企业的成本控制能力。为了实现企业的盈利，每个餐饮企业必须要了解自己的盈亏平衡点。

所谓盈亏平衡点，有时又称保本点、损益平衡点、盈亏临界点等。它是餐饮经济活动中的一个重要内容，它是反映餐饮企业处于不盈不亏状况的销售量和销售额，正好是企业所得等于所费或者是销售收入等于经营成本，其公式是：

销售收入－成本＝利润

当利润为零时，企业收支情况是平衡的。处于这时的营业额即为盈亏平衡点，其公式如下：

盈亏点营业额=(固定成本-营业外净收入)/(毛利率-变动成本率-税率)

营业净收入=营业外收入-营业外支出

我们用一个实例计算来说明：

某酒店的固定成本为每月 14800 元，平均毛利率为 30%，变动成本率为 7%，税率为 3%，营业外支出为每月 1200 元。按公式可计算出该酒店的盈亏营业额，即：

盈亏点营业额=(固定成本-营业外净收入)/(毛利率-变动成本率-税率)

=[14800-(-1200)]/(30%-7%-3%)

=80000 元/月

显然，当该酒店月实现营业额大于 80000 元时，企业就会盈利；当月实际营业额等于 80000 元时，企业处于盈亏平衡状态；当月实际营业额低于 80000 元时，企业就会出现亏损。

如果盈亏平衡点用图来表示，如图 9-1。从图中可以清晰地看到总成本与总收入相交的点 0 即为盈亏平衡点。由于有固定成本的原因，总成本线和总收入线的起点是不一样的，只要保持两线的斜率不同，就会产生交点，即盈亏平衡点。理论上总成本与总收入可以平行不产生交点，但实际经营过程中，没有哪个餐饮企业会一直亏损下去，而不盈利。事实上，餐饮企业会降低成本而增加收入，即降低总成本线的斜率，而增加总收入的斜率，这样盈利区会变得很大。当然，实际经营过程中，总收入和总成本线绝对不是直线，大多数是曲线状态，图 9-1 是一种理想状态。通常总收入会有波动。如果总收入线波动开始下降，而成本线却不很好地控制，继续让其增长的话，就会形成图 9-2。

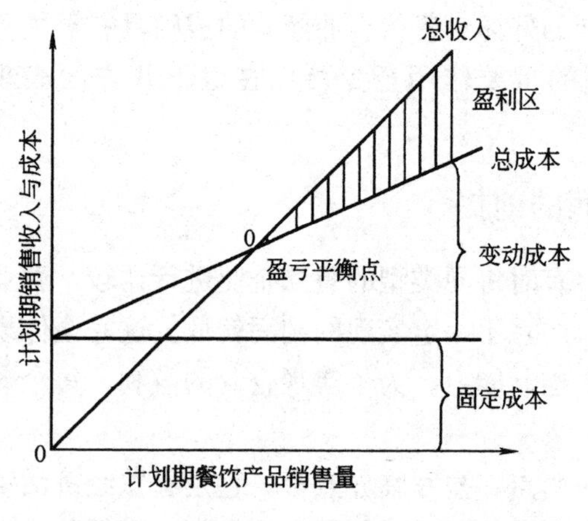

图 9-1 盈亏平衡分析图 A

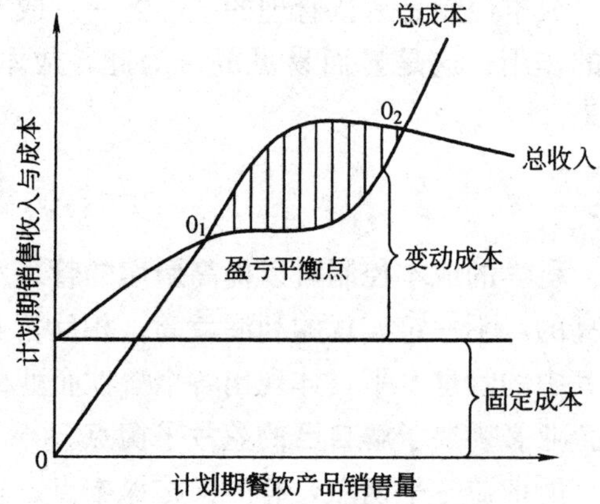

图 9-2 盈亏平衡分析图 B

从图 9-2 中可以看出总成本线和总收入线都发生了弯曲。由于总收入曲线下降后，总成本线没有很好的控制，继续上升，就造成了只有 $0_1 \rightarrow 0_2$ 之间的盈利区，而过了 0_2 点又亏损的现象。实际的生产经营中，如果在收入下降时，不能控制成本下降的话，就会出现无盈利亏损的现象。

由于各餐饮企业有着不同的经营特点，中、小型的餐饮企业其收入的来源主要是菜肴售卖和饮料售卖，由此看出，对厨房生产产品的成本的控制是至关重要的，它决定了企业的盈亏，决定了企业利润的实现。

二、在竞争中取得优势

餐饮企业成本控制得手段越好，实现的利润越多，在与同行业竞争中就能取得优势。试想每月完成100万，而利润只有10万的餐饮企业与每月完成100万，利润有15万的餐饮企业孰能占据有利位置，答案是显而易见的。我们看下面一则方案。假如有某酒店月营业额49万，利润为4.8万元，即利润占营业额的近10%，如果通过有效手段使成本降低了占营业额的5%，即2.45万元，则利润增加到7.25万元，增加33.8%，按利润占营业收入的10%计算，营业收入相当于增加到了72.5万元，即相当于增加营业额48%。也就是说，有效的成本控制可以产生事半功倍的效果。

我们知道任何一个餐饮企业如果有利润就能生存。企业实现利润的方式通常有扩大营业收入和降低成本两种方式。目前形式下的餐饮业，竞争非常激烈，想扩大营业收入的可能性比较小，人们更多的是通过有效的成本控制，降低成本达到事半功倍的效果。

现代众多的集团化、规模化的餐饮企业，就是利用成本控制的优势，实行低成本运作，将企业一步步做大的。一般这种企业的菜肴价格都不高，这些价格都是依照客人的心理价位进行标定的。如此低的价格，能否实现利润，这就要通过成本控制的手段来进行。通常企业可以首先利用自身的优势选择大批量低价格的原料，这很符合市场采购的规律。其次利用各种控制手段，在加工、生产中节约原料，利用各种看似不能使用的原料，将其开发形成新的菜肴，增加利润点。再次改变餐盘的大小和盛装的形式，在分量不感觉少的前提下，节约主配料，降低原料成本。

总之，无论餐饮企业采用什么样的方法，只要是有效地控制成本，那么都能实现经济效益，只有实现经济效益才能使餐饮企业在与竞争对手的竞争中立于不败之地。

三、餐饮企业经营成功的关键

相当多数的餐饮企业经营者都会主观地认为只要有高的营业额才能赚取利润，忽视了成本对利润的影响，加之本身就对成本控制一无所知，于是制定一些不合理的菜价来确保盈利。接下来餐饮经营者将主要精力放在如何争取客源和主动与客人交朋友上，向客人敬酒，认为一杯酒下肚就可以提高与客人的感情，拉进与客人的距离。殊不知高出了顾客心理价位的菜价，客人是不会买账的。长此下去，表面上有感情的客人会渐渐地远离这样的餐厅，最终餐饮企业的经营会以失败而告终。实际中这样的餐饮企业还为数不少。

重视了对顾客的了解，而忽略了自身的成本控制，会造成管理的失败，最终导致企业关门大吉。我们举个例子：有一位一直在高档酒店工作的经理，由于工作变动到中低档饭店做经理，以低廉的价格、优质的服务和无可挑剔的美味赢得了顾客。然而，尽管营业额很高，可不见多少利润。原因是这位经理放不下高档饭店的架子，挪用大饭店的管理模式，雇佣费用过高的人员，造成工资和福利费用太高，相比较利润很少。长此以往，饭店不堪重负。不久，这个饭店休业整顿。

从上面的案例可以看出，持“只要营业额高，就不愁没有利润”观点的经营者是错误的。因为他们忽略了成本对利润的影响。这样只能使这些经营者去高薪聘请好管理者和技术人员，盲目地加大广告宣传的费用，造成高营业额高成本的现象，结果没有利润可以实现，影响了餐饮企业的长远发展。一旦遇到经济滑坡，营业额滑落，巨大的成本费用就像一座大山一样压得企业喘不过气来，于是不是负债经营，就是变卖家产。

以上的事例充分说明，成本控制是餐饮企业经营管理的重要组成部分，成本控制的好坏，直接关系到餐饮企业的生存和发展，决定着餐饮企业经营的成功与失败。因此，了解掌握成本控制，尤其是厨房的成本控制，是厨房经营管理者的一项重要的工作。

第二节 成本控制的基本内容

成本其实是凝结在产品中的物化劳动价值和活劳动消耗中为自身劳动的价值的货币表现。从理论上讲，物化劳动价值包括食品原料价值和生产过程中的厨房、设备、用具、水电燃料消耗等的价值。这些物化劳动的价值有的以直接消耗的形式加入成本，有的以渐进消耗的方式加入成本，成为餐饮成本的基本组成部分。而活劳动消耗中为自身劳动的价值主要指为维持厨房的生产和再生产所需要的劳动力价值，它们可以以劳动工资和奖金福利的形式加入成本，成为餐饮成本的必要组成部分。

一、控制成本的要素

餐饮成本应该由餐饮原材料成本、劳动力成本、经营费用和税金构成。由于劳动力成本、经营费用（折旧费用、还本付息费用）和税金在一定时期和经营条件下是相对固定的，一般不会随产品的销量变化而变化，有时又称固定成本。而餐饮原材料成本、水电费用、燃料消耗费用等是随产品的销量变化而变化，故称可变成本。事实上，成本控制中控制可变成本远比控制固定成本的难度要大，理想的控制是使可变成本保持在一定的波动范围之内。

（一）原材料成本

原材料成本是餐饮生产经营活动中厨房生产产品成本和餐厅售卖饮料成本的总和。原材料成本占餐饮成本中的比例最高，占餐饮收入的比重最大。为此，管理者更多的是加强原材料成本的控制，以保证餐饮企业的经济效益。而在原材料成本中，管理者更多加强的是容易产生波动的厨房产品的成本控制。

其实，在餐饮经营的实际运作中，管理者控制厨房产品的成本需要摆脱一个误区，那就是控制成本上下范围的无限制性。原则上没有哪个餐饮企业会无限上扬成本，而更多的餐饮企业会下压成本，尽管成本越低顾客的得益越多，越可以吸引消费，但过低的成本也可能导致产品质量的下降，一不留神造成亏损。所以将成本控制在一个理想的范围内是种好的举措，这个范围一定要以餐饮企业的经营目标为依据，切不可超越餐饮企业经营的能力范围。

原材料的成本其实是由价格和数量两个因素决定的，通常可以在厨房生产中对原料的价格和菜肴分量进行控制，来保证原材料成本处在一个稳定的范围内。

1. 控制原料的价格

原料的价格其实来自于两方面，一是原料的采购价格，另一个是原料加工的净料价格。

原料采购的价格往往会决定餐饮企业的原材料成本，决定餐饮企业在经营中的竞争能力。比如集团化、规模化的餐饮企业可以通过批量低价的采购方式赢得经营上的主动，保证低价位下的利润。控制原材料采购的价格是要让原材料的价格在一定时期内保持一个相对的稳定，一旦价格出现波动，可以通过调整进货的数量和协议价格来控制餐饮总成本的相对稳定。由于在前面的章节中已经对控制采购价格进行过阐述，这里不再赘述。

原料加工后的净料价格，完全取决于厨房员工的加工技术。原料的净料率越高，原料的净料成本就越低。比如鱼的价格为 20 元/kg，如果净料率保持在 60%，其净料成本就为 33.40 元/kg；而净料率保持在 50%，其净料成本就为 40.00 元/kg。另外，对原料的节约程度及下脚原料的利用率也是调节净料成本价格的一个渠道。

对原料价格的控制的重点应该是对加工后原料净料价格的控制，如果在菜肴售价一定的前提下，能更多地节约原料、利用原料就可以保证更低的成本、更多的利润。同时如果将多余的利润转让给顾客，那将使菜肴的价格更具吸引力，可以在与同行的竞争中保持优势。

2. 控制菜肴的分量

控制菜肴分量需要从两方面入手，一是控制单一菜肴分量，二是控制宴席菜肴分量。

单一菜肴都是由主料、配料和调料组成。控制单一菜肴的分量需要确定两个因素，一是确定主料、配料、调料的比例关系。通常情况下这种比例关系都是根据餐饮企业的经营目标而定的，高档的餐饮企业会保持主料多、配料少的比例关系，而低档的餐饮企业会保持配料多、主料少的比例关系。同时有些数量可以是约定俗成的，比如鱼翅分客，一般会控制在每位 100～150g 之间，超过了会失去其物稀为贵的本色；二是确定餐盘的大小。不同规格的餐盘应该对应相应数量的菜肴。一般情况下同类菜肴，低档餐饮企业给的分量会高于高档的餐饮企业。当然，实际生产中菜肴分量的多少还是要根据餐饮企业的具体要求来定。

控制宴席菜肴首先应该保持菜肴种类之间合理的配比。按照国内餐饮的习惯，不适合将冷菜的成本在宴席中占有过多的比例，通常情况下是按照冷菜成本占15%，热菜占70%，点心10%，其他占5%这样大致的比例进行配置。其次保持菜肴品种的数量。比如国内大多的星级酒店都将10～12人参加的宴席菜肴热菜的数量控制在八菜一汤，而社会餐饮企业宴席菜肴热菜的数量通常超过八个，有时达到十几个。当然，确定宴席菜肴数量的多少，一定要根据每个餐饮店不同的成本率和不同的经营档次来定。

（二）标准成本率

为了便于控制厨房产品的成本，餐饮企业会制订标准的成本率。它是指餐饮企业为获得预期的营业收入以支付营业费用，并获得一定赢利而必须达到的食品成本率。一般可以通过分析上期营业记录或通过对下期营业的预算得到。

比如某餐饮企业某年某月的损益表如表9-1所示。

表9-1　某餐饮企业损益表　单位：元

项　目	金　额	百分率/%
营业收入	350000.00	100.00
食品成本	168000.00	48.00
毛利	182000.00	52.00
劳动力成本	63000.00	18.00
其他营业费用	66500.00	19.00
税前利润	52500.00	15.00

根据表9-1的显示，某餐饮企业的食品成本率是48.00%，税前利润为15.00%，如果管理者满足这样的营业结果，且能在下期营业中继续保持18.00%的劳动成本率及19.00%的其他营业费用率，那么就可以把48.00%作为下期的标准成本率。如果管理者不满足15.00%的税前利润率，则可以对下期营业进行预算，在不改变或保持其他成本费用率的情况下，提出新的标准成本率。如果企业管理者计划将本企业下期的税前利润从15.00%提高到18.00%，工资费用及其他费用保持原来水平，标准成本率则可以用下述方法计算。

标准毛利率＝劳动力成本率＋其他营业费用率＋税前利润率
＝18.00%＋19.00%＋18.00%＝55%
标准成本率＝1－标准毛利率
＝1－55%＝45%

如表9-2所示。

表9-2　某餐饮企业标准成本率

项　目	百分率/%	项　目	百分率/%
税前利润率	18.00	毛利率	55.00
其他营业费用率	19.00	标准食品成本率	45.00
劳动力成本率	18.00	营业收入率	100.00

由上述预算显示，如果要提高税前利润率到18.00％，则成本率一定要达到55.00％才能实现预期目标。通常餐饮企业会根据企业的投资规模和要达到的预期目的，采用估算的方法预测成本率，经过一定的试营业后，通过上述方法进行调整，以达到自己理想的经营目标。

由于成本率会因企业经营的不同而不同，所以一般情况下，社会餐饮企业的原料成本率高于星级酒店的原料成本率，食品原料的成本率高于饮料原料的成本率，而普通餐的原料成本率高于宴会原料成本率，国内饭店餐饮原料的成本率高于国外同业原料的成本率。据测算，我国餐饮企业的成本率星级酒店多在40％～45％，普通餐饮企业的多在55％～65％。

应该说餐饮企业确定的食品成本率是厨房进行成本控制的一个标准，有时我们将其称为标准成本率。每月的食品成本控制要以其为基准。通常每月食品成本率的控制范围在标准成本率上下1％属于正常，超过或低于就属于成本控制不佳，应该找原因。当然这个1％尽管看起来不起眼，但根据餐饮企业营业额的多少反映出的成本却应该让管理者有足够的重视。比如每月为100万营业额的餐饮企业，标准成本率为40％，高出1个百分点意味着成本多出1万元；低于1个百分点意味着成本少了1万元。事实上，在餐饮企业的经营过程中，成本率高和低都是成本控制不佳的表现，千万不要错误地理解成本控制的越低越好，较低的成本率会使餐饮企业偏离经营的对象，造成目标客人的流失。所以以标准成本率作为企业成本控制的核心是一点都不为过的。如果说营业额的多少是餐饮企业每月经营状况的晴雨表，那么餐饮企业每月食品成本率的高低就是厨房成本控制的晴雨表。

（三）劳动力成本

劳动力成本是指在餐饮生产经营活动中耗费的活劳动的货币表现形式。它包括工资、福利费、劳保、服装费和员工用餐费等。劳动力成本率是仅次于食品成本率的，在餐饮成本中占有重要的位置，目前国内餐饮业中劳动力成本占营业额的20％左右。在厨房的成本控制中，尽管劳动力成本不直接由厨房的管理者控制，是有专门的职能部门控制，但厨房的管理者应该有监督权和建议权，比如通过对员工工作的观察，对比员工的工资与其胜任工作的能力是否相符，是否物有所值，给相关的职能部门提供建议，以更好地调整劳动力成本，使之趋于合理。

（四）经营费用

这里主要提到的是水电费用、燃料消耗费用。在厨房生产中一定要进行合理的控制，尽管经营费用属于毛利部分，厨房管理者更多地控制原材料成本。但作为餐饮企业的一员，企业能否创造更多的利润与厨房经营费用的控制休戚相关。在餐饮的生产经营中，一定要建立相关的制度，对厨房的水电、燃料进行严格的控制，杜绝浪费。下面分别介绍厨房中水电费用、燃料费用的控制。

1. 水的控制

① 由于操作的需要，各部门在安装水龙头时要有所不同，通常炉灶会使用专门的开合式水龙头，砧板使用易开式水龙头，洗手池最好使用按压式或感应式水龙头。

② 让员工养成随时拧紧水龙头的习惯，即使是需要水冲的原料，也要将冲水的量和冲水的时间控制到最佳的程度上，不要任其流淌。

③ 洗涤原料一定要讲究方法。比如对有泥沙的叶类蔬菜一定要蓄水浸泡，切不可简单地冲洗，既浪费水，洗涤效果也不好。

④ 每日要检查水管是否有漏水现象、水龙头是否有关不紧现象。如有问题及时报工程部或请专业人士维修。

2. 电的控制

① 厨房的照明一般要开关控制两组照明线路，在非营业时间可以只开一组，以控制非营业时用电的数量。另外根据工作时间决定开灯的时间，保证电能不被无谓地损耗。

② 根据经营量的多少决定开鼓风和排气设备的时间。

③ 各种电力加工设备使用完后要及时地关闭开关，避免无效工作，浪费电量。

④ 定期检查空调设备的冷凝器、蒸发器，请专业人士清理上面的污垢，保证空调设备正常运行，减少耗电量。

3. 燃料的控制

① 根据原料的性质选择加热的方式，控制火力的大小及用火的时间，能一起加热的不分开处理，以节约能源。

② 根据经营量的多少决定开炉的数量。

③ 无加热任务应及时关火，避免燃料的浪费。

二、影响成本控制的因素

厨房的管理者除了可以通过控制原材料的价格和数量，来保证每月预期的食品成本率外，还需要对厨房生产的每一个环节进行控制，因为厨房的人员生产、设备运行和原料浪费等三方面因素会对成本控制产生影响，从而左右食品成本率的高低。

（一）人员的生产水平

目前餐饮企业的厨房生产更多依赖的是手工操作，手工操作也就意味着生产水平会有高低起伏，生产水平的起伏会对产品的成本产生一定的影响。首先加工水平的高低，会造成同一原料不同的净料率，使成本产生波动；其次配份原料会产生数量的不一致，使成本产生波动；再次烹调时调味不当或将菜肴加工失饪（或生或老），造成客人退菜，使成本产生波动。

为了确保成本的稳定，厨房管理者首先应该招聘有一定技术水平的厨师，形成一个有生产能力的专业技术队伍，然后进行必要的生产控制。第一，广泛地采用基本必需的设备来替代手工操作。比如使用粉碎机制作蓉泥菜肴，可以有效地提高效率和节约原材料。第二，使用称量器具来提高菜肴数量的准确性。比如大批量生产使用台秤，在配菜时可以有效地控制原料的数量，减少人为操作的随意性和经验性。第三，进行专项分工来提高单项菜肴的技术水平。比如将某一特色菜交给某一个厨师专门操作，以保证菜肴口味和质感的相对稳定，减少顾客退菜的几率，从而间接地保证成本的稳定。

当然，厨房如果全部使用高水平、高技术的人员，既不现实，也不会有效，因为高水平的人员意味着高工资。尽管他们有可能保证产品质量，保证成本的相对稳定，但在原材料成本稳定的同时，却升高了劳动力成本。另外，高水平人员之间会由于技术的问题产生相互之间的妒忌、互不服气，给厨房管理带来很大的麻烦。为此，选拔技术骨干，建立一只技术骨干为框架的厨师队伍，并对普通员工进行一定的培训，提高他们的技术水平，这样才是管理之本，成本控制之路。

（二）原料的浪费程度

原料不能综合利用，原料过度浪费是厨房成本控制中最容易产生的问题，也是最大的问题。可以说在控制原料价格和数量的同时，有效的保证厨房浪费的程度是成本控制成败的关键。

通常情况下，造成厨房原料浪费的原因很多，总结下来主要有这几种情况。

1. 厨房人员工作的情绪

厨房工作人员不佳的情绪，会造成生产效率的低下。如果是针对餐饮企业的管理者的，甚至会出现故意浪费原料的现象。比如本月奖金没拿到、希望调班未被批准、长时间工作没有休息、对操作的岗位安排不满等等，如此多的怨气多数会拿原料来出气，有的可能只加工了一半就扔进了垃圾桶，有的没坏的原料也被倒掉。有的直接将高档原料拿来下肚等等，许多行为都是在不被人注意之中进行的。

对待此类问题，厨房的管理者首先应该考虑厨房的激励机制是否健全，而不是在不了解实际情况的前提下随意处罚，如果处理不当会引起公愤，这样对未来的管理带来更大的被动。为此，厨房管理者应该学会控制员工的情绪，减少不必要的原料浪费。其次建立一定的奖罚机制，尤其是控制原料成本的奖罚机制，使原料成本跟每位员工的利益休戚相关。再次应有必要的监督和反馈，保证原料被浪费后能第一时间得到消息，并及时进行处理。防止成本控制失败，找不到根本的原因。

2. 厨房人员工作的责任心

厨房人员的责任心也是造成原料浪费的另一个要素。比如员工工作漫不经心、拖三拉四，干活有始无终，别人锅里的水烧干了，视而不见，不会帮助别人补台；笼里的食物已经蒸过了，却事不关己，闻而不问；原料应该下冰箱，却随意摆放，最终由于气温的原因造成变质、发臭；本来应该将原料保鲜的却将其放在了冷冻冰箱，冻坏了原料。诸如此类各种不负责任的人为的因素同样会造成成本的巨大损失。

对待此类问题，厨房的管理者依旧应该考虑激励机制是否健全。应该注意培养员工的团队精神，以保证厨房生产有序而实效。

3. 管理力度不强，造成材料的流失

如果厨房管理力度不强，也会造成原材料的流失，比如吃、拿、偷、带等现象。首先是吃，在实际厨房生产中，员工都应该到员工餐厅去就餐，一旦员工餐厅的伙食不尽如人意，有些员工就会考虑在厨房捞些东西以填饱肚子。在管理严格的厨房，厨师的这种机会很少或几乎没有（主要是填饱肚子的行为）。而在管理松懈的厨房，管理者容忍员工一次，就会有无数次的偷吃现象，甚至可以发展到直接在厨房就餐的情况，这样一来必然造成原料成本的失控。其次是偷、拿、带，厨房偷、拿、带的现象可以有为自己的和替别人的两种。自己偷、拿、带是为了某种需要，可以是家庭需要，可以是某种少见的高档原材料，可以是为了达到心理平衡的目的等等。而为别人偷、拿、带主要是得到某些人的小恩小惠，而为别人提供方便。比如垃圾清运工送员工一包香烟，就可能得到一些下脚料或整瓶、整包装的各种原料，员工们当然是视而不见了。长此以往，餐饮企业的原料成本损失就是巨大的。

厨房管理力度不强，在任何时候都可能造成原材料的流失，除了厨房的厨师外，路过厨房生产场地的人，如餐厅服务员、工程部维修人员、原料供应商、其他部门人员等都可能成为吃、拿、偷、带的群体，都可能使原料白白地流失掉，最终造成原材料成本的提高，餐饮企业利润的减少。

（三）设备的运行情况

设备运行情况有时也可以成为影响厨房食品成本的因素之一。在厨房生产中，由于设备的老化或超负荷运转，可能会在机械上产生故障，从而使原材料意外地遭受损失。比如去皮机的灵敏性变差，一个土豆经过切削可能只剩半个；烤箱温度不均匀，烤出的食品是“阴阳脸”，不能售卖；冰箱塞得过满，冷空气不流畅，造成原料的腐败、变质等等。

第三节 生产中的成本控制

在餐饮成本控制的过程中，厨房成本控制是重点。原因有二：其一，厨房生产的复杂性。厨房生产是即时的、不可预知的，生产产品数量完全根据客源的多少而波动，这样对所需原材料的选购也随产品数量的波动而波动。加之厨房生产的手工性，缺乏规范的标准，使产品成本受人为因素的影响而产生波动的可能性加大。其二，厨房产品的主导性。任何一家餐饮企业创造经济效益的渠道都主要是售卖餐饮产品，其中厨房生产的产品占有着主导的地位。

厨房成本的控制可以根据生产的程序来进行，一般可分为生产前、生产中和生产后三大阶段的控制。

一、生产前的成本控制

厨房成本的控制在原料进入时就应该开始了，尽管许多的采购工作不是厨房管理者操办的，但控制原料的价格确是厨房成本控制应有的责任。

（一）采购的控制

从前面的章节中我们已经知道采购高质量的原料，是保证厨房生产高质量产品的前提。高质量的原料有时也意味着高价格。不过在任何一家餐饮企业，由于经营目标和追求经济效益的原因，原料的采购不会无限制地攀高价格，都会进行比对，这主要是多数高价格存在水分，与高质量不相符，为此，控制原料价格主要是保证质价相符，同时也控制成本不要过频繁地波动。具体的方法有以下几方面。

1. 严格使用原料采购规格书

厨房根据使用原料的要求制定的采购规格书，其实就是一种标准，这种标准为厨房完成产品的高质量提供了可能。正常情况下采购部门一定要严格遵守，切不可在采购中弄虚作假、以次充好，而作为使用部门的厨房一定要严格把关，杜绝不合要求的原料进入厨房。其实在许多餐饮企业中，都有严格的规定，原料在未接收之前出了问题采购部门负责，而进入厨房后出了问题则由厨房负责。这样督促采购部门严格遵守采购规格书进行操作就十分有必要。

2. 严格控制采购数量

对厨房原料数量的控制是基于两点，一相对于每日的售卖情况，售卖数量与原料采购数量比例不当势必造成积压，日久天长对原料的风味品质会有影响；二会加大每日的成本数额，占用更多的资金，使资金流发生“断流”，周转不畅，对正常的生产运作不利。所以对每日原料采购数量的制订一定要根据前一日经营售卖的情况及预订情况进行预测，在了解库存情况的前提下，填写每日需要原料的数量。原则上价高的原料要控制数量，易死的动物性原料要控制数量，非冰鲜的原料要控制数量。这样既可以有效地控制每日的成本数额，又可以减少原料腐败、变质造成的成本增加。

3. 严格审核原料的价格

我们知道原料的价格和数量是构成原料成本的两个重要因素。其中原料采购价格最为重要，因为它是未来原料净料价格和菜肴售卖价格的基准线，这个基准线越低，也就意味着其他两个价格也越低，犹如水涨船高、水落船低一样。为此，厨房的管理者应该严格依照报价的标准去审核价格，并对比原料的质量，防止偷梁换柱、以假充真的现象，保证质价相符。

事实上，国外不少饭店就以质量与价格之比来评估采购效益，即原料质量÷价格＝采购效益。例如，鲜桂鱼（非活）每条500～700g，单价为40元/kg，其质量如果被评为80

分的话，则该桂鱼的采购效益为 80÷40＝2。如果经调查，发现相同质量的桂鱼价格为 35 元/kg，其采购效益则为 80÷35＝2.28；相反如果以 40 元/kg 的价格购得质量更好的原料，其质量分为 95 分的话，则采购效益为 95÷40＝2.38，同样可以得到应有的效益分数。由此，可以看出高质量的原料和低价格容易创造高的采购效益分。

4. 严格采购程序

为了杜绝厨房管理人员与供应商的密切接触，厨房采购的程序一定要完备。严禁厨房自己叫货、自己验收、自己使用。坚决执行企业既定的采购程序，使各个环节相互制约、监督，又相互沟通、联系，从而保证原料的质量、数量、规格及成本。

（二）验收的控制

对原料的验收就是要检查原料的规格、数量、价格是否与订购原料的要求相符合。严格意义上讲，为了杜绝采购部门员工和供应商串通一气，坑害餐饮企业的做法，应该设立专门的验货组，由厨房、成控组、收货部人员统一验货，保证产品的质量，努力控制好原料成本。这其中厨房的验货人员责任重大，因为不论餐饮企业规模多大，是否有条件设立收货部，厨房验货人员都是起到决定性作用的。为了保证每月厨房成本能有效地控制，所进行验货的厨房人员一定要具有相当的经验，很强的工作责任心，良好的职业道德。厨房管理者切不可随意安排人员。必要时厨房管理者要亲自出马。

（三）贮存的控制

尽管贮存的控制工作大部分是由仓库人员来完成的，但如果没有科学的库管手段和措施，也会造成原料质量下降和数量缺失，对厨房成本控制带来一定的影响。所以要做好贮存工作应该注意以下几点：

① 采取有效的防火、防盗、防潮、防虫害的具体措施，减少自然耗损。

② 掌握库存原料的方法，了解每日的使用和消耗动态，合理地控制存量，减少资金的占用及加快资金的周转。

③ 建立完备的货物清仓、盘点、清洁卫生制度，做好贮存记录，预防材料流失和错账。

④ 科学地整理、分类存放各种原料，便于收发和盘点。

（四）发料的控制

发料控制的目的是按厨房需求发放原料，保证符合厨房需求的规格和数量。原料发料数量、规格控制不好也会造成厨房成本控制的失败。比如对每次高档散装干货原料发放数量不准确，到使用完后，进货数目与领用账目不符就可能造成厨房干货成本的错误。所以发料控制时应注意以下几方面：

① 领料单是发放、领用原料的凭据。没有领料单是不可以发放原料的。另外，仓库保管人员要分清食品领料单和物品领料单，因为只有食品领料单上的成本才能归入原材料成本，而物品原料单上的成本是归经营费用，千万不能张冠李戴。

② 发放原料一定要严格检查领料单填写是否清楚，主管领导是否签字，数量、金额是否相符，填写的内容与形式是否符合餐饮企业管理制度的要求。切不可擅自发放原料给没有经过批准签字的领用人，造成原料的流失。

③ 原料的发放应该掌握先进先出的原则，切不可积压存货，使原料质量下降，造成不必要的成本浪费。另外，仓库保管员应该及时地通报使用部门长期未用或快要到保质期原料的状况，提醒使用部门及时领用，防止原料质量下降，造成原料浪费的现象。

④ 严格按领料单填写的品名、规格、数量、单位发放原料，避免原料流失。

（五）生产量的控制

生产量控制是指厨房管理者根据过去产品销售的记录，计划每天的生产量，以保证成本控制的相对稳定。由于厨房生产中主要浪费是菜点生产过量，因此厨房管理者应该学会对生产产品量的预测，通常可以依据下面几点：

① 认真分析菜点销售统计表，把握顾客对各种菜点的需求程度。见表 9-3。

表 9-3　　销售统计日报表

日期　　　　天气
星期　　　　特殊活动
餐次　　　　填表人

菜点销售量前 10 位统计

菜肴名称	销售记录	合计	占全部菜销量比例

…………

菜点销售量后 10 位统计

菜肴名称	销售记录	合计	占全部菜销量比例

…………

注：此表抄送行政总厨、餐厅经理、财务部。

② 认真分析客源情况，对客源年龄、性别、职业、文化程度进行细分，形成客史档案，以更详细地了解客人的喜好。

③ 正确分析菜点销售的情况，把握正确的经营方向，减少生产中原料不必要的浪费。

④ 生产预测最短周期以周为宜，以保证预测的准确性。

⑤ 销售量是变化的，它会受许多因素的影响，切不可固守模式不放，进行错误的预测。

二、生产中的成本控制

前面介绍过厨房产品成本的控制主要是将产品成本控制在一个合适的范围之内，它最终的标准是每月餐饮企业的成本率是否更接近标准成本率，过高或过低的成本都是不符合要求的，为此，在生产中对加工原料的各种标准进行控制十分必要，通常可以从以下几方面入手。

（一）加工标准的控制

厨房生产加工的主体是烹饪原料，烹饪原料的成本来自于它的价格和数量，通常在生产时原料的价格已经成为一个固定的数值，那么只有控制原料数量，才能保证原料成本的相对稳定。如果对原料加工的得体，能保证加工后净料的数量下降的幅度不大，即净料率高；如果对原料加热的得体，保证加热的程度到位，使原料不至于损耗过多，即熟料率高，那么就可以将原料的成本控制在一个合理的范围之内。

由于前面的章节已经介绍过净料率，所以这里主要介绍熟料率。熟料率是指烹调后的菜点质量与加工前原料的质量之比。尽管对于大多数原料而言，原料成熟前后质量变化不大，熟料率有时忽略不计，但对于叶用蔬菜类、牛、羊肉类、海鲜类原料等加热后易脱水分的原料，其熟料率就显得很重要。这也正是大多数厨房管理者容易忽略的地方，有时在成控过程中对采购原料数量把握不准就是不了解熟料率所致。比如牛肉加热其熟料率为50%，即1kg的牛肉加热成熟后只有0.5kg，如果每份红烧牛腩需要烧熟的牛肉0.5kg，那么需要净的生加工牛肉应该是1kg，而毛的生牛肉要超过1kg。有时正是管理者的疏忽，才会在购买的过程中出现原料数量或多或少的现象，造成成本的波动。

控制原料加工的净料率和加热的熟料率主要有两个方面，一是通过净料率和熟料率可以判定净料的熟料和熟料的数量，甚至还可以反推毛重原料的数量。这样无论是控制进货数量还是加工数量都非常方便、有效。二是通过净料率和熟料率可以知道加工、加热原料出成率的标准，可以有依据进行生产。

不同的原料由于各自的性质不一样，其净料率和熟料率也不同，每个企业都会根据自身的特点，依照自身的技术力量制订符合本企业操作的标准。原则上标准的制订应该按照规范的程序进行，必须以称量的结果为准，切忌随意估计。见表9-4。当然，在预测成本控制的状况时可以按照大致的数据进行估算。

（二）配份标准的控制

配份就是将加工好的原料，包括已上浆的原料，按照主、配、调料的形式进行组合，并严格按照既定的数量标准进行搭配。原料的配份数量及内容决定了一个菜肴最终的售价和出品名称。应该说每一个定过价的菜肴都有一个主、配、调料的配份标准，只有按照标准进行原料数量的搭配才能保证成本的稳定，保证每只菜肴的成本率。

对配份的控制首先应该建立配份标准规格单。表内原料配份的规格是根据餐饮企业自己的情况制订的，不是所有餐饮企业统一的规格。由于每个企业菜单中菜肴的价格是依据各自的配份计算出来的，所以在配菜过程中主、配、调料的数量不要轻易更改。其次使用标准的称量工具及配份盛器。所有菜肴的配制一定要按照标准规格单的数量进行，应该对

表 9-4　**原料净料率、熟料率测试表**

品名________　测试号__________　日期__________

供应商______　单价__________　总额__________

毛重________　总净重__________　净料总价值____

净料品名	净料部位	重量	单价	小计

烹调时间____　烹调温度、火力____　烹调损失量____

熟料量______　熟料率__________　份额大小______

测试人：

主、配、调料先进行称重，然后分别置放于不同的盛器（码斗）中。其实码斗也是一种粗略的称量工具，为了保证配菜厨师配菜的速度，可以在了解盛器容量的前提下，直接使用盛器确定原料的数量。当然对于大批量原料的配菜最好还是使用秤来确定数量，保证成本数额的稳定性。最后，所有配制好的原料要分开放置，尽量不要混放。考虑到菜肴份数会因客源的变化而波动，为了增添和削减比较方便，原料一定要分主、配、调料分开放置，同时还要置放于指定的位置，便于查找和调换。

（三）食谱标准的控制

通过对食谱进行合理的编写及控制，来达到对菜肴生产质量及成本的控制。食谱是根据餐饮企业经营需要而制定的，它是厨房根据所经营的菜肴而规定的投料量和制作标准。不同的餐饮企业的食谱标准不同。通常食谱的内容应包括菜点名称、制作份数、份额大小，投放原料的名称、规格、数量，需要的生产设备，详细的制作程序、时间、温度和方法等。食谱不仅控制了各种原料的投放数量和规格，还严格控制了产品质量。下面介绍标准食谱的制订要求。

① 注明该食谱的分量是供多少位食用的。

② 在食谱中使用量具和衡具称量得出准确的数据。

③ 一切数据、单位要使用行业中习惯用的。比如香港多使用港秤，使用十六两制，与国内不同。

④ 对任何必要的质量说明，使用准确的用语。比如应注明“一勺生油”的意思是一勺猪油，还是一勺色拉油。通常要杜绝使用“适量”、“少许”的字眼。另外，说明要用详细、简明的术语。比如烹调确切的温度、火力、烹调时间和其他控制因素。

⑤ 装盘时应标明出品使用的餐盘类型和大小。如需装饰、点缀，应该单独说明。

⑥ 在编制标准食谱时可以使用简图表明菜肴的造型。

三、生产后的成本控制

生产后对成本的控制主要是一个核查、比较的工作，不会像在生产中对每一个菜肴那样地进行控制，其控制过程主要是对食品销售额、生产成本进行比较、分析，并估算出成本率，发生偏差及时纠正，为下一次生产提供可靠的理论依据。

其实，在生产前、中的成本控制都是为了防止生产结束后实际成本率与标准成本率产生偏差，是否真的发生偏差就需要生产后对营业报表作出分析，找出是否发生偏差及产生偏差的原因。通常厨房管理者对成本的控制可以有几种方式，一是每日查询法，二是每旬查询法，三是每月查询法。厨房管理者可以根据自己的精力和能力来决定选用这三种方式的其中之一，并要求财务部门在每天或每旬或每月提供相应的报表来进行核查。厨房管理者日常工作中会采用每日、每旬的报表来核查实际成本情况，控制成本的波动。而每月底，各餐饮企业会由财务部门通过盘点来考核厨房成本控制的情况。

（一）每日（旬）成本控制

在进行成本控制之前，应该首先了解每日（旬）食品成本额的计算方法。

每日（旬）食品成本额＝每日（旬）直拨原料采购额＋每日（旬）仓领原料成本额

每日（旬）食品实际成本净额＝每日（旬）食品成本额－每日（旬）留存原料成本额

食品原料实际成本率＝（食品原料实际成本净额/食品营业额）×100％

其次可以依据下列的步骤进行。

1. 查收每日（旬）的收货单据

厨房每日直拨原料的采购额可以通过查收每日收货单来得到。按照正常的工作程序，厨房管理者应该每天对厨房每日收货单签字，这时可以对原料的价格、数量进行核查，并记录下每日原料的采购额。

2. 查收每日（旬）的仓领单据

厨房每日仓领原料成本额可以通过查收每日食品领用汇总单来得到，它构成了厨房每日食品成本的另一部分。见表 9-5。厨房管理者应该对每日所领用的各种干制、调料原料进行控制，防止申领过多造成当日成本的增加。

3. 查收每日（旬）的营业报表

厨房管理者应该对每日的营业报表进行分析，了解每日营业的状况，并记录每日食品的营业额。

4. 查收每日（旬）的内部调拨单

厨房原材料成本的调拨并不是每日都发生的，但作为成本控制一定要考虑到这个因素，在每一旬度或每月的盘点中要将其体现出来，不然成本数据不会准确。当然，每日的

表 9-5 食品领用汇总表

部门 年 月 日

品 名	单 位	单 价	数 量	金 额
合 计				

制表人：

成本控制，可以根据需要灵活掌握。

5. 检查每日（旬）的剩货情况

如果每日所采购的直拨原料和仓领原料全部用掉，全部转化为每日的食品营业额，那么每日的实际成本净额就是直拨原料成本额加上仓领原料成本额。但在实际生产经营中，这种可能是微乎其微的。所以检查每日的剩货留存情况十分必要。从上面的计算公式可以知道，如果要得到每日实际成本净额，要将每日留存原料成本从每日食品成本额中减去。

不过，在实际成控中，对每日的存留成本大多是估算（每日精确计算没有时间，也没有必要），这样每天成本率也只是一个估算值。尽管是一个估算值，它对厨房管理者的成本控制会起到一定的作用。

（二）每月成本控制

每月成本控制就是在每个月末对每月的直拨成本和仓领成本及每月的食品营业额进行分析计算，得出结果。如同每旬成本控制法一样，在月末剩余的原料留存需要财务部门严格盘点，经计算可以得到每月末准确的食品成本率，这种做法既可以成为厨房管理者控制成本的手段，也可以成为财务部门乃至于餐饮企业最高当局考核厨房管理者管理能力、了解经营状况的一种方法。

具体计算方法如下：

月初厨房结存额（上月末实际结存额）

＋本月直拨采购额（本月向厨房直拨原料采购总额）

＋本月仓领原料额（本月厨房向库房领料单汇总额）

＋转入成本额（厨房内部调拨原料转入金额）

－转出成本额（厨房内部调拨原料转出金额）

－本月末厨房结存额（本月末厨房实际盘点结存额）

厨房月成本净额

按表 9-6 的数据，计算每月中厨房月成本净额：

中厨房月成本净额＝35148.39＋122022.72＋38257.20＋289.93－848.24－21412.73

＝173457.27 元

西厨房月成本净额同样可以算出。

同时，还可以分析成本控制的状况。该酒店的中餐成本率高出标准成本率 8.38％，这相当于成本费用多出了 30045.53 元，说明中餐在成本控制中有成本损耗或浪费。据调查，本月中最大的一次原料浪费是 25kg 的进口鹅掌未保管好，造成原料的腐败、变质，迫不得已倒掉造成成本费用的增加。而反观西餐成本率过低，其实这种成本控制也是失败的，因为这样容易导致营业额过低。由于营业额过低，西餐的存货量又过高，时间长了容易造成食品风味的下降，所以当务之急是要降低存货量，增加成本，把实惠还给顾客。

表 9-6　　中、西餐厅食品成本月报表

时间：2000 年 7 月 31 日　　单位：元

类别 \ 部门	中厨房	西厨房
食品成本：		
期初结存	35148.39	30322.03
直拨	122022.72	11831.66
仓领	38257.20	20540.78
转入	289.93	834.50
转出	848.24	1024.47
期末结存	21412.73	32720.04
食品成本小计	173457.27	29784.46
食品收入	358538.50	94843.60
食品成本率	48.38％	31.40％
标准成本率	40％	

制表人：　　审核：

本章小结

控制是管理中极为重要的一个环节。如果说餐饮生产是通过完成一道道工序、流程而实现餐饮产品的操作活动，那么控制就是衔接这一个个环节的纽带。从整个管理的过程来看，控制还通过一系列的协调工作，帮助管理人员检查、核实实际操作结果是否符合预期的生产目标。

尽管拥有特殊性的餐饮业很难像其他产业一样可以将产品完全标准化、统一化、规格化，并具备一个完善、系统的控制体系。但至少在厨房产品的生产制度和财务制度的建立上，我们已经可以借助科学的方法及各种分析手段来控制厨房生产运作、成本运作，使产品质量误差降到最低，资源浪费减到最小。

掌握成本控制的知识是现代餐饮企业管理者必须具备的基本素质，一个厨房的管理者一定要能够及时地控制厨房的原材料成本，能针对出现的问题迅速做出调节和改进工作，使餐饮企业最终完成预算，为企业赢利。

习　题

1. 什么是盈亏平衡点？如何知道餐饮企业的盈亏平衡点？
2. 如何控制原材料成本？
3. 影响成本控制的因素有哪些？
4. 试分析下面一则案例，找出餐饮总监批评厨师长的原因。

某酒店召开每日早间的例会，会上餐饮总监总结了前一天餐饮经营的情况，然后，要求各部门将每日工作的情况作一个汇报。轮到厨房发言，厨师长小廖将早晨厨房的运作情况作了汇报，其中还特别提到了厨师在操作中，忘记关水管，为了成本的考虑，是他喊操作的厨师把水管关好的事例。这时，餐饮总监打断了他的话，在确定了谁关的水管后很严厉地批评了小廖，大家都觉得很奇怪，小廖做了件好事却遭批评。

5. 生产前成本控制有哪些内容。
6. 试分析“只要营业额高，就不愁没有利润”的观点是否正确，说明理由。

第十章　厨房的人员控制

[学习目的]　了解厨房人员招聘、培训的方法，掌握控制厨房人员的手段，学会激励调动厨房人员积极性的方法。

[主要内容]　厨房人员的招聘，厨房人员的培训，厨房人员的激励。

现代厨房多会存在两方面的选择，一是如何保持经营的态势，二是如何防止人员的流失。近几年，由于餐饮企业竞争的需要，挖掘人才的现象十分普遍，一旦餐饮企业在人员控制上出现漏洞，就会出现人才流失的现象，从而给餐饮企业带来巨大的损失。如此看来对厨房人员的合理控制也是餐饮企业经营成败的关键。

第一节　厨房人员的招聘

为餐饮企业未来的生产作打算，就必须为厨房挑选好的员工。由于厨房生产是一种技术性较强的，且具有一定手工性和经验性的工作，所以人员的选择和招聘不能马虎。中小型餐饮企业对厨房员工招聘的方式多是依托厨师之间或朋友之间的关系进行的，一般缺乏对厨师的深入了解，往往试用一段发现技术或能力不够，又匆匆换人，临阵换将乃餐饮企业之大忌。所以从长远的角度出发，制定相应招聘人员的制度和规范人员的制度十分必要。

一、厨房人员招聘的程序

通常人们会认为厨房人员的招聘是人事部门负责把关，与厨房无关。事实上这样的想法是不正确的。应该说招聘工作的好坏决定着员工能否胜任未来的工作。任何一个餐饮企业不论其规模大小，都应该按照一定的程序去招聘人员，以保证厨房生产的正常和有序。

（一）招聘的准备

餐饮企业厨房人员的招聘工作是由人事部门根据厨房生产经营的需要来制定招聘计划，选择发布信息的时间、安排面试及菜肴测试的时间和确定员工录用报到、入职培训等时间。

餐饮企业人事部门对厨房人员的招聘计划应该是按照企业经营情况来制订的。如果是一个新开张的餐饮企业，往往会根据自己的经营目标进行定位，全方位地选择适合各种岗位的厨房人才。这时的招聘可以有两种方式：一是招聘厨房的管理人，一个符合餐饮企业经营目标的厨师长，然后再依据餐饮企业设定的组织结构进行员工招聘，这种方式比较适合大规模的、管理较规范的餐饮企业。二是招聘厨房运作的整套人马，行业上称“包厨”，这种方式比较适合小型的、对厨房管理一无所知的餐饮企业。目前这种方式在中小型餐饮企业中还比较流行，但实际上这种方式有时会对餐饮企业的业主不利，尤其在生意火爆以后，双方一旦在利益点上产生信任危机，就可能会出现厨房人员“整体撤离”的现象，既损害业主利益，又影响厨师利益，可谓两败俱伤。为此，餐饮业主的诚信和厨房负责人的素质是决定雇佣双方能否合作的关键，为了不造成双方利益的损失，通常做法是在招聘成功后一定要签订较为合法规范的协议或合同，以便相互都有制约。

如果是一个已开张的餐饮企业，往往有全额的岗位人手，只是部分岗位需要调整，在招聘时一定要根据岗位需要来制订计划。通常使用的方法可以有超员招聘、缺员招聘和等员招聘等几种。所谓超员招聘是指在招聘工作中所招聘的员工人数超出实际预算人数。其目的是要淘汰一部分不合格的员工。缺员招聘是指在招聘工作中所招聘的员工人数不足实际预算招聘的人数。其目的是留有一定的空间选拔人员，培养人员。等员招聘是指在招聘工作中所招聘的员工人数等于实际预算招聘的人数。一般可以以等员招聘形式招聘厨房主要管理人员，以缺员招聘形式招聘厨房领班级管理人员，以超员招聘形式招聘一般的厨师。

（二）招聘的信息发布

招聘信息的发布可以通过各种形式，比如报纸、电子邮件、电视、广播等多种渠道，如果没有资金通过媒体发布消息，也可以通过朋友、亲属、张贴招聘启事等形式发布消息。其招聘的内容一般包括以下几项：①招聘的目的；②招聘的工种；③招聘的职位；④招聘的人数；⑤招聘的条件；⑥招聘的地点；⑦应聘者的资料。

其实招聘广告内容的发布要详实，要说明要招聘员工的具体要求，不要简单地表述。比如××酒店招聘厨房厨师。这个信息中没有表述厨师的工种、要求、人数等众多的要素，让各种等级、各种类型的厨师都来报名，给人事部门造成很大的麻烦。只有表述清楚的招聘广告才能筛选餐饮企业需要的人员，这对餐饮企业和应聘者来说都有好处。

（三）安排面试及菜肴测试

面试是以谈话的一种形式来观察、了解及决定应聘者是否符合招聘的条件。招聘的主试者一般是行政总厨（或厨师长），如果是招聘厨师长则需要餐饮总监来面试。主试者在查看了应聘者填写的求职表后，会对应聘者有个简单的了解，但这还不够，必须要经过各种问题的询问，考察应聘者在行为、动机、谈吐及知识水平方面的能力。通常询问的问题是三方面的，即行为性问题提问，目的希望了解应聘者以往曾发生过的真实行为事例；理论性问题提问，目的希望了解应聘者管理、经营、技术等专业基础理论知识；引导性问题提问，引导应聘者跟随提问人的思路，目的希望了解应聘者反应能力和机敏的程度。例如：

你以前有过什么样的成绩？

你为什么离开原单位？

你在烹饪中最擅长的是哪个方面？

你目前会几种菜系菜肴的制作？

你为什么选择了这个酒店？本酒店有吸引你的地方吗？

一旦你几年都没得到升迁，你会怎么做？

如果你的员工在工作中不服从你的安排，你会采取什么方式？

…………

如果厨房招聘主管、领班级的管理人员，仅靠面试去了解应聘者是远远不够的，最能真实地反映出应聘者技术水平的还是菜肴测试法，行业中称为试菜。菜肴测试的品种一般根据餐饮企业的需要来进行，少的可以几只菜肴，多的要至少一桌宴席。而主持测试的人员多是饭店的主要负责人，可以是总经理、餐饮总监、人事部经理和厨师长，通过填写测试的表格给应聘者一个适当的分数。

（四）准备录用

通过面试和菜肴测试，管理层会对应聘者给出一个大致的评估结果。如表10-1。

表10-1　　评估记录及结果

员　工	评　分	其 他 记 录	结　果
张三	A	有能力	初步录用
李四	B	有潜力需要进一步培养	初步录用
王五	C	需要进一步了解	第二次面试
周六	D	行为过分	第二次面试
何七	E	没有好的表现	不录用

A：远超出职位要求　B：超出职位要求　C：符合职位要求　D：未达到职位要求　E：远不及职位要求

一般餐饮企业在正式录用员工之前还必须对资料进一步审核。比如尽可能调查审核一个员工在前任企业的表现及履历记录，考察资料的真实性。另外，初步录用的应聘者必须在体检合格后才能正式录用。

（五）体检

作为餐饮企业员工身体健康是非常重要的，必须持有卫生防疫部门颁发的健康证才能上岗。这应该是餐饮企业招聘中最基本的条件，如果体检不过关即使过了初试，也不能录用。

（六）签订协议或合同

如果应聘员工通过了体检，餐饮企业就可以正式录用。出于对双方利益的考虑，餐饮企业必须要与应聘者签订一个协议或合同，以保证雇佣双方在日后工作的合法关系。一旦有利益上的分歧，双方可以通过协议或合同讨回公道。

应聘者应该很好地了解协议或合同的条款，尤其是双方协议的内容、服务的期限、享受的福利，如有异议应该协商解决，最后认可后再签字，千万不要在不了解合同或协议的情况下，随意签字。

二、厨房人员招聘的要求

餐饮企业的人事部门在对厨房人员的招聘过程中，需要对所招聘的对象提出一定的要求，使餐饮企业可以得到自己所希望的人员，通常这种要求可以有两方面，一是职位的要求，二是素质的要求。

（一）职位的要求

餐饮企业的人事部门在制定招聘计划时，一定要按照各部门提出的要求去进行招聘工作，并且要对所招聘的岗位进行职位描述。所谓职位描述就是要将招聘岗位人员的工作性质进行具体和详细限定，一定要表达清楚对招聘的对象和空缺职位的要求，使每个应聘的人员都知道他未来将要从事的岗位及岗位职责，并比较自己的能力是否适合。为此，切忌对职位描述的含混不清。职位招聘表如表10-2。

表10-2　职位招聘表

菜系	淮扬菜	工种	厨师长
工作地点	江苏省	年龄要求	35岁以上
厨师级别	特级厨师	招聘人数	1人
学历要求	中专	性别要求	男
婚姻要求	不限	薪金水平	面议
截止时间	2004-09-25	厨龄	10年以上
职位描述	我们需要的是一个能控制好成本，对厨房管理有丰富经验的厨师长		

（二）素质要求

素质是指某人在完成某类活动中所具备的基本条件。餐饮企业人员素质的高低决定了该企业在市场竞争中的地位，同时也关系到企业的生产管理的效果。为此在厨房人员的招聘过程中，一定要强调所招聘员工的素质。

1. 总厨师长的素质要求

基本条件：有强烈的工作责任心，有高尚的职业道德。

自然条件：身体健康，品貌端正，无传染病。年龄35岁以上，男性为宜。

文化程度：大专以上学历，受过专业技术训练、厨房管理以及营养学方面的专业培训。

外语水平：中级以上英语会话水平。

工作经验：10 年以上厨师长工作经验，有丰富的实际操作经验。

特殊要求：精通厨房各工种的操作，具有国家级高级技术等级证书。

2. 中菜厨师长的素质要求

基本素质：有为烹饪业做贡献的事业心，在工作上认真负责。

自然条件：身体健康，品貌端正，年龄在 30 岁以上之男性。

文化程度：厨师烹饪专业毕业，高中以上学历。经过营养配餐的专业技术培训。

外语水平：要求达到中级外语水平。

工作经验：有 5 年以上厨师长管理经验。

特殊要求：特级厨师证书，掌握各种烹饪技术（冷菜、热菜、面点）。

3. 西菜厨师长的素质要求

基本素质：有强烈的工作责任心，对工作认真负责，有高尚的职业道德。

自然条件：男性，身体健康，品貌端正。年龄在 30 岁以上。

文化程度：受过专业技术训练和厨房管理培训。

外语水平：中级以上英语水平。

工作经验：3 年以上西餐厨师长工作经验，精通西餐烹饪知识，较为全面掌握西餐制作技法。

特殊要求：在行业中有一定知名度，具有国家级高级技术职称证书。经过营养配餐的专业技术培训。

第二节　厨房人员的培训

培训是提高人员素质的最有效的方法。所有成功的企业都十分重视员工的培训，通过培训来提升餐饮企业的经营实力，通过培训来提高企业的竞争力，通过培训还可以培养员工的团队精神。著名的作者托夫勒在他的《预测和前提》一书中写道："现在需要的是培训，培训，再培训。培训甚至可能成为第三次浪潮中最大的产业之一，成为一个重要的出口产业。"

经过一系列招聘工作所录用的员工，不代表就已经可以融入整个厨房生产中，严格意义上，他需要经过培训才能上岗，而无论他的技术和经验有多么的高。厨房人员的培训目的包含两个方面：一是提高员工的技能水平。通过培训让员工了解餐饮企业，了解餐饮企业的运作模式，提高个人的操作能力、管理能力。二是加强员工之间的协作能力。餐饮企业是一个有机的整体，不会靠某一个人的力量来达到经营的成功，即使水平再高的员工也要融入这个集体，集体的成功才是个人的成功。为此加强员工之间的团队协作能力是培训的关键所在。

一、岗前培训

岗前培训主要是对新录用员工未上岗前的教育和训练。

（一）培训的目的

让员工了解餐饮企业的基本政策和厨房生产的基本知识。

（二）培训的时机和培训师

培训时机：上岗前。

培训师：人力资源培训部教师。

（三）培训的资料

员工手册、规章制度及其他相关资料。

（四）培训内容

1. 企业基本政策的培训

这里包括餐饮企业的价值观、经营理念、企业视觉识别系统、企业精神、职业道德、文化素质等方面的培训。

2. 厨房运作的培训

这里主要包括厨房的组织结构、人员岗位的安排、待从事岗位的工作内容及职责、工作的规章及制度等。

3. 其他方面的培训

主要了解工资、福利制度，厨房的布局及工作环境。

二、技能培训

技能培训主要是针对开业前厨房全体员工及开业后部分新员工而进行的训练工作。

（一）培训的目的

让员工熟悉菜肴制作的基本烹调方法、步骤和菜肴生产的整个程序，学会菜肴制作的技术和各种标准，通过培训达到各岗位协调、有序生产的能力。

（二）培训的时机、培训师和途径

培训的时机：全体员工上岗前和新员工上岗后。

培训师：厨房的行政总厨或厨师长。

培训的途径：

（1）专业院校　对部分从事厨房管理的人员可以考虑送到专业的院校进行系统的培训，使他们更广泛地掌握厨房管理技能。

（2）专业培训班　专业培训班多是短期的培训班，它主要是针对厨师在工艺技能或管理技能上的培训。不过近几年，由于一些主办方的急功近利，将培训看成赚钱的手段，故这种培训多已失去了它本来的目的。

（3）本饭店的技术交流　餐饮企业厨房的员工之间需要一定的技术交流，经常举办一些内部员工的技术比武，既可以提高员工钻研技术的兴趣，又可以提供员工们相互学习的机会。这种培训既有效又经济。

（4）到其他饭店进修　将有培养前途的员工送到大型的、有知名度的餐饮企业去进修，以提高员工的管理技能或工艺技能。

（5）举办美食推广活动　通过举办美食推广活动，聘请一些知名的餐饮企业的厨师或技艺高超的顶级厨师来店进行技术交流，既可以扩大餐饮企业的影响力，又可以培训本店厨师的工艺技能。

（三）培训的资料

各种原料加工规格的配方、菜肴配份关系的配方和烹调汁、酱数量的配方。

（四）培训方式

一般为不脱产，边做边学的方式，比如开业前通过厨师长示范、员工品尝来使员工把握菜肴口味、质感标准。开业后对新菜的推出，还需厨师长制作（尤其是调味汁的配方）、员工品尝，保证菜肴口味、质感的统一。现在许多饭店的厨师长多会将菜肴拍成照片，公示于墙上，以保证菜肴出品的统一。

（五）培训内容

① 各种原料的加工技术（特别是新型原料的加工）。

② 本店所提供的菜点制作技术。

③ 创新菜点品种的制作。

④ 新的烹调工艺技术。

⑤ 新派的雕刻和盘饰艺术。

⑥ 新型调味料的使用和味型开发。

⑦ 其他相关技能（新型厨房设备的使用、保鲜、保养技术等）。

三、督导培训

督导培训主要针对的是餐饮管理岗位的员工进行的管理技能的培训，包括对厨房管理人员的培训。

（一）培训的目的

通过培训培养一批具有厨房管理能力的主管队伍，以保证厨房生产的正常营运，为配合厨师长的工作作出努力。

（二）培训的时机和培训师

培训时机：开业前厨房的员工主管和开业后新发展的员工主管。

培训师：酒店副总或培训部经理。

（三）培训的资料

督导手册及相关管理资料。

（四）培训方式

一般也是不脱产，时间多安排在中午下班后，晚上上班前。

其培训的方式包括以下几种：

（1）研讨式　针对一个问题，广泛发表各自意见，然后培训主持人总结其要点。

（2）现场参观　带员工到工作的场所看操作，挑其毛病，并找到问题的原因及解决方式。

（3）讲座式　这是一种主要的方式，由培训主持人根据督导手册进行培训，讲解、传授其中的要领。

（4）角色扮演　让员工根据培训的内容扮演角色。如扮演顾客为菜单挑毛病等。

（5）方案选择　给员工一个典型案例，后附若干答案，每一个答案都有不同的后果，让员工选择最佳的，用以提高员工的思考能力。

（五）培训内容

督导培训的内容主要是利用一些简洁的语言和图表，来使培训员工了解督导、管理的真正意义和方法，并学会一些处理问题的技巧和方法。

督导培训由于是讲授管理方面的内容和技巧，其所有的内容都应该浅显易懂，一切从实际的要求出发，切忌繁冗枯燥的词句，不要让培训的员工不知道所以然。

四、菜单培训

菜单培训是主要针对服务人员和厨房操作人员进行的菜肴知识的培训，厨房人员重点是了解菜肴制备的方法，服务人员重点了解菜单的文化内涵及制作的相关知识。

（一）培训的目的

通过培训让服务人员更多地了解所经营菜肴的各种相关知识，为顾客提供多方位的饮食服务，尤其是在美食推广和特色宴席服务时，更为有效。这同时也为厨房人员更准确地烹调菜肴打下基础。

（二）培训的时机和培训师

培训的时机：开业前或各种美食活动前以及推广特色宴席服务前。比如红楼宴，服务人员需要了解红楼宴的背景、典故及餐具、原料、口味等多方面的知识，才能更加突出红楼菜的文化底蕴。

培训师：厨房的总厨及厨师长，餐饮文化研究者。

（三）培训的资料

相关的菜单及美食推广菜单，菜肴文化背景的资料等。

（四）培训方式

讲解与品尝相结合的方式。通常可以由厨房的厨师长介绍菜肴的特点、风味及所用原料，并挑出几个特色的菜肴给厨房人员和服务人员品尝，让他们了解菜肴的特性，以更有效地推广服务。

（五）培训内容

对厨房人员的培训主要强调：

① 菜肴所使用的原料。

② 菜肴加工的方法及配份的数量。

③ 菜肴调味的特殊配方。

④ 菜肴装饰的方式及所使用的餐具。

⑤ 菜肴所应该达到的风味特点。

对服务人员的培训主要强调：

① 菜肴所使用的原料特点。

② 菜肴的烹调方法及口味特点。

③ 菜肴的文化背景。

④ 针对菜肴的相关服务。比如红楼宴中的“姥姥鸽蛋”，可以配给顾客一双银筷子，让顾客体验刘姥姥用银筷子夹鸽蛋的感觉。

第三节 厨房人员的激励

员工经过了严格培训后，并不能说餐饮企业就能高枕无忧了，因为培训过的员工掌握了一定的技能后，能否安心地为餐饮企业效劳，会不会被其他企业挖走，是很现实的问题，值得餐饮企业关注。有人说“服务满 1 年的员工离职，企业等于损失了 2 年的薪水”，是一点不为过的。因为除了培训费与无形的成本（如带走熟客）外，招募员工的广告费、面试成本和其他成本费也要一并计算在内。如此，在给予员工一定培训后，餐饮企业怎样避免员工大量流失，同时继续吸引其他择业人员选择本企业，并保持本企业员工旺盛的生产能力成为一个重要的工作。

其实所有的工作主要在人员的控制上。这种控制不应该是强制的，而是要让员工自愿。要达到员工自愿，就需要餐饮的管理者运用一些技巧，将乐趣带入工作中，激励员工的工作信心，提高团队精神，更好地实现企业的目标。

这里所提到的激励就是激发员工，是要员工产生朝所期望的目标前进的内在动力。通俗地讲，激励就是调动员工的工作积极性。从某种程度上说，员工的积极性可以成为企业发展的生命线。前苏联学者通过研究发现，一种好的激励方法可以使生产效率提高 1/3。美国的学者也认为，如果得到充分的激励，员工能力的发挥可以从 20%～30%提高到

80%～90%。那么餐饮企业可以通过激励的手段，避免餐饮企业出现的员工消极怠工和人员流失的现象。

一、影响员工积极性的因素

随着餐饮业的迅猛发展，餐饮企业之间的竞争力加强，厨师流动率呈明显上升的趋势，保持厨师队伍的相对稳定成为厨房工作的重点。其实造成厨师队伍的不稳定不外乎两个方面的问题：一个是员工们不思进取，消极怠工，工作缺乏激情，犹如死水一潭；二是思想不稳定，认为自身价值难以体现，有跳槽想法。这两方面的问题极大地影响到厨房的生产。

（一）员工对薪酬的满意度

在第一章中，我们知道了马斯洛的理论：人的需要总是从低到高。当第一层需要得到满足后，就可能产生高一层的需要，一直发展到最高层的需要。也就是说，人的需要首先是物质的需要，然后才是精神的需要。员工通过劳动获得薪酬以养活自己及家庭，这是最基本的需要。通常员工会将对薪酬的满意程度和对企业工作的贡献多少这两方面的问题联系在一起，它们之间的关系，往往会决定员工是否在餐饮企业具有一定的工作积极性，也决定着员工的去与留。

图 10-1 中的 A 图表示工资额与贡献成正方向夹角，贡献大于报酬，人员会流失。而 B 图表示工资额与贡献成水平，贡献等于报酬，人员会安定。C 图表示工资额与贡献成负方向角，贡献小于报酬，人员要调整。

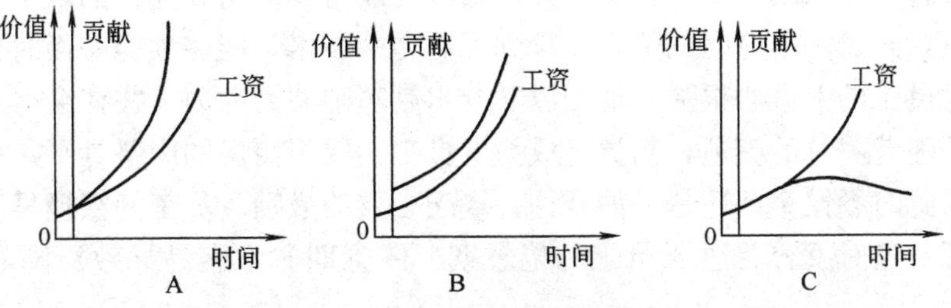

图 10-1　薪酬与工作贡献分析表

由此，员工对薪酬的满意程度是一个变动的过程，从公平理论（见第一章）的角度出发，员工总拿自己的薪酬和自己过去比，和别人去比，也会和自己做的贡献比，即使自己有时是高工资，经过一段时间的工作，他也会产生对自己薪酬的不满。对能力强，对企业的贡献超出自己薪酬的员工来说，如果有出价高于现有薪酬的企业挖他，他可能会“跳槽”，而如果没有机会，他可能降低工作的积极性，甚至可能消极怠工，以保持心里的“公平”。这时，管理者适度的奖金激励可能会打消他“不公平”的念头。

（二）员工对工作的满意度

如果员工对自己所从事的工作是被迫的，本身不情愿的，那根本就谈不上有工作的积极性，这时厨房管理者应考虑安抚员工的心态，激发他的热情，尽可能让员工喜欢这个行当；实在不能改变的应考虑将其调离工作岗位，以免影响其他员工的生产热情。

而对本身就愿意从事这种工作的员工，也要注意管理的手段，因为即使喜爱这个行当的员工，在工作中也会出现消极、倦怠的现象。

根据心理学家的说法，一般员工进入企业工作时，都会经历3个阶段，也就是所谓的工作的生命周期。

(1) 学习阶段　这时工作的趣味性是最重要的。员工关心的是何时才能得到上司与同伴的认可。这阶段也是决定员工去留的关键时期。

(2) 接受阶段　这时员工已经熟悉整个餐饮企业，也得到了同事及上司的认同，对工作得心应手，这阶段是员工比较稳定的阶段。

(3) 倦怠阶段　在同一工作环境从事相同的工作一段时间后，员工会进入倦怠期。新鲜感、趣味性会消失，如果工作中缺乏挑战性，缺少必要的刺激，这时员工会缺少工作的积极性，将对工作的注意力转向对操作环境、福利和报酬上，一旦遇到不快，要么消极怠工，要么寻求“跳槽”。

由上可知，员工对工作的满意程度也是一个动态的过程。由于学习阶段员工的兴趣占了主导，员工很少计较利益上的得失，容易产生积极向上的动机，当然此时如果得不到上司和同伴的认可，比如新来的打荷厨师开始很容易被炉灶师傅臭骂，如果对此行当缺少兴趣的员工可能会产生退缩的念头，就谈不上积极性的问题。为此任何一个餐饮企业的厨房管理者一定要善待新来的员工。相反，如果新员工能得到上司和同伴的认可，他的学习劲头会大大提高，经过一段时间的努力，学到了更多的技术，能够独当一面时也就进入了接受阶段，这时员工的上进心很强，他们以学技术赶超师傅为动力，往往会得到上司和同伴更多的赞许。随着岁月的流逝，新员工成为老员工，成为厨房的中坚骨干，他们开始面对新员工，如果此时餐饮企业还是一如既往，缺乏必要的激励，员工的兴趣早已消失，学习的动力没有了，这时就容易进入员工的倦怠期，倦怠期非常容易导致厨师的消极情绪和“跳槽”思想。

美国曾经有家酒店对主管人才流失的现象做了一番调查研究，结果发现，员工离职的主要原因有两点：一是工作时间太长，二是进修磨练得机会太少。一旦有餐饮企业在这两方面存在问题，员工就会对其工作表示不满，没能力者消极怠工，混日子；而有能力者，会寻求到其他餐饮企业工作的机会。实践证明，劳动工作时间过长且很少有休息的社会餐饮企业容易产生员工对工作状况的不满和人才流失的现象。

（三）员工对管理者的满意度

员工对管理者的工作作风会很在意，如果餐饮企业的管理者工作能力较差，在工作中管理员工不得法，会导致员工的积极性受到挫伤。

这类管理者往往存在着下述所列的弊病：

① 不会营造工作的气氛。与下属之间缺少沟通和相互的信任，员工工作的再好也视而不见，极大地挫伤有表现欲的员工积极性。

② 不能了解员工工作的心态，以致不能及时去解决员工所面临的一些困难。比如，员工失恋，工作的积极性不高；员工小孩生病，工作积极性不高；员工与他人吵架，心情低落，工作积极性不高等。

③ 不能适时地解决问题，把责任往员工身上推。这种做法在很多员工看来是管理者无能的表现，容易引起员工对管理者的反感，为以后的工作埋下祸根。

④ 身为管理者，不能为员工争取晋升的机会，同时缺少对员工必要的鼓励。厨房管理者只为自己的前途考虑，而不问员工未来的发展，容易使厨房员工队伍呈现一盘散沙，缺少必要的凝聚力和团队精神。

⑤ 不能公平对人，奖罚不分明。认人唯亲是管理工作的大忌，管理者虽然赢得了少数人，却失去了为企业做出贡献的大多数人，加之奖罚不分明，更易造成大多数员工的不满，生产效率可想而知。

⑥ 对下属所做的工作极不信任。对任何事情事无具细，不能很好的利用下属为其工作，很少给下属发挥才能的空间，大大影响了下属的工作积极性。也正应验了一句话："水至清则无鱼，人至察则无徒"。

⑦ 私吞别人馈赠厨房工作人员的各种物品。

⑧ 做事独断专行，刚愎自用，对别人的意见充耳不闻。这种管理者一般很少能接纳别人，为此，员工不会为其卖力。

⑨ 经常无缘无故让厨师加班，还不算加班费。久而久之，员工更多的是选择逃避。

⑩ 经常对员工发脾气，以粗暴的语言训斥员工。这种管理有时会很见效，但如果积怨过深，管理者不会化解，只能得到的是员工"一耳朵进一耳朵出"的尴尬局面。

当然管理者不良的弊端还有很多，不可能一一列举。这里需要提醒厨房管理者的是，如果缺乏对下属深刻的了解，缺少对员工的关心和爱护，缺少凝聚员工的团队意识和精神，会更多地招致员工们对其的强烈反感，甚至会产生对工作的逆反心理，这样就很难保证员工有较高的生产积极性。即使管理者使用再多的激励手段，都会徒劳无功，因为管理者的管理作风带给员工的是更多的失望。

（四）员工对实现自我价值的满意度

从马斯洛的需要理论我们可以知道，一旦员工最基本的物质需要能够被满足后，他的需要就会上升到精神上的，更多注重个人发展和升迁的机会。如果能得到满足，他会最大限度地发挥自己全部的潜能，以实现社会价值。马斯洛对自我实现的需要的解释是："即使以上所有的需要都得到满足，我们往往（如果不是经常的话）仍会产生新的不满，除非本人正在干着合适的工作……自我实现的需要，指的就是促使他的潜能得以实现的向往。这种向往可以说成是希望自己越来越成为所期望的人物，完成与自己能力相称的一切事情”。由此，餐饮企业如果能给员工创造更多的实现自我价值的舞台，会更加激发员工的工作热情，有时很小的激励会达到很好的效果。

二、激励的方式

激励的方式是管理者在调动下属员工工作积极性的工程中所采用的具体方法。前面已经提到，不同的人有着不同层次的需求，所以，对不同的人应该采用不同的激励方式。在实际工作中一定要灵活运用。通常激励方式有以下几种。

（一）强化激励

所谓强化激励就是通过对某种行为给予肯定或否定的评价，并结合一定的强化物，以鼓励某种行为重复出现或使某种行为得到消退。通常奖金、提升、培训、表彰等奖励形式都是正面强化，刺激员工的优良行为得以发扬光大；相反，批评、降级等处罚就是通过负面的强化使员工的不良行为得以消退或遏制，从而实现对员工行为的控制和改造。

通常情况下，强化激励所使用的强化物多是金钱，因为它是员工生存的第一需要，有时金钱的激励作用会是巨大的。但是如果盲目地推崇金钱至上的激励方式，有时也未必会起到好的作用。比如在厨房工作中，当有员工第一次因表现突出而获得 50 元奖金后，所产生的激励效果是很明显的，但如果连续拿几次同等量的奖金后，其效果就没有第一次那么明显了。再比如员工第一个月得到奖金为 300 元，而下个月如果没有出现未完成营业额等特殊情况，员工还期望得到 300 元奖金。结果员工只拿到了 280 元，他们就会满腹牢骚，甚至产生后退的现象。相反，如果发 250 元现金，再发 30 元的实物及给予员工适度的表彰，其效果要远好于发 280 元。所以强化激励应该把精神和物质激励相结合，会有更好的效果。

对一些工作不负责任、职业道德差的、影响全体员工工作积极性的员工就必须进行处罚。处罚的方法应该采用“递进式”的方式。由于餐饮企业的各种处罚，只是出于对员工警示、教育的目的，用以消除消极因素，鼓励、激发积极的因素，同时考虑到餐饮企业对每个员工的各种投资，故通常采用“递进式”。递进的处罚意味着当员工违背了餐饮企业的章程时，采取周密的步骤来进行处罚，随着递进的惩处过程，其力度不断加大。当然，处罚需要在公正的前提下进行，不要错罚一个好人，保持处罚尺度的准确，否则容易挫伤其他员工的工作积极性。比如某厨房管理出现了漏洞，那么除了处罚当事人外，厨房的管理者也应得到应有的处罚，以保证处罚的公正性。

（二）情感激励

情感激励就是通过对下属的关怀，建立良好的感情纽带，从而激发员工的工作积极性。管理者与下属的关系不应该是对立的，通过情感的激励使双方都会得益。管理者对下属关心和体贴，在下属遇到困难时为其排忧解难，给予他及时的帮助，员工会以积极的工作报答他的上司，使管理者的工作非常好开展。

情感激励有时也可以表现为员工们与管理者之间保持家庭式的亲情友谊，共享快乐方面。我们知道每个餐饮企业都不是单打独斗，需要依靠集体的力量来创造业绩，那么在餐饮企业需要员工与管理者共担责任的同时，也应该让员工有机会共享快乐，以保持领导与员工家庭式的亲情关系。作为餐饮企业的管理者应该对每一个员工的生日、工作周年纪念日、调动、升迁等重要事情了如指掌，有时可以借题发挥搞些小的庆祝活动，借着比较宽松的气氛，管理者可以趁机说些赞美的话语，可以大大加深同事之间及同事与领导之间的感情。比如有的酒店是这样安排的：××大酒店是一家五星级酒店，在每位员工招聘登记时，人事部都会详细地将每位员工的生日悄悄地记录在案，每一个月都会有各个部门和岗位的员工收到酒店发出的生日贺卡，并要求当月过生日的员工在每月的 30 日这一天早晨到酒店门口集中，酒店会带这个月过生日的员工去郊游，开生日 Party。员工都为这种惊喜所感动，为此，这个酒店取得了很好的经济效益。

在情感激励中，意外的祝贺往往会给员工带来更大的惊喜，员工会感觉餐饮企业有家的氛围，那么工作的积极性自然就不用多说。事实上，情感是无形的，它不受时间、空间的限制，如果恰当地与有形的物质相结合，其产生的效应是持久的。维系情感的纽带一旦建立，员工会把完成管理者交代的任务作为情感上的补偿，有时甚至不会计较工资、报酬的多少。为此，作为厨房的管理者一定要运用好感情激励的手段，改变居高临下的工作作风，更贴近员工的生活，与员工建立一种家庭式的亲情关系。

（三）目标激励

通常企业会设立经营的目标，通过设立明确的目标使员工了解努力的方向，从而自觉地表现出企业所期望的行为。目标激励就是要以企业的经营目标为基准，将企业的目标层层分解，使每个员工明确与企业总体目标相联系的分目标，这样对员工的行为有良好的导向和激励作用。

在制定激励目标时，管理者必须既考虑员工的切身利益，又考虑企业的利益；要注意目标的先进性和合理性，既不是可望而不可及的，也不是轻而易举就能达到的。比如每月厨房营业额预算为 60 万，如果超出预算额，厨房就可以有超出部分 10%的提成奖励，相反，如果未完成就会有 10%的扣罚。这样一来，厨房的管理者和全体员工会更加努力地潜心研究，创新菜肴，尽可能地提高每月的实际营业额，争取拿到奖励而不是被扣罚工资。这种目标激励方式使得人人都关心厨房生产，人人都为集体的利益及个人利益去努力奋斗。

应该注意的是，管理者在推出目标激励的时候，一定要经过深思熟虑，一旦推出要保持守信的原则，如果员工超额完成任务，千万不能光许诺不兑现，否则引起员工的反感，失去领导的诚信度，会降低员工劳动的积极性，使企业利益和个人利益都得到损失。

（四）竞争激励

美国前总统尼克松曾说过：“无论什么组织，最糟糕的事莫过于提供过多的安全感，那里的人会变得效率越来越低，观念越来越旧，需要使用积极刺激来保持其斗志”。这种刺激其实就是要产生竞争，就是要打破固有的安全感，以提高生产的效率。

竞争就是要给员工制造压力，在不甘落后的心理作用下，使员工加倍努力来提高自己的级别，形成人人争先的局面。比如厨房在某一时段，推出炉灶厨师挂牌炒菜的措施，让厨师自己安排拿手菜肴，让顾客去挑选，让顾客去评议，谁的菜肴受顾客欢迎，谁的菜销量多，谁就可能收益多，这种做法会调动炉灶厨师生产的积极性。能力强的，有创新意识的厨师就可能多收益；而能力一般，但不服输的厨师，就可能奋起直追；没有上进心的厨师就可能面临淘汰的危险。

我们可能都知道著名的鲇鱼效应，就是在沙丁鱼中放入鲇鱼，沙丁鱼不会马上死去。原因在于鲇鱼的不停窜动，使沙丁鱼活力大增。事实上，保持厨房员工的竞争就如同在沙丁鱼中放入鲇鱼一样，可以使员工工作的活力大增。通常可采用的竞争方式很多。比如保持厨房人员一定的流动性，通过竞争使能者上庸者下；如果厨房整体水平不高，可以考虑聘请高手，来调整人员增加竞争机制，提高厨房整体的水平；可以通过技术比武，来激发员工上进的心理，保持厨房生产的活力；可以设立岗位基本分制度，高岗位的高基本分，同时高收入，让员工无时无刻地向高岗位努力。例如某厨房为了使员工更好地、更有效地工作，采用了岗位设立基本分来建立有竞争的等级制，用以考核、激励厨师。如图 10-2。

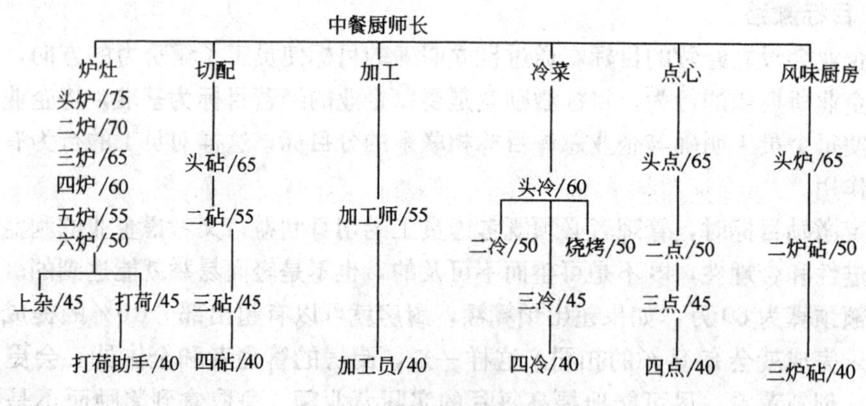

图 10-2 厨房岗位基本分图

不过，值得餐饮管理者注意的是，竞争激励在使用时要尽可能保持员工之间的相互协调，避免在一些非原则问题上的斤斤计较，造成不应有的矛盾，同时还要注意对后进员工给予更多的鼓励和帮助，切不可落井下石，使这种竞争有序、合理。

（五）信任激励

信任激励就是要给员工提供必要的工作条件和相应的工作指导，为员工扫除前进道路上的障碍，使员工能够保持积极的工作热情，放开手脚大胆工作。信任其实是对一个人价值的肯定，也是管理者对被管理者的一种奖赏。

俗语："士为知己者死"。员工是最希望得到上司认可的，有时一句不经意的话可能会挫伤一批人，相反几句不起眼的赞赏会感动一批人。在实际工作中，厨师长千万不要用打骂作风影响员工，要不吝啬赞赏之词，这样会增加员工的信心。

信任激励其实也包括提高员工工作的自信，只有员工更加自信，工作的效率才会更高，他们才愿意留在自己的岗位上。一般员工工作的自信来自于两个方面，一是客人给的，一是管理者给的。试想如果一个炉灶厨师老被客人退菜，即使再有把握的厨师都会失去自信，这时厨房管理者再给他施压，也说菜不好，一塌糊涂，可能这个炉灶厨师会一蹶不振。如果厨房管理者给他减压，认为可能另有原因，比如菜肴不合客人口味、菜肴安排的不合理，将部分责任承担下来，可能这个炉灶厨师会更加积极，甚至他自会找到失败的原因，努力改变。

为此，厨房管理者要建立一个使员工自信的工作氛围。比如定期评出厨房的优秀员工，将优秀员工的照片放在醒目的位置，培养员工的自豪感；也可以将各种对员工评价、表彰的结果放在餐厅给客人看；如果有内部的报纸、报刊，可以发表表彰的通知等等。

综上所述，激励的各种方式是没有固定模式的，有时又可以交叉使用。作为一个厨房的管理者应该掌握每一种激励的内涵，并学会合理利用，这样才能激发员工的工作热情，调动他们的积极性。

本章小结

管理就是合理地利用资源去完成企业目标的一个过程。其中物质资源比较固定，是静态的，容易控制，而人力资源则不稳定，处于动态，不容易控制。为此，为餐饮企业未来的生产做打算，一定要为厨房招聘好的员工。

培训是提高人员素质的最有效的方法。所有成功的企业都十分重视员工的培训，通过培训来提升餐饮企业的经营实力，通过培训来提高企业的竞争力，通过培训还可以培养员工的团队精神。

厨房管理者一定要掌握合理的人员控制手段，在强调以人为本的原则下，运用亲情化、人性化的经营理念，对员工进行适当的激励，以此来留住员工，培养员工，最终造就一个积极向上的团队，为企业的发展作贡献。

习　题

1. 人员招聘的方式有哪几种？分别说明。
2. 简述招聘厨房人员的工作程序。
3. 看下面一则案例，谈谈你对管理者满意度的看法。

小耿是个积极上进的小伙子，几年来一直在炉灶上苦练，使他从原来的四炉升到了三炉。一次，他烹炒一只“鱼香茄子”的菜肴，由于拿不准口味，他请教厨师长，厨师长如此这般地告诉了他，还亲自操作示范。没曾想这道菜是一个老主顾点的，经他品尝突然觉得口味不对，酸味太大，于是投诉到餐饮部经理处，并要求退菜。餐饮部经理询问厨师长，厨师长自知理亏，又碍于面子，于是推说是小耿做的。最终按店规，小耿赔了菜钱，尽管罚的钱不多，但小耿一肚子委屈，他对厨师长的印象开始改变了。

4. 如何调动员工的积极性，谈谈你的看法。

5. 看下面一则案例，如果你是厨房负责人会怎样做，会采用何种激励手段。

某厨房小董，平时工作无精打采，敷衍了事，有时厨师长或领班批评他几句，他便一触即发，与领导顶撞，甚至故意与领班作对，虽经教育仍不见效。一次，小董因交通事故小腿骨折，住进了医院……。

第十一章　美食节的推广

[学习目的]　了解美食节推广的形式，掌握美食节的策划和运作，学会设计美食节菜单。

[主要内容]　美食节的选择，美食节的计划与方案，美食节的组织与实施。

美食节，就是在一段时间内推出以某一主题为主的系列食品促销活动，它在现代餐饮企业经营中占有重要的地位。目前举办各种形式的美食节成为众多餐饮企业推广、促销餐饮产品的主要武器。比如在港澳地区，餐饮企业已将美食推广活动看成是餐饮经营的一部分，通常每年都举办各种形式的美食节，以宣传、促销餐饮产品。

当然，美食节有别于餐饮企业组织的其他常规餐饮产品，它是餐饮企业一日三餐正常餐饮销售以外的特殊经营活动，具有自身的特点。其特点主要有：

(1) 策划精心　任何一个美食节活动都需要进行精心的策划。在餐饮活动比较发达的地区。比如香港、新加坡，其每一年的美食推广都需要前一年9～10月份制订计划，并要到欲邀请地进行实地考察，试菜后选择人员并签订协议，提前做好美食推广的准备工作，而非草率、盲目地举办美食活动。

(2) 时间集中　出于对费用的考虑，通常美食节举办的时间都是有限度的，长则1～2个月，少则2周。另外，从经营目标上考虑，能得到顾客认可的美食产品，一定会成为酒店未来使用的一种固定产品，而缺少一定吸引力的产品则不能称之为合格的美食节产品。

(3) 主题多样　由于美食节是通过餐饮产品的促销、推广活动，来使就餐的顾客对本餐饮企业经营的能力、经营的水平及产品质量的高低程度有一个更深的了解。所以选择多种主题来举办美食活动是各餐饮企业的宗旨，这样可以吸引顾客的眼球，加深顾客对餐饮企业经营的信任度。

(4) 投入较大　美食节需要前期的策划、考察、宣传、营销，需要生产期间的组织、控制，需要各部门的通力协作、配合，在财力、物力和人力上投入肯定要超过正常的餐饮生产，为此，举办一届美食推广活动并非轻而易举的事情。目前由于餐饮市场发达程度和顾客消费能力的问题，国内在美食推广上远落后于香港等餐饮发达地区。

(5) 影响深远　美食节的举办往往可以扩大餐饮企业的经营范围、营业时间，还可以为餐饮企业造势，增加影响力，形成很好的社会效应。不过，需要注意的是美食节活动也是一把“双刃剑”，如果没有很好的策划和宣传，加上没有稳定的产品质量，有时会产生负面的影响，这种影响有时也是难以被顾客忘怀的。

可以说举办一届成功的美食节，不仅需要营销部门的积极宣传，更需要餐饮及厨房管理者更为精心的策划，合理地进行培训和规范地组织生产。

第一节 美食节的选择

前面介绍了美食节的举办就是要吸引顾客的眼球，给顾客一种想消费的欲望。为此，美食节主题的确定，不一定要攀高、攀大，而应该有新意，寻求新的竞争点，保持餐饮企业特有的竞争力。比如安徽某酒店根据自己的特点，推出“五谷杂粮”美食节，迎合顾客希望健康的心理，成本低、效果好，最终一举成功。这也告诉我们拥有一个好的思路是办好美食节的前提条件。

一、美食节的主题选择

美食节主题的选择一定要围绕菜肴来进行，并从菜肴的原料、风味、制作及所体现的文化内涵等方面入手，考虑美食节主题选项的切入点。

（一）以某一种（类）原料为主题

选择原料作主题主要是某种原料或某类原料具有独特的风味，可以吸引更多的顾客。比如，“食用菌美食节”、“海南椰子美食节”、“全鸭美食节”、“蒙古羊美食节”、“鱼头美食节”、“江鲜美食节”、“豆腐美食节”等等。

以原料作为主题的美食节，一种就是利用独特的原料编写小菜牌形式的零点菜单。比如长江流域的饭店可以以江鲜作为美食节的主题举办“江鲜美食节”，根据所能得到的江鲜进行菜肴研制和制作。

当然，有时在对主题原料进行推广的时候，考虑到成本或菜肴本身的必要性，也不是全部使用同一个原料做成菜单或宴席的。比如某饭店使用天目湖鱼头做美食节，就将鱼头作为风味菜肴融入饭店的菜单中，而非全用天目湖鱼头做宴席。

（二）以功能食品为主题

所谓功能食品其实是具有滋补、调养及特殊营养功能的食品，它是从以原料为主题的美食中派生出来的。由于有些原料具有特殊的营养价值或药用价值，如果加上适当的宣传和介绍，会带给食客“以食补替代药补”的感觉，这符合现代人们健康饮食的理念。通常可以把这种主题分成两大类，其中一类是以营养为主题，另一类是以调养为主题。其中以营养为主题的餐厅在国内已经出现，但数量并不多。他们推出的菜单比较有新意和独特性。

而另一种以滋补、调养为主题的就相对较多。比如某酒店根据性别和年龄的不同，推出各种滋补的汤：

气宇轩昂（君子汤）　38元

材料：人参、巴戟、杜仲、鸡腰、牛鞭、海马、上汤

功效：补肾壮阳、益气壮腰

沉鱼落燕（淑女汤）　28元

材料：当归、红枣、阿胶、元肉、孔雀肉、上汤

功效：滋阴养颜、旺血扶肤、温补助阴

益脑黄金（儿童汤）　18元

材料：深海鱼头、杞子、红枣、孩儿参

功效：补脑健身、助智发育

当然，许多滋补、调养形式的美食活动还可以将其编撰成宴席菜单，供食客们选择。

（三）以节日为主题

自从我国实行双休日以后，休闲消费成为餐饮经营的一个热点。其实每年都会有各种节日，尤其我国的春节、元宵节、端午节和中秋节，加上两次长假（五一和十一）以及国外的情人节、圣诞节、感恩节，人们会利用假日进行旅游、聚会、社交等各种休闲活动，这时餐饮店往往是人们选择活动的地方之一。如果餐饮经营者能充分利用假日的休闲消费，将节日作为一个好的推广主题，必然会给企业带来好的经济效益。

在我国香港、澳门地区乃至新加坡，许多餐饮企业会在许多节日里推出各种形式的美食活动，而不管是国内的节日还是国外的节日，比如母亲节、父亲节、教师节等等。而国内的酒店大多会在春节、元宵节、端午节和中秋节等老百姓熟悉的节日里举办一些美食活动，比如国内某酒店千禧年举办的佳肴美食和贺岁迎春宴。

（四）以风味为主题

以风味为主题的美食活动应该是各餐饮企业广泛采用的一种方式。从大的类型上来分主要有中式风味和国外风味两种。其中中式风味可选种类颇多，从地域上来看，各地的饮食都具有一定的特色，比如前几年北京周边的地区比较流行湘菜（湖南风味菜），而长江流域比较流行杭菜（浙江风味菜），香港的一些餐馆流行南番顺风味菜，即南海、番禺、顺德菜，这些风味菜肴的推广和宣传，大大满足了食客对菜肴口味的追求，一度也使老牌的四大风味菜黯然失色；从菜肴的类型上看，素食风味也开始盛行，人们要求吃的健康，吃的营养。比如食用菌类菜、仙人掌类菜、芦荟类菜肴等等，这些菜的推出使许多高油脂、高蛋白的菜肴失去了主导的位置，使人们懂得了不是吃饱，而是要吃好；从菜肴的档次上看，由于大众百姓越来越多地走出家门，寻求合理便利的消费，为此餐饮企业为迎合百姓消费大打家常菜的牌子，使低档风味菜肴消费也成为主流。这些流行的风味菜式往往给美食活动提供了更多的卖点，当然有时独辟蹊径的选题往往会带给食客更多的惊喜，使他们可以更多地满足“没吃过”所带来的猎奇心理。比如带有民族风味的美食节：“新疆

美食节”、“蒙古美食节”、“朝鲜酱菜节”等。

对于在中国市场慢慢被人们接受的国外风味，近几年也形成一定的气候。当然，由于条件、设备和技术力量的限制，这些风味美食多集中在大型的酒店、饭店。这些饭店、酒店为了吸引更多的顾客来品尝异国美食，多会采用有名望的国家美食作为宣传和推广的主题，比如“法国美食节”、“意大利美食节”、“日本料理节”、“泰国风味美食节”等等。

（五）以复古菜肴为主题

复古菜肴就是挖掘过去乃至古时流行的菜点，并非全盘的照搬，而是将其精华重现，让今天的人们体会过去以及古代的文化和饮食习俗。对复古菜肴的挖掘和整理还可以丰富当今菜肴的品种，保留过去乃至古代饮食好的遗风，调剂人们对各种类型饮食的追求。通常复古菜根据年限、氛围分为两大类，一是近代的怀旧菜，二是古代的仿古菜。

作为近代的怀旧菜可以勾起现在许多中年人的种种回忆。因为国内的许多消费还主要是中、青年人居多，一来怀旧菜可以让他们想起过去母亲烹调菜肴的口味，这种印象是根深蒂固的；二来可以让他们回忆起过去的种种经历，比如有的饭店叫“北大仓”，有的叫“人民公社”，容易勾起有这种经历的食客对“公社菜”的追忆。

尽管近代的人们对于仿古菜不会有切身的体会，但可以从史书或古典名著中获得部分的信息。这使许多人带有向往和期待，希望某一天能体验古人的饮食风俗和习惯，品尝古人曾经吃到的各种名贵菜肴。为此，对仿古菜肴的开发需要有一定的文化背景作支撑，使菜肴中包含有更多的饮食文化的元素，这样才能使推广这类仿古菜的美食活动更具有意义。目前国内推出的各种仿古美食不胜枚举，如“红楼宴”、“乾隆宴”、“仿宋寿宴”、“琼林宴”、“随园菜”、“满汉全席”等等，其中“红楼宴”是仿古宴中必须要提到的，国内有许多地方都在潜心研究“红楼菜”，并将“红楼菜”以美食节的形式推广到海内外，特别是我国港、澳地区和新加坡，取得了很好的社会效应和经济效应。

（六）以季节为主题

不同的季节一般会盛产不同的食品原料。尽管现代的种植、饲养技术已完全可以跨越季节的限制，为餐饮生产提供了丰富的原材料，但各季节的习俗和饮食习惯及原材料最佳的风味却不尽相同，使餐饮企业还是比较重视季节菜肴的推广。比如“金秋湖蟹节”、“冬令大补汤”、“春季河鲜节”、“冰凉一夏饮料”等等。季节的美食节可以以春、夏、秋、冬四季为主题分别推出精品美食，也可以以月份为主题推出相应的菜肴。比如某酒店在一年的美食推广中，分别在3～4月推出“桃花桂鱼美食节”、6～7月推出“小暑黄鳝美食节”、8～9月推出“八月桂花香藕、鸭系列菜美食节”、11～12月推出“热滚滚进补锅仔美食节”。由于1～2月春节、5月1日、10月1日国家法定放长假，生意较好，故这几个月份没有推出美食活动。

（七）以盛具、技法为主题

以盛具或某种技法形成的系列菜肴往往也可以成为美食推广的主题。比如“避风塘系列菜”、“剁椒系列菜”、“韩式烧烤系列菜”、“桑拿系列风味菜”、“砧板系列风味菜”、“巴西明炉系列风味菜”、“卵石风味菜”等等。几年前，香港、澳门还流行盆菜，所谓盆菜是将各种原料加热成熟后放入一个类似木盆的盛器中，有点类似杂烩的性质，但又不同于杂烩，没有汤汁，原料是各自成熟后堆放于盆中，分量足而实惠。

当然，如果某餐饮企业具有一些生产菜肴的独特烹调技法，也可以以此作为推广的主题。比如江苏盱眙的“红烧龙虾”、上海的“香辣蟹”、广东的“椒盐排骨”都可以给我们启示，在此基础上进行菜肴的开发与研制，形成系列产品，通过美食节进行推广与宣传，扩大餐饮企业的影响力。

（八）以某人或物的知名度为主题

以某人或物的知名度为主题，设计出相应的菜肴，也可以提高餐饮企业的知名度。比如泰州宾馆就根据京剧大师梅兰芳先生的京剧戏目和故事推出了“梅兰宴”，通过推广“梅兰宴”而扩大了泰州宾馆的声誉。

以物知名度为主题的多是旅游的景点，其实将菜肴与景点有机地结合，既可以提高菜肴的知名度，也可以将景点的文化范畴进一步加大。比如杭州的“西湖十景宴”，西安的“八景宴”。

二、美食节的时机选择

餐饮企业的美食推广活动是餐饮产品销售的延伸和发展。目前越来越多的餐饮企业会利用恰当的时机进行各种形式的美食推广，来制造更多的卖点，以此扩大餐饮企业的知名度，赢得更多的销售利润。当然，如果要使餐饮企业取得最大的效益，任何一次美食活动不论规模大小都需要选择一个正确的推广时机。

（一）在节假日进行推广

节假日一般是人们庆祝、娱乐、休闲的好时光，有充足的时间和精力去享受生活。这时通过推广美食活动可以丰富人们的假日生活。按照中国人的习惯，节日期间家人、朋友、同事喜欢相聚在餐饮店小斟酌饮，畅叙友情，既可以放松心情，又可以解除人们日常繁重工作所带来的疲劳。

在中国，一些传统的节日活动大多具有非凡的意义。比如除夕吃年夜饭和包饺子成为人们必做的辞旧迎新的活动；元宵节老百姓吃汤圆、闹花灯、猜谜语，意味着正月新年庆祝活动的结束；端午节期间，家家户户包粽子来纪念屈原；中秋节通常是吃月饼来进行各种团圆活动。随着经济的发展，人们收入的提高，庆祝以上种种节日的方式已不完全是在家庭中来完成，更多的家庭走出了家门进入饭店，享受饭店为每个家庭带来的各种节日气氛和情调。面对新的餐饮形势，餐饮企业应该很好地加以利用，充分地将美食与节日进行结合，为顾客营造家庭没有的节日氛围，让顾客更多地领略中华民族文化的情趣。

近几年，许多餐饮企业开始重视西方节日的促销，因为这些节日比较适合年轻人的口味，比如情人节、母亲节、父亲节、圣诞节等，通过相应的美食推广可以让更多的年轻人领略到异国的风俗和情调。

（二）在某些重大活动举办时进行推广

许多美食的推广活动可以与一些重大的活动相伴而行。通常这种活动可以分成以下几个方面。

1. 以本店有影响的活动为契机

任何一家餐饮企业都存在有重大活动的机会，有时为了扩大影响力，还可以借题发挥。比如饭店开业×周年店庆、星级挂牌、分店开张、新楼落成、再次装修迎客等等，利用这些活动举办美食节能够起到一定的社会效应。

2. 以本地区举行的重大事件为契机

根据本地区将要发生的重大事件作为美食节举办的契机，同样可以扩大影响力。每一个地区每年都会有一些重大的活动，比如国际会议、电影节、产品交易会、友好城市联谊、城市纪念日、各种大赛等等。如果餐饮企业能够利用这些机会，一方面可以扩大宣传的效应，另一方面可以吸引顾客的消费。

3. 以国内外的重大赛事为契机

餐饮企业要学会利用国内外比较关注的重要事件，尤其是比较轻松和有娱乐效应的文娱、体育活动，具有很强的凝聚效应，加大这方面的宣传也是一个不错的增加经营利润的途径。比如奥运会、申奥成功、世界杯足球赛、国际文化节、千禧年庆典等等。通过在餐厅中布置与赛事或活动相仿的环境来吸引更多的顾客光顾。

（三）在餐饮销售的淡季进行推广

美食节的举办不是销售旺季的专利，恰恰相反在餐饮销售淡季进行美食的推广可以增加餐饮企业的人气，可以更有效地完成经营的预算。

餐饮企业应该全面地了解本国或本地区的饮食风俗或习惯，确定本企业产品经营销售的淡季。比如在香港每年的清明节、端午节、重阳节等月份是不举办婚宴的，因此香港酒店每年的推广活动一般都安排在三个比较空闲的时间段内：三、四月份为第一时间段，六、七月份为第二个时间段，十、十一月为第三个时间段；而新加坡在每年进行美食节推广多在四月和七月，因为四、七月为清明、鬼节，当地老百姓不会在这两个月份里结婚。国内酒店由于地域和风俗不同，举办美食推广活动的时间也不同，如在江苏扬州七、八月由于天气炎热，按当地的习俗基本上没有人举办婚宴，那么这两个月份举办美食活动会带动餐饮企业的人气。为此，确定淡季举办推广活动的时间对餐饮管理者来说是非常重要的，这直接影响着当年收入预算指标的制定与完成。

（四）在不同的季节进行推广

餐饮企业可以在不同的季节中进行各种各样的美食节活动，这种美食节的推销可根据客人在不同季节中的就餐习惯和在不同季节上市的新鲜原料来计划，最常见的季节性美食节是时令菜的推销。

第二节　美食节的计划方案

举办美食节是现代餐饮企业为了竞争的需要和企业发展的需要，在经营过程中必须要进行的营销手段。如果要成功地举办一届美食节，就需要进行必要的美食节计划。美食节计划是一种餐饮管理者对市场分析后，针对自身的市场定位，选择符合企业的竞争产品和经营策略，来推广餐饮产品的活动计划。尽管餐饮企业的规模有大有小，选择美食节的形式也会多种多样，制订出的美食计划会有繁有简。但餐饮饭店通过厨房推出好的产品，扩大餐饮企业的影响力，创造更多的经济效益的目的是一致的。

一、美食节的计划内容

美食节的活动计划是一种将美食活动的主题及内容，以书面的形式表达的提纲性的策略和方案。计划的制订可以给餐饮管理者提供完成目标的方向，可以指导员工按照计划流程执行各种方案，最终圆满地完成各项工作。当然，管理者在完成美食节计划后，其重要的工作就是每天进行必要的监督和跟进工作，以保证计划的顺利实施。

一般说来美食节活动计划至少应该包括下面的一些内容：

① 餐饮活动的推广时间及阶段；

② 活动推广的地点；

③ 推广的菜肴或菜单；

④ 推销菜肴的价格；

⑤ 使用何种形式的广告方式；

⑥ 餐厅的装饰方式；

⑦ 整个计划的提纲要点，可以包括推广的目的、推广的注意事项和推广的主要意向等。

看下面一则美食节计划和方案。

蒙古菜美食节活动计划

1. 推广时间

4月5日～20日

2. 推广餐段

中餐：11：00～14：00

晚餐：17：00～21：00

3. 菜单及饮料单设计

自助餐

蒙古烧烤自助餐菜单

特色鸡尾酒

4. 价格定向

自助餐每位人民币88元，儿童半价

鸡尾酒每份人民币28元

5. 广告媒介

酒店宣传画册

餐饮部美食节传单

餐厅告示牌

宾客通讯录

电台广告

主要街道宣传横幅

6. 发布广告时间

3月20日

7. 餐厅装饰

使用传统的蒙古族装饰用品

蒙古壁画

蒙古包餐厅

蒙古族食用餐、茶具

8. 活动计划提纲

邀请内蒙古厨师进行厨师表演及蒙古特色食品的制作

邀请内蒙古艺术表演团进行穿插表演

设计菜单同样需要提供适当的本地菜肴和西式菜肴以适应部分外籍及本地客源的需要

餐厅装饰用品可以由内蒙古邀请的厨师采购

（摘自《美食节策划与运作》）

二、美食节的计划方案

美食节活动计划通常包括年度美食节活动计划和专项美食节活动计划两种。前一种通常是餐饮企业每年美食节活动的计划指南，不考虑具体的操作细节，可以出现在餐饮企业的宣传单上；而后一种主要针对的是每一次美食活动的详细操作过程。由于涉及到经费预算和一定的商业机密，一般不会对外公开。

（一）年度美食节计划

年度美食节计划指餐饮企业根据未来餐饮消费趋势和市场竞争状况，以时间序列为主要线索，统筹安排未来一年餐饮企业拟组织、推广的各项美食节促销活动。

年度美食节计划一般只对每年餐饮企业各部门的美食推广作一个可行性的安排，告知相关的部门美食节推广的时间表，通常不会涉及具体的内容。见表 11-1 所示。

表 11-1　　某酒店美食活动安排

月份／地点	一	二	三	四	五	六	七	八	九	十	十一	十二
中餐厅	根据政府发展大西北的政策方向确定出本店中餐厅食品节三个时间段的推广主题：西安菜、新疆菜、敦煌菜											
西餐厅	主要推出新西兰菜、土耳其菜、埃及菜、印度菜（后备）											
酒吧	每月都推出特饮								啤酒节		法国新酒	热饮
饼店	年糕		巧克力		粽子			月饼				火鸡

尽管年度美食节计划是一个笼统、粗略的计划指南，但制订这种计划并实施却是要讲究一定步骤的。一般年度美食节的计划可以按照下列的步骤来进行。

（1）递交提案　初次提案应为全年美食节计划前的半年开始，即明年三月的美食节，应在今年九月份提议。

（2）寻找搭档　可透过不同的渠道，寻找理想的合作单位。如同行的推荐或与有知名度的单位联系。

（3）实地考察　实地考察可真正了解情况，如人物、食品、文化、习惯、风俗等等，品尝地道风味，了解出品及认识口味。

（4）合理评估　评估美食推广的风险、成本支出及其他相关的问题。

（5）选择日期　在考虑双方的时间表后，确定推广食品活动的日期，写入计划中。

（6）确定计划　美食节举办方对计划确定落实后，应尽快回复合作单位，发邀请函，与之定立协议书。

由上可知，年度美食节计划不是一个随心而定的计划表，需要进行必要的调研和考察。通常需要餐饮总监（餐饮部经理）和厨师长去实地考察，尝试菜肴，选择合作单位，确定需推广的美食风味，做出年度将举行的美食节计划。有时为了防止突发事件的出现而导致美食合作单位不能履约，此计划中应该留有一定的后备方案以防不测。

（二）专项美食节活动计划

专项美食节活动计划往往是针对某一特定主题的美食节而设计的，它往往在内容上比较详细，从美食节目的时间、环境布置、人员、礼品赠送、宣传安排、要求协作部门、费用等方面对整项活动作了具体的安排。通常专项美食节活动计划是营销部门制作的，它的依据来自于餐饮部门下达的计划书，计划的内容主要是围绕餐饮部门的美食活动进行餐厅装饰设置、广告宣传及经费预算。而美食的产品是由厨房进行设计和制作。

对于许多中小型餐饮企业，更多采用的是专项美食节活动计划。由于没有营销部门并考虑到经费的问题，其美食活动计划比较简单，在装饰、布局上不太讲究，有时就推出几个创新菜肴权当美食推广活动。这时的餐饮企业更多依赖的是厨房的管理者，希望新颖菜肴的推广能带给企业更多的人气。

第三节　美食节的组织与实施

餐饮企业经过对美食计划进行必要的审核后，就应该进入组织和实施阶段。

一、美食节的宣传

美食推广可分为内部宣传及对外宣传两种方法。

（一）内部推广方法

1. 宣传单

宣传单可于两周前在酒店内各处地方，包括客房、各餐厅及显眼处，整齐摆放供住客或食客取阅（数量以每天 100 张计算）。

2. 海报

在主题餐厅门外摆置，供客人细阅，以收到宣传之效。

3. 升降梯海报

在每一部客用升降梯内挂上宣传海报给乘客细阅。

4. 员工介绍

① 菜单审批后将初稿派给餐厅员工，让他们能向餐厅客人作口头推广。

② 在营运及推广会议上向营业部员工作介绍推广。

③ 在推广活动会议上介绍美食节活动给各部门经理，以下达给各阶层员工作多层面推广。

5. 电话推广

主题餐厅负责安排在一周前每天 20 次电话推广给相熟客户以作促销。

（二）对外推广方法

对外推广等一系列的宣传及广告设计，将由营销部门和餐饮部门联合安排，主要有以下内容。

1. 广告

营销部将有关广告刊登的数量及计划书于美食节四周前提案，并经行政管理部门审批通过。

2. 新闻稿

营销部负责编写一份中文版（或英文版）的新闻稿，以传真及邮寄的方法给予各大报社及杂志社。

3. 食评专家试食及报道

于美食节开始的第一个晚上广邀各大报社及杂志的食评专栏作家试食。通过食评专家的专栏进行宣传推广。

4. 宣传单

宣传单经审批及印刷，于两周前邮寄给本店的商户及贵宾卡会员。

5. 外墙横幅

在酒店外墙向大街的位置挂置大型横幅以吸引街道行人。

6. 海报

在车道旁摆设一张海报以吸引过路客人，客人更可从海报上看到有关美食节的详情。

7. 电子看板

用文字方法在电子看板上作简单介绍，每天由早上8:00至晚上11:00不停播放。

8. 互联网宣传

由于目前网络发展在中国还不够成熟，如电脑还不够普及、网上太忙不容易登陆等等，此项宣传方式有待推广。但随着网络进程的加快，网络宣传也是一个可行的宣传方式。

二、美食节的组织

美食节开始之前需要完成各项准备工作，这需要餐饮管理者和厨师长通力合作，组织安排好人手，以为美食节圆满举办做好准备。通常有以下的工作需要安排。

（一）客厨安排

① 落实客厨的准确人数，核实是否有领队，以保证人员费用的稳定。

② 广告需要领衔主厨的简历及奖励情况，可以扩大美食节的知名度。

③ 客厨旅程的形式、随身携带原料等情况要落实清楚。比如乘坐的班机号、随身携带的原料有多少等。

④ 如果有中转，要考虑中途住宿的安排。

⑤ 如果要到境外举办美食节，就需要及早落实所到国家的签证。考虑到安全的因素，必要时主办方餐饮企业需要提前和客厨签订短期的合同。

（二）落实菜单

① 菜单的初稿一般在美食节 14 至 15 周前要确定好。

② 在美食节 12 周前，要对菜单进行分类整理，然后落实到厨房的每个人。

③ 厨师长需要选出客厨既定菜单中六至八款特色菜作宣传及推广。

④ 列出原材料清单，看是否有原料在本地不易找到，如果发现有原料或调料本地没有，这时应及时联系客厨，寻找替代原料或更换菜肴。

⑤ 菜单确认后，要进行成本的计算及定价。

⑥ 在美食节 10 周前，将菜单送交酒店管理层进行最后的批阅。

⑦ 在美食节 10 周前，将根据内容及当地风土人情对菜单进行设计，并最后确定。

⑧ 在美食节 8 周前，要最后将菜单草稿完成。

⑨ 在美食节 7 周前，对菜单进行校对。

⑩ 印刷的菜单在最后校对及分色后交印刷厂印刷，并于美食节活动前二周必须交货到店。

（三）其他安排

1. 饮品

每个地方的名产或风味饮料，可用来配套推广活动，进行促销。餐饮企业的采购部门应该与原产地或本地供应商联系，提供赞助的优惠饮品。

2. 装饰

装饰主要分内部装饰和入口装饰两大类。其中以餐厅入口装饰最为抢眼，一般各种主题的美食节都可以从外部的装饰中体现出来。内部装饰通常不需要改动原有餐厅的格调，可以增加一些艺术品的布置或带有地方特色的展台。

3. 服饰

服饰一般以领位员为主，故可寻找当地一些民族或当地有代表性的服饰以增加美食节的气氛。

4. 特别安排

可以适当地组织一些摸彩、幸运抽奖、优惠酬宾的活动，以营造美食节的气氛。

当然，对于不外请厨师的餐饮企业，可以省去不少费用。另外人员安排的着重点主要放在菜单和餐厅的装饰上。

三、美食节的实施

美食节开始后，厨房需要做以下的工作。

（一）参与商讨会议

商讨菜单内容、用具搭配、厨房设备使用及采购物品检定等，此会议并有相关员工参与，包括营销部、采购部及餐饮部的员工。

（二）部门试餐活动

一般客厨到店后第三天的晚餐是美食节活动的正式开始，而当天午餐则安排部门经理试食，晚上则邀请各大报社及杂志社专栏作家试食。

（三）菜肴口味评估

在部门经理试食后，若发现有不符合大众口味的菜肴时，会对有关菜肴的口味作适度调整。如西湖醋鱼所用的草鱼泥味太重，而改用桂鱼代替，宋嫂鱼羹又因太酸及太辣而减少胡椒粉及醋的用量等。

（四）采访及拍照

营销部在客厨到店前一周必须与之落实时间及安排工作，需要制作菜肴展台，安排拍照和采访，其中每次采访均需客厨主厨参与。

（五）菜肴操作标准

客厨主厨必须在美食节开始后的两天内将所有菜式样本作一示范给予主办方主厨，部分菜式应拍照留底作日后参考之用。

（六）美食节开始

在每天的美食活动中，主办方厨房的主厨需要及时地和客厨进行沟通，并配合其操作，以保证美食活动的正常进行。

（七）美食节结束

主办方应该举行答谢晚宴和答谢仪式。

本章小结

现代餐饮企业除了应该制作符合顾客需求的产品外，必须要有整体的营销策略和美食推广计划，以保证在竞争中立于不败之地。

计划经济时期的经营模式是企业导向模式，即我产——我卖——你买，以企业为主，全然不顾市场的需求，生产的产品如果卖不出去就造成积压。这种模式使得企业对生产投入过大，而对市场运作的资金投入过小。随着市场经济的进一步深化，餐饮企业已经意识到市场的重要性，经营的模式更多地转移到顾客导向（市场）模式，即你买——我产——我卖，以顾客的需要为第一，加强营销的力度，加强了对市场需求的产品设计和产品营销的工作，这会为企业带来更高的经济效益。

尽管餐饮企业的营销和推广工作是由营销部门来完成，但如果没有餐饮部门和厨房生产部门的大力协作，任何一项美食推广活动就难以成功。作为与厨房有关的美食推广活动，在现代餐饮企业经营活动中，已经占有越来越重要的地位了。现代厨房的管理者一定要学会计划、组织、安排美食推广的活动，以使餐饮企业的经营更上一个台阶。

习　题

1. 什么是美食节？美食节的特点有哪些？
2. 如何选择美食节主题？
3. 设计一份以假日儿童为对象的美食节菜单。
4. 按照范例设计一份圣诞节美食计划方案。
5. 如何组织和实施美食节计划？
6. 假如酒店要举办长江江鲜美食节，你如何去安排宣传和组织这次活动。

参 考 书 目

1. （台）高秋英. 餐饮管理——理论与实务. 长沙：湖南科技出版社，2001
2. 黄煜峰等. 管理学原理. 大连：东北财经大学出版社，2002
3. 杨欣. 餐饮企业经营管理. 北京：高等教育出版社，2003
4. 赵建民，沈建龙. 餐饮定价策略. 沈阳：辽宁科技出版社，2002
5. 马开良. 现代饭店厨房设计与管理. 沈阳：辽宁科技出版社，2000
6. 黄浏英，李菊霞. 餐饮品牌营销. 沈阳：辽宁科技出版社，2003
7. 冯俊. 现代快餐经营与管理. 北京：中国轻工业出版社，2001
8. 郑昌江. 餐饮企业管理. 北京：中国轻工业出版社，2001
9. （台）杨长辉. 饭店经营管理实务——筹建规划与电脑系统. 长沙：湖南科技出版社，2001
10. 王天佑等. 餐饮职业经理人执业资格培训课程. 沈阳：辽宁科技出版社，2003
11. 虞迅，严金明. 现代餐饮管理技术. 北京：北方交通大学出版社，清华大学出版社，2003
12. （台）萧玉倩. 餐饮概论. 长沙：湖南科技出版社，2001
13. （台）陈尧帝. 餐饮经理读本. 沈阳：辽宁科技出版社，2001
14. 袁新宇. 厨政管理. 成都：四川大学出版社，2002
15. 赵长俊，江振娜. 开业筹备. 成都：四川大学出版社，2002
16. 张智光等. 管理学原理. 南京：东南大学出版社，2002
17. 布纳德·斯布拉瓦尔等. 宴会设计实务. 沈阳：大连理工大学出版社，2002
18. 吴中祥. 现代饭店管理技术学. 上海：上海人民出版社，2002
19. 陈觉，何贤满. 餐饮管理经典案例及点评. 沈阳：辽宁科技出版社，2003
20. 施涵蕴. 餐饮管理. 天津：南开大学出版社，1993
21. 邹益民，黄浏英. 现代饭店餐饮管理艺术. 广州：广东旅游出版社，2001
22. 范文峰. 第一次当厨师. 广州：广州出版社，2001
23. 蔡敬聪，白鸿. 第一次当主管. 广州：广州出版社，2001
24. 谢明成. 最新餐饮经营管理实务. 沈阳：辽宁科技出版社，2000
25. 施涵蕴. 菜单计划与设计. 沈阳：辽宁科技出版社，1996
26. 谷慧敏. 世界著名饭店管理集团管理精要. 沈阳：辽宁科技出版社，2001
27. 万光玲. 餐饮成本控制. 沈阳：辽宁科技出版社，1998
28. 田玉堂. HCM 国际酒店管理模式. 北京：改革出版社，1997
29. 冯俊. 麦当劳操作与训练手册. 沈阳：辽宁科技出版社，2003
30. 国家旅游局. 饭店餐饮部的运行与管理. 北京：旅游教育出版社，1991
31. 余炳炎. 现代饭店管理. 上海：上海人民出版社，1996
32. 邵万宽. 美食节策划与运作. 沈阳：辽宁科技出版社，2000
33. 邹益民. 现代饭店餐饮管理. 北京：中国财政经济出版社，2001
34. 季鸿崑等. 中级厨师培训教材. 南京：江苏科技出版社，1993
35. 蔡晓娟. 菜单设计. 广州：南方日报出版社，2002
36. 国家旅游局人教司编. 饭店餐饮部的运行与管理. 北京：旅游教育出版社，1991
37. Mary J. Hitchcock：Foodservice Systems Administration，Macmillan Publishing Co.，Inc. New York，1980